智能媒体传播系列丛书

智媒时代新闻信息的供给失灵与政府规制

刘志杰◎著

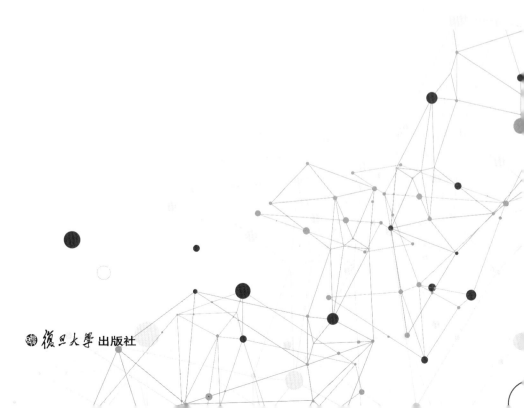

復旦大學出版社

编委会

总 主 编　严三九
副总主编　牛盼强

编委会名单

主　　任　胡正荣
副 主 任　严三九　李本乾　张涛甫
委　　员　王晴川　牛盼强　王　虎　李喜根　刘幼琍　杨海军
　　　　　任瑞娟　易前良　包国强　何会文　蒋宁平

总　序

近年来，以 ChatGPT 为代表的通用人工智能快速发展应用，与已有的人工智能、大数据、物联网、区块链等技术彼此依存、协同，推动边界消融、组织重塑、轨道重换，新的时空秩序正在重建，一个新的数字文明时代正在来临。传媒是最早应用人工智能技术的领域之一，传媒业务中的事实核查、信息采集、生产和算法分发等环节大量采用人工智能技术，推动媒体向人机合一、自我进化的方向发展，以人工智能技术为基石、以人机协作为特征、以提升信息生产和传播效率为核心的智能传播生态成为未来媒体运行的核心引擎。在更广泛的社会领域，智能媒体与信息社会各行各业产生互动融合，大数据、云计算、物联网、人工智能等新技术应用相互关联、融合互动，逐渐形成强大的媒介社会生态，智能媒体以一定的社会角色介入社会与人的生活，人与人、人与物之间形成更紧密的关系。

人工智能带来的不仅是技术的创新，同时也为社会关系演变、文化发展以及传播格局变革带来新的动力，促进传播权力、社会关系和社会资源的再分配。作为一种传播现象，人工智能带来传播权力的转移和下沉。数据的全面崛起蕴含着巨大的传播能量，不断催生出新的信息生产方式与交换方式，以及新的社交场景和社交方式。传媒行业的价值逻辑得到重构，由场景中心转变为以价值构造为中心，内在价值不断被"白箱化"，价值主体不断多元化。传媒的行业边界不断消融，媒体的角色由内容生产者转变为公共数据的运营者以及信息生产的引导者、组织者和协调者，通过大数据驱动和信息精准匹配，参与社会不同行业和领域的生产，拓展了社会资源配置的方式，形成开放、共享的信息传播新模式。

与此同时，随着信息传播不断向复杂网络演化，传播生态越来越丰富，信息传播的现代性张力越来越强，各种矛盾也日益凸显。首先，它表现为信息的扩展与收缩之间的冲突。面对传播的无限"扩张"和信息泛滥，算法技术也在推动垂直领域不断发展，专业分工不断精细化，传播精准度不断提升，信息传播呈现"收缩"态势。其次，它表现为信息的供需矛盾。信息分发机制尚做不到高匹配度的精准分发，由此产生信息冗余和供需错位，用户面对海量的信息容易产生选择焦虑。再次，它表现为人机矛盾。智能时代"人—人"传播向"人—机—人"传播演变，新型社会关系使人类面临被智能生产所替代的主体焦虑感和交往的空虚感。最后，它表现为信息传播的现代性张力带来的时空矛盾。信息传播的碎片化、非线性和虚拟"在场"性，与线性的、现场感的实在时空相交叠，现实空间和虚拟空间界限不断模糊，造成人的时空情境混乱。

面对智能传播激发传媒行业新的价值涌现和逻辑重构，以及信息传播的现代性张力带来的各种矛盾，亟须一种新的传播范式和理论体系加以回应，以新理念、新模式、新路径推动新闻传播学科的高质量发展。基于此，上海大学新闻传播学院策划出版了这套"智能媒体传播系列丛书"，旨在聚焦新问题、新模式、新发展，从智能传播参与社会治理、智能媒体的社会责任、智能信息供给、数字人经济、智能传播创意等不同维度，构建智能时代的新闻传播理论与实践研究新景观。总的来说，本套丛书的特点主要有如下四点。

一是服务国家和地方经济发展重大战略需求，探讨智能传播如何形成与超大城市治理相匹配的信息传播力、舆论引导力和社会服务力。通过系统的理论探索和实践总结，从不同维度探索了智能媒体参与社会治理的机制，为推动超大城市社会治理模式创新，打造人机协同的智能社会结构系统，构建符合智能时代特点的社会关系、文化价值观和治理体系提供了依据。

二是强调技术的发展应当以人为尺度，系统阐释了智能传播应当强化用户中心的发展理念，尤其面对"人工智能原生代"，包括智能辅助人、生理增强人等数字化人类带来的新挑战。通过前沿探索和理论总结，构建起包括传播真相、保护隐私、规范数字劳动、促进社会包容和多元发展等在内的智能媒体总体社会责任观，保证人类自身在智能传播生态的中心地位，维护人类尊严和自主性。

三是系统研究了智能时代的信息消费变化与供需矛盾。从公共性、垄断势力、外部性、信息不对称等方面分析智能传播生态中的供给公共性不足、市场结构两极化、算法的技术垄断、新闻供给中的外部性损益与补偿等问题，拓宽了智能传播生产关系的研究视野，丰富了传媒产业在智能媒体新闻生产、传播、效益、风险与规制等方面的理论研究。

四是理论研究与智能媒体业界实践紧密结合。秉持"新发展理念"和经济高质量发展内涵，以技术创新驱动媒体转型和深度融合发展，以"新质生产力"推动主流媒体供给侧改革，探讨如何在数字人经济、智能媒体创意生产等领域着力提高全要素生产率，实现传媒经济平衡发展、协调发展、可持续发展，以此构建学界业界紧密的命运共同体，将中国智能媒体产业高质量发展与新闻传播学科体系、学术体系、话语体系创新紧密结合。

本丛书付梓之际，正值上海大学新闻传播学院成立五周年。作为国内唯一的一所双共建新闻传播学院（上海大学与上海市委宣传部共建、与中国社会科学院新闻与传播研究所共建），五年间，上海大学新闻传播学院积极发挥双共建优势，服务国家和上海市战略发展的重大需求，紧扣智能传播的核心定位，着力构建与智能传播发展需求相适应的学科体系和人才培养体系，连续立项、出版了系列高水平科研成果。2022年，学院又在保持原有学科特色与优势的基础上，对专业设置进行了创新性变革，成立智能传播系和智能视听系，与多家知名智能媒体企业深度合作，参与全球人工智能媒体传播研究院的建设，创新智能传播专业人才培养的产学研合作体系。

参加本丛书编写工作的老师都是上海大学新闻传播学院的学术骨干教师，他们有国家社会科学重大项目首席专家，有国家社会科学重点项目、一般项目负责人，大多具有传媒行业的工作经验，在相关研究领域具有丰富的科研经验和研究成果。

智能传播实践一经出现就快速发展，对于新闻传播学科体系和人才自主培养体系，以及媒介社会的一体化建构，都将产生广泛而深远的影响。很多理论问题属于前沿性研究，因此，本丛书中的一些观点还有待深入探讨。也许，随着技术更迭和产业变革，我们的思考和编写会出现一些不足，这些都需要后续研究的跟进和完善，也恳请广大读者不吝指正。但不管怎样，传媒业的中国式现代化发展，要求将"智能"二字镌刻在自身的基因里，"智能"是媒介内容生产的直接动力，也是催生传媒产业发展和升级的重要机遇。上海大学新闻传播学院希望能与大家一起努力，为智能时代的中国传媒产业发展、学科建设和人才培养创新，贡献智慧和力量。

本丛书从策划、实施到定稿、出版，得到复旦大学出版社王联合编审，责任编辑朱枫、张鑫的鼎力支持和帮助，在此我谨代表编委会衷心致谢。

是为序。

严三九

2023 年 11 月 20 日于上海

目 录

绪论 …………………………………………………………………… 1

第一章　如何理解智媒时代 …………………………………… 33
第一节　何谓智媒时代 ……………………………………………… 35
第二节　智媒时代的特征 …………………………………………… 40
第三节　智媒环境下媒介叙事 ……………………………………… 43

第二章　智媒时代新闻信息供给生态的变化 ………………… 49
第一节　智媒时代新闻信息供给主体的变化 ……………………… 51
第二节　智媒时代新闻信息生产方式的变化 ……………………… 61
第三节　智媒时代新闻信息传播的变化 …………………………… 67

第三章　新闻信息供给主体的供给动机分析 ………………… 73
第一节　政府机构：公开信息、回应公众、引导舆情 …………… 75
第二节　企业：传播企业品牌和产品，发展和培养忠实
　　　　用户 ………………………………………………………… 83
第三节　媒体：争取传播话语权，提升传播效率 ………………… 89
第四节　个人：追求自我表达，争取经济回报 …………………… 93
第五节　特殊群体：未成年人的新闻信息生产 …………………… 99

第四章 智媒时代新闻信息的消费变化与供需矛盾 ……… 103
- 第一节 智媒时代新闻信息消费的变化 ……… 105
- 第二节 评论成为新闻信息消费新阵地 ……… 117
- 第三节 智媒时代新闻信息的供需矛盾 ……… 127

第五章 智媒时代新闻信息供给失灵的表现 ……… 133
- 第一节 公共物品属性减弱 ……… 136
- 第二节 外部性问题突出 ……… 141
- 第三节 市场结构的两极化 ……… 146
- 第四节 未成年人权益受损 ……… 157

第六章 智媒时代新闻信息供给失灵的原因 ……… 163
- 第一节 新闻信息的供给主体 ……… 165
- 第二节 新闻信息的公共性 ……… 176
- 第三节 新闻信息的外部性 ……… 178
- 第四节 新闻信息生产和传播中的垄断 ……… 181
- 第五节 信息不对称 ……… 192

第七章 智媒时代新闻信息规制的发展实践 ……… 197
- 第一节 智媒时代我国新闻信息规制的实践梳理 ……… 199
- 第二节 智媒时代新闻信息规制的国际经验 ……… 216

第八章 智媒时代新闻信息的规制建议 ……… 229
- 第一节 智媒时代新闻信息的市场规制 ……… 231
- 第二节 对供给主体的激励规制 ……… 248
- 第三节 对未成年人群体的规制建议 ……… 255
- 第四节 对智媒传播的伦理规制 ……… 268

结语 ·· 277

参考文献 ·· 280

附录 ·· 289
  问卷一：传统媒体社交媒体运营问卷调查·················· 289
  问卷二：企业自媒体供给动机的调查······················ 292
  问卷三：关于社交媒体供给动机的调查问卷················ 295
  问卷四：算法对自媒体账号运营的影响···················· 298

绪 论

一、研究背景

　　信息技术与新闻传播的融合发展推动新闻信息传播格局发生深刻变化，尤其是智能化社交媒体平台应用的快速发展与广泛应用，开辟了新闻信息传播的新场景和新模式，极大地激发了个体与组织参与新闻供给的积极性，使新闻生产由专业化生产向社会化生产转变。在这一转变过程中，新闻信息供给主体数量的增加、供给动机的不同、技术的不断迭代更新与智能化社交媒体平台管理方面的不足，导致新闻信息在供给数量剧增的同时，质量严重下降，特别是算法被广泛运用至信息传播领域以来，智媒环境"流量优先"的技术逻辑明显影响了信息的生产和传播，严重扭曲了媒介资源的配置，虚假、充满煽动性和刺激性的新闻屡禁不止，商业炒作、过度娱乐化等现象频繁出现，虚假新闻、反转新闻在社交媒体上前赴后继，互联网平台通过技术方式在信息传播市场中垄断用户注意力资源，垄断用户数据，实现对信息传播的技术垄断。在智媒技术加持下，低劣的新闻信息通过"技术优势"占据公共资源，影响了用户对信息环境的认知，甚至对意识形态安全形成挑战。新闻信息供给失灵问题越来越突出。

　　智媒时代新闻信息供给失灵是在新的技术条件下新闻信息市场失灵的典型表现。在纯粹的市场机制作用下，作为影响人们精神思想和意识形态的文化产品，很容易忽略新闻信息的公共产品和公共价值属性，在参与市场竞争的过程中，垄断势力、外部性以及信息不对称都会造成新闻信息供给失灵。新闻信息的供给失灵表明，在当前供给侧结构性改革的大趋势下，新闻供给侧的结构性改革同样势在必行。做好新闻信息供给失灵的规制，需要了解社交媒体环境下新闻供给结构变化的原因，分析供给主体类型发生的变化，以及不同供给主体新闻生产和传播的动机，并针对不同类型的供给主体设计合理的激励与约束机制，强化新闻的公共性，增加有效新闻供给数量，对新闻信息产品质量低下、缺乏舆论导向意识乃至违背新闻原则等行为予以有效约束。

随着媒介融合走向产业融合，智媒时代的新闻信息生产和传播不再是传媒产业的专利，传媒产业对新闻信息生产和传播的控制力也日渐衰微。在智能传播环境中，市场对信息传播的个性化、精准化需求越来越强烈，加上人工智能和大数据技术的应用场景日益丰富，新闻信息的生产和传播已逐步被拥有海量数量和前沿技术的算法平台所主导，算法在规范信息传播秩序的同时，又产生了算法迎合、商业主义、导向缺失、缺乏人文关怀等新的技术问题，这进一步增加了新闻信息供给失灵的复杂性，从《人民日报》"三批算法"到国家网信部门不断约谈今日头条、快手等互联网平台媒体，不难看出，新闻信息供给失灵问题已经成为一个迫切需要得到解决的时代命题。对新闻信息供给失灵的规制不能仅仅通过行政管制一封了之，而是要针对不同供给主体特点，综合运用多种规制手段，既要发挥算法平台和各类社交媒体传播新闻信息的优势，为人民群众提供更精准、更及时的新闻信息，又要遏止其虚假炒作、违反公德等不足的一面，有的放矢、科学有效地推进新闻信息供给侧的结构性改革，助力智媒时代新闻信息传播的社会价值最大化、经济价值最优化，推动形成健康、公正、高效的新闻信息传播市场格局。

二、研究意义

（一）理论意义

本书以经济学理论为基础，分析智媒时代新闻信息供给失灵问题，阐释了智媒时代的含义及特征，就智能技术与媒介融合对新闻信息生产传播的影响，分析新闻信息供给主体的发展变化，调研各类供给主体的供给动机，研究智媒时代新闻信息的消费变化及供需矛盾，从公共性、垄断势力、外部性、信息不对称等方面分析新闻信息供给失灵的原因，对智媒环境下新闻信息供给中公共性不足、市场结构两极化、算法的技术垄断、新闻供给中的外部性损益与补偿问题作出分析。研究认为，智媒技术是生产力，媒体变化带来生产关系的重构，据此揭示信息传播市场的技术经济特征，提出新闻信息的规制建议，拓展智媒传播的研究视野，丰富了传媒产业在智能媒体新闻生产、传播、效益、风险与规制等方面的理论研究。

（二）实践意义

本书立足于智媒环境下新闻信息产品有效供给不足、无效供给过量的问题，对当前新闻信息供给失灵问题作出经济解释。在理论分析的基础上，对智媒时代新闻信息供给侧改革提供经济性规制和法律规制相关建议，为市场在配置媒介资源和生产要素上发挥决定性作用提供制度保障，对于化解智媒时代新闻信息供给需求矛盾，进一步推动传媒产业的高质量发展，发挥新闻舆论导向作用有较强的应用价值。本书还将为政府和企业的社交媒体的运营和管理提供实践参考，对实现智能媒介新闻信息供给体制的转型创新、丰富智能媒体治理方式、提高智能媒体的规制效率具有重要的实践价值。

三、研究方法

本书聚焦智媒时代新闻信息供给失灵问题，主要的研究对象是微信、微博、头条号、抖音、快手等智能媒体平台的各类账号，既对各类型账号主体发布的新闻信息的内容进行梳理分析，也通过问卷调查和访谈的方式，了解各类型账号主体运营者的供给动机和运营情况，以期发现新闻信息供给失灵的原因，并提出针对性的对策和建议。因此，本书主要采用了以下三种研究方法。

（一）内容分析法

研究中通过对社交媒体发布的新闻信息（包括图文和短视频）进

行周期性的抓取和记录。在内容抓取和记录时，采取分层抽样、时间抽样、等距抽样的方式，在多个新闻资讯平台选取多种具有代表性的社交媒体账号，了解不同类型的社交媒体账号所发布的新闻信息频次、性质、阅读量（播放量）、评论、转发等情况，对所发布的内容进行文本分析，包括标题、图片、叙事表达、内容来源、收益回报等方面。

(二) 问卷调查法

在社交媒体运营者的动机调查中，本书设计了多个问卷研究不同类型的账号，通过线上线下的方式调查社交媒体运营者的供给动机。调查对象涵盖教育、历史、科技、财经、旅游、数码、美食、娱乐、健康等多个领域的自媒体人，主要调查内容包括账号的定位、内容生产方式、内容审核方式、考核机制等方面。

(三) 访谈法

在问卷调查的基础上，为了进一步了解社交媒体运营人员的供给动机，本书先后访谈四轮，采用半结构化的访谈方式，其中既有面对面的访谈，也包括电话访谈、微信访谈。主要针对问卷调查无法清楚了解的问题进行访谈，并根据受访者的情况延伸相关问题。

四、创新之处

本书从经济学视角研究智能媒介新闻信息规制问题，将市场失灵与政府规制相关理论应用于媒体新闻信息的治理，构建智媒新闻信息供给失灵规制的理论框架，对当前新闻信息生产和传播的市场结构作出分析，创新性提出了新闻信息生产领域存在的寡头垄断与完全竞争相结合，传播领域存在技术垄断，生产和消费过程中存在较为明显的外部性等观点。在智媒环境下，信息传播的平台化推动产业进入技术竞争时代，技术竞争导致技术垄断。技术垄断会通过技术方式滥用市场支配地位，在新闻信息的生产和传播中，最具商业利益的内容而不是最有社会价值的内容更具优势。这是智媒技术对媒介资源配置和市场运行逻辑的扭曲，需要对技术进行规制。因此，在大量的调查和访谈基础上，本书分析总结不同供给主体的新闻信息供给动机，对供给主体进行了较为详细的归类分析，解释算法技术对社交媒体新闻信息供给的影响，特别是算法迎合带来的信息包装、价值标准异化等新问题尤为关键。结合经济学的规制理论，充分考虑算法作为技术产品和技术生产力的两面性，提出对算法的竞争性、透明性、公正性进行规制，从算法市场的进入条件、质量监管、数据监管等方面给出建议，创新优化智媒环境下新闻信息的市场规制与技术规制。

五、研究综述

（一）国内研究现状述评

社交媒体的兴起，使信息生产步入社会化生产时代，极大地提高了信息生产力。在信息获取与表达、人际沟通和社会动员能力方面，社交媒体起到积极而重要的作用。智能技术在社交媒体平台的应用，则进一步推动了新闻信息生产由"以传者中心"转向"以市场为中心"，商业至上加技术主导，使新闻信息生产不断异化，对信息环境的污染和负面影响也越来越突出。"低俗色情标题党，传谣洗稿买流量"，成为当前新闻信息生产污染信息环境的生动写照。在此背景下，研究智媒环境下新闻信息生产的变化与困境逐渐成为热点，国内与本书研究相关的成果，主要集中在以下三个方面：一是对智媒环境下新闻信息生产主体变化的探究；二是探讨智媒时代新闻信息生产和传播中出现的负面问题，三是对社交媒体的新闻信息生产和传播中负面问题的规制研究。

1. 智媒环境下新闻信息生产主体的变化

智媒环境创造了更加丰富多元的媒介叙事场景，新闻信息生产的"时空脱域"特征更加明显，使新闻生产主体与客体的关系变得更加共享与同构，使新闻生产的加工与传播空间变得更加自由与无限，智能化新闻生产开启了新的信息流动模式，推动着媒介与社会变迁，重构着人们的社会关系。① 各类新闻资讯平台的迅速崛起，使用户在新闻信息的生产和传播中发挥越来越重要的角色，打破了新闻信息生产由媒体机构垄断的市场结构，用户拥有了信息生产的权力，这直接导致了新闻信息供给主体的多元化。陈昌凤认为，随着时代发展，传统的信息生产模式正在发生重大改变，媒体原有的组织化的新闻生产，逐渐被社会化的新闻生产所取代。② 当新闻生产脱离媒体的垄断后，用户在新闻信息的参与和表达上更加活跃，非媒体机构也积极进行内容生产，新闻生产由专业化转向社会化，包括自媒体、机构媒体、平台媒体等多元主体开始加入新闻生产的队伍。③ 杨保军认为，互联网技术的发展，特别是社交媒体平台，不仅激活了个体对新闻信息传播的热情，而且也激活了非新闻职业组织主体、群体主体社会化、公共化传播的热情，包括政党组织、工业组织和其他群体组织，开始强调自身的主体性，加入新闻信息传播中来，这些"脱媒主体"对新闻生产的生态变化作用更为明显。④ 从生态的视角来看，难以计数的自媒体在新闻信息生产中确实犹如一片"热带雨林"，既有高大的乔木，也有低矮的灌木，同时还有紧贴地面的苔藓。在技术进步和产业进化中，社交网络这片多种多样的"热带雨林"，未来将会更加繁茂。⑤

新闻信息生产主体的多元化不仅带来新闻信息的多元化，也导致了新闻信息绝对数量的快速增加，尤其是互联网平台中的新闻资讯，聚合了难以计数的自媒体账户生产的新闻。与此同时，却也出现了平

---

① 国秋华、余蕾：《消失与重构：智能化新闻生产的场景叙事》，《中国编辑》2020年第4期。
② 陈昌凤、李宏刚：《媒介融合：从政策到生产与消费的关系转型》，《新闻爱好者》2014年第10期。
③ 张志安、吴涛：《互联网与中国新闻业的重构——以结构、生产、公共性为维度的研究》，《现代传播》（中国传媒大学学报）2016年第38期。
④ 杨保军：《"脱媒主体"：结构新闻传播图景的新主体》，《国际新闻界》2015年第37期。
⑤ 林秋铭、范以锦：《2017—2018：众媒时代到智媒时代的大跨越》，《中国报业》2018年第1期。

台新闻的结构性匮乏问题。在大量的新闻信息供给中,用户很难找到对自己有用或者感觉有价值的新闻信息。在以速度取胜的互联网世界里,各类自媒体的表现参差不齐,面向互联网的新闻生产与传播能力并不均衡,新闻报道在多元内容生产者生产的信息海洋中被稀释。①

技术的发展也深刻地影响新闻信息的生产。物联网、人工智能、VR/AR 等技术正推动新闻生产的新一轮革新,拓展新闻生产和新闻业态的边界,新闻信息生产的主体可能并不需要对应到人,机器和万物都可能是新闻的采集者和加工者,众筹新闻和传感器新闻也日益增多。②自媒体平台和科技的结合,大大提升了智能技术的应用空间,这进一步推动了新闻生产主体向"非人化"的方向发展。有学者提出了"机器主体"的概念,认为在 Web2.0 基础上形成的新媒体语境下,新闻生产形成了社会化生产、职业化生产和智能化生产三者并存的状态,一定程度上智能机器人变成了新闻生产主体。③

事实上,智媒时代的新闻信息生产主体的变化不仅有人的生产和机器的生产,还有人与机器的融合生产,新闻产品呈现虚拟化、临场化、数据化的特点④,机器人参与新闻的信息采集、内容生成、渠道分发和用户反馈多个环节之中,智能技术促进媒介深度融合,实现了对传统新闻生产链条的颠覆与重塑。依托数字智能技术的自动化生产平台,将传统的采、编、评、播、发融合为一,算法在其中扮演着数据挖掘、自动化写作、智能推送等角色,而人类主体在其中主要扮演技术开发、标准确立、矫正维护的角色,这构成了人-算法共生主

---

① 王佳航、黄淼、孟雨佳:《失衡、偏差与优化:媒体供给视角下的平台新闻》,《中国记者》2019 年第 6 期。
② 彭兰:《未来传媒生态:消失的边界与重构的版图》,《现代传播》(中国传媒大学学报)2017 年第 39 期。
③ 曾庆香、陆佳怡:《新媒体语境下的新闻生产:主体网络与主体间性》,《新闻记者》2018 年第 4 期。
④ 令狐克睿、薛娇:《智媒时代的新闻生产:融合、重构与创新》,《中国编辑》2021 年第 3 期。

体。① 在新闻产品的呈现层面，出现了人工智能主播、VR沉浸式新闻、数据可视化新闻这些新的新闻形态，这也是人-机共生关系浸入新闻生产的重要表现。智媒时代的新闻播报更强调用户体验感，计算智能向感知智能的过渡，离身认知到具身认知的转化，使得沉浸式的、临场式的、虚实互嵌的新闻播报方式日渐增多，打造交互体验的场景化新闻成为前沿趋势。②

机器人主体概念的出现，实际上在一定程度上承认了技术主体性，冲击了人主体性的观点，由此引发了对于人工智能主体性的大讨论。对此，第一类观点基于弱人工智能的阶段现实重申人的主体性，虽然新闻的直接生产体是机器人，但机器人主体表现的仍是"拟主体性"，并未颠覆人类在新闻生产中的主导和支配地位。③ 由此出发，新闻生产传播的责任主体也是人而非机器人，针对自动化新闻生产中出现的诸如价值导向失范、技术监管缺位等问题，也需要由相关从业人员来承担。第二类观点强调"人机联姻"，将人与机器人视为一种共生共存的关系，强调二者在新闻生产中的不同职能分工。自大众传播时代到机械媒体时代，人的主体地位一直处于不断的消融之中，人只在微观上具备一定掌控力，但也只是媒介网络系统的一部分，智媒技术与人都是在为以算法为核心的智能媒介网络主体的永存而服务。④ 此类关系下的新闻责任归责更为复杂，在人与算法的共同决策实践下，人可能更倾向于让人工智能作为替罪羊，承担更多的指责。

在智媒时代，受众、智能机器和新闻从业者相互交织，使新闻信息供给生态发生了重大变化，尤其是非媒体机构和个人，在新闻信息供给中存在不同的利益动机，新闻生产的成本差异也很大，这直接影

---

① 张岩松、孙少晶：《人-算法共生主体：计算新闻生产网络中的主体创新》，《编辑之友》2022年第3期。
② 刘霞：《机器智能生产：媒介智能融合的溯源、特征与伦理挑战》，《中国广播电视学刊》2021年第5期。
③ 杨保军：《再论"人工智能新闻生产体"的主体性》，《新闻界》2021年第8期。
④ 吴璟薇、郝洁：《智能新闻生产：媒介网络、双重的人及关系主体的重建》，《国际新闻界》2021年第43期。

响了传媒市场新闻信息供给的有效性。智媒技术极大降低了新闻生产门槛，生产主体的社会化、无界化趋势愈加显著，"万众皆媒""万民皆媒"的时代到来。公民新闻的出现，打破了职业新闻的垄断地位，民众在新闻中不再只是单纯的接受者，而是呈现了"传受一体化"的特征。平台新闻被视为大众新闻时代向智能新闻时代的过渡阶段，平台本身不是新闻生产的主体，但平台聚合各主体生产的新闻内容，基于大数据挖掘分析对用户进行画像，并通过算法协同匹配将个性化新闻内容推送给用户，也就是说平台新闻是包含人主体新闻和机器主体新闻的生态系统，是兼具聚合性、社交性、个性化的超级新闻信息枢纽。在智媒环境下的新闻生产中，民众一是作为"用户画像"大数据存在，民众的用户偏好和活动轨迹成为智能新闻采集的客体；二是作为信源主体，为职业新闻机构提供新闻线索和新闻素材；三是扮演影响者角色，通过在平台媒介上的聚众讨论、转发点赞扩大新闻声势，甚至改变新闻舆论走向。民众作为生产主体，有被动地、非组织化地参与新闻讨论传播，也涌现了以自媒体为主的持续参与，无论是前者还是后者，都使新闻生产过程变得更加开放包容，但同时也伴随着新闻信息泥沙俱下的隐忧。①

综合来看，对于智媒技术环境下新兴主体参与新闻生产的相关研究，一方面，学者们关注智媒技术加入对新闻生产链条中采集、生产、分发等各环节的影响，分析智媒技术介入带来效率提升与生产链重塑；另一方面，也聚焦智媒时代新闻信息传播本体论反思，研究技术与人的主客体关系，讨论人与机器人在智媒新闻生产中的主体性，进而延伸到新闻信息生产中的伦理问题。受众、智能机器和新闻从业者相互交织，使新闻信息供给生态发生了重大变化，尤其是非媒体机构和个人，在新闻信息供给中存在不同的利益动机，新闻生产的成本差异也很大，这直接影响了传媒市场新闻信息供给的有效性。

---

① 杨保军：《再论"人工智能新闻生产体"的主体性》，《新闻界》2021年第8期。

2. 智媒时代新闻信息生产和传播中出现的负面问题

智媒时代，技术在新闻信息生产和传播中扮演着重要角色，在赋能新闻生产与传播的同时，算法也带来了诸如算法偏见、信息茧房、损害新闻公共性和数字鸿沟等不容忽视的伦理、制度和法律等种种方面的社会问题。目前，关于新闻信息生产和传播的负面问题研究多从智媒这个大概念出发，从技术属性入手，探讨智媒中应用算法技术带来的伦理困境、风险与冲突，关注智媒带来的新闻生产和传播中的隐私泄露、人的主体性消解、算法"黑箱"、算法偏见与歧视、媒体把关权旁落、假新闻泛滥等问题。正如匡文波指出，智能推荐算法技术的动机和执行结果并不都是"向善"的，在受众层面，信息茧房、数据滥用、算法黑箱、把关权的迁移等问题对用户的隐私权、自主权、知情权、平等权、被遗忘权造成了不同程度的威胁[①]；在行业层面，新闻生产和传播方式发生变化，专业新闻机构的垄断性地位受到冲击；在社会层面，媒体的公共性及其监督作用被削弱。

在算法伦理方面，林爱珺和刘运红指出，在新闻信息传播中，算法偏见使用户的信息选择权和知情权遭到严峻挑战，从保障信息权利的角度提出一系列基于信息权利的算法伦理原则。[②] 许向东指出，人工智能技术在新闻生产和传播中的应用带来了算法偏见、算法不透明、隐私数据保护的缺位和数据的非法采集等问题。[③] 张超从算法风险的角度，将新闻生产的算法风险细分为失实风险、决策风险、偏见风险、隐私风险和声誉风险五种，探讨了算法应用于新闻生产中带来的偏见风险，认为算法运行系统中的偏见因素会导致偏见的结果输

---

① 匡文波：《智能算法推荐技术的逻辑理路、伦理问题及规制方略》，《深圳大学学报》（人文社会科学版）2021年第38期。
② 林爱珺、刘运红：《智能新闻信息分发中的算法偏见与伦理规制》，《新闻大学》2020年第1期。
③ 许向东：《关于人工智能时代新闻伦理与法规的思考》，《人民论坛·学术前沿》2018年第24期。

出。① 董天策和何旭从算法伦理出发，研究算法新闻所涉及的伦理问题，包括隐私侵犯、虚假新闻泛滥、算法黑箱、信息茧房、回音壁效应、算法歧视、算法对传播权利重新洗牌、算法传播不易察觉价值偏向的信息等问题。② 陈昌凤和张心蔚分析了新闻信息传播偏向带来的"算法歧视"问题，认为算法歧视使个体独立选择与思考的空间不断缩小，个体在算法推荐的渗透下逐渐失去自我的决断权，这种信息偏向使受众的视野渐渐窄化，逐渐演变成信息时代的"井底之蛙"。③

在智媒技术带来的人机关系变化上，彭兰认为，在新闻生产等环节中，人的主体性消解，提出面对智能技术（机器）的入侵，新闻的生产和传播应该是人的价值判断引导机器的价值判断，平衡好人文精神与机器效率。④ 段伟文从哲学的视角反思人工智能时代智能化的合理性与人的存在价值的冲突，寻求算法决策与算法权力的公正性。⑤ 丁柏铨对新闻生产和传播的智能技术进行人文反思，指出在新闻生产和传播中过于依赖智能传播技术，会削弱新闻作品中的人文力量。⑥ 宫承波和王玉风指出，新闻生产主体和消费主体受到智能技术的支配，使得人类主体性面临被异化的威胁。⑦ 从这些成果不难看出，学者们对于智能技术的生产主体性基本都是持否定态度的，智媒时代即使发展出了高级人工智能，它也仍然只是工具，不可能具备人的特性，它更多的是充当人与自然社会之间的中介。

那么智媒技术这种工具性和中介特征是否客观理性呢？陈昌凤和

---

① 张超：《新闻生产中的算法风险：成因、类型与对策》，《中国出版》2018年第13期。
② 董天策、何旭：《算法新闻的伦理审视》，《新闻界》2019年第1期。
③ 陈昌凤、张心蔚：《信息个人化、信息偏向与技术性纠偏——新技术时代我们如何获取信息》，《新闻与写作》2017年第8期。
④ 彭兰：《智媒趋势下内容生产中的人机关系》，《上海交通大学学报》（哲学社会科学版）2020年第28期。
⑤ 段伟文：《人工智能时代的价值审度与伦理调适》，《中国人民大学学报》2017年第31期。
⑥ 丁柏铨：《智媒时代的新闻生产和新闻传播——对技术与人文关系的思考》，《编辑之友》2019年第5期。
⑦ 宫承波、王玉风：《主体性异化与反异化视角的智能传播伦理困境及突围》，《当代传播》2020年第6期。

石泽认为，智能算法机制具备工具理性和科技理性的特点，但它目的至上，忽略了价值理性中那些义务、尊严、美等信念。① 因此，建议通过人机交互加强智能算法中人的主体性，即通过人＋机器、机器帮人，让人工智能更好地体现人的主导性和价值观，最终实现技术理性与价值理性共融。陈昌凤和虞鑫从信息价值观的角度分析，在工具理性通过技术无限扩张的背后，实则也是价值理性以具有一定价值观的人为干预被嵌入和制度化的过程②，即存在工具理性总体扩张但价值理性保有空间这一矛盾的张力。新闻信息智能推送的算法既然是商业化的互联网平台所开发，不可避免地会因其商业逻辑而损害公共性，姜红和鲁曼认为，基于算法智能技术的新闻分发，挑战了传统新闻业的"公共性"，带来了"信息的闭环"，使用户置身于"信息茧房"，进而造成人与人之间的区隔。③ 方师师以"Facebook 偏见门"事件为个案，剖析了平台型媒体动态新闻推送的算法机制，发现这种新闻推送机制依然有可能会在当前的社会条件下产生算法审查、信息操控与平台偏向，从而影响受众态度④；更有甚者，它对传统的新闻价值观也带来了严峻的挑战。彭增军指出，智能算法技术成为新闻生产和传播的核心，造成新闻公共性的扭曲，如在新闻生产和传播中，人的专业的理性判断让渡给机器的程序化的选择；以算法为核心的技术逻辑代替了新闻逻辑，影响了新闻人的职业认知；算法驱动的新闻业是培养用户，其目标不是帮助公民更好地参与公共事务；算法主导的新闻机制使得弱者被进一步边缘化，虚假信息泛滥。⑤

---

① 陈昌凤、石泽：《技术与价值的理性交往：人工智能时代信息传播——算法推荐中工具理性与价值理性的思考》，《新闻战线》2017 年第 17 期。
② 陈昌凤、虞鑫：《智能时代的信息价值观研究：技术属性、媒介语境与价值范畴》，《编辑之友》2019 年第 6 期。
③ 姜红、鲁曼：《重塑"媒介"：行动者网络中的新闻"算法"》，《新闻记者》2017 年第 4 期。
④ 方师师：《算法机制背后的新闻价值观——围绕"Facebook 偏见门"事件的研究》，《新闻记者》2016 年第 9 期。
⑤ 彭增军：《算法与新闻公共性》，《新闻记者》2020 年第 2 期。

与此同时,以算法、机器学习等为代表的智能技术,进一步加剧了数字鸿沟的复杂性。研究者对经典新闻深度学习模型的分析,发现智能媒体从源头就以某种既定的价值观念来进行差异化的内容生产,从而从上游就塑造了新知沟——之前基于经济阶层差异的知沟被先期已然决定的"商业价值"所替代,并由此生产出普遍差异化的"知识人"。① 杨洸和佘佳玲以今日头条的用户为研究对象,发现新的数字鸿沟已经从第一级的"接入沟",深入扩散到第二级的"使用沟"(用户社会经济地位、对新技术获益感知的不同所引发的算法新闻用户群体的使用技能差异)和"内容沟"(用户的社会经济地位差异导致的算法新闻用户可见内容的差异)层面,且用户群体之间的内容沟比技术沟更易于形成信息茧房效应。② 这就是说,每一种技术在带给我们便利的同时,不可避免地会带来技术使用的差距,甚至由此产生技术异化。

陈昌凤和张程喆从技术属性、商业属性和媒体属性等层面对资讯定制型平台媒体进行分析,发现为追求商业利益、收割流量,骇人听闻的标题党、捏造编造的假新闻、低俗煽情的黄色新闻等层出不穷。③ 匡文波指出,随着新闻生产主体日益多元化,借助人工智能所具有的"自动化"生产和分发、受众的数字化、点击即获利、监测及算法、新闻生产链的延伸、即时传播等技术优势,各种新闻生产主体和利益主体之间能够实现有效的"共谋",采取精心策划、勾连社会关系、搭建虚拟现实场景、实施规模化生产、隐藏技术的显性作用等方式,生产出极具诱惑性的假新闻。④ 这些"共谋"的假新闻具有极

---

① 方师师:《智媒系统如何型塑"上游"知沟:个性化、新闻增值与普遍差异化》,《新闻与写作》2020年第10期。
② 杨洸、佘佳玲:《算法新闻用户的数字鸿沟:表现及影响》,《现代传播》(中国传媒大学学报)2020年第42期。
③ 陈昌凤、张程喆:《资讯定制型平台媒体的商业、技术与媒体的理性协同》,《中国编辑》2021年第1期。
④ 匡文波:《人工智能时代假新闻的"共谋"及其规避路径》,《上海师范大学学报》(哲学社会科学版)2019年第48期。

大的负面影响，政府、媒体和公众应该联动起来，采用增加算法的透明度、对新闻进行有效过滤、大范围清除"机器水军"、加大新闻的审核和立法力度，以及大力实施媒介素养教育等方式，有效规避人工智能时代的各种假新闻。总体来看，对于智能媒体新闻信息生产的负面影响，研究成果比较丰富，这些成果从不同角度解释了智能媒体新闻信息产品负面问题的表现及成因，但这些研究主要从技术的角度来切入，从市场失灵的角度来分析该问题的成果比较少见。

3. 对智能媒体新闻信息规制的研究

智能媒体新闻信息生产和传播中出现的各类问题，也带来相应的规制研究不断呈现，在对智能媒体信息规制方面，大致有三种代表性观点：一是强调规制的系统性，认为智媒新闻信息的生产有多种力量的融入，规制当中既要有政府和法律层面的新举措，也要有对用户与技术层面出现的消费主义的吸引与诱导等问题的遏制手段。二是强调加强专门的规制方式。如尤海波从外部性理论入手进行分析，认为互联网平台只追求个体利益忽视社会福利，这种做法应当予以经济性规制。[①] 与此观点不同的是，有的学者倾向于通过政策和法律的手段来强化规制，认为我国社交媒体的新闻核查机制不完善，新闻管理机构相当重视新闻伦理规范与记者职业道德素养的要求，但这些规定多数还是停留在职业道德自律层面，对新闻失范行为的惩戒以及记者合法权益的保护领域还较为欠缺，需要从立法和制度建设方面来治理社交媒体的新闻信息生产。[②] 三是突出技术规制的方式。随着信息技术的发展，技术对社交媒体的规制成为研究重点，技术带来了信息偏向，诸如信息茧房效应、回声室效应，还可能带来群体极化，这些都需要对技术有充分的认识，当信息更精准时，其偏向也可能更集中。[③] 宋

[①] 尤海波、郑晓亚：《中国互联网内容规制研究——基于信息外部性的视角》，《云南大学学报》（法学版）2012年第25期。
[②] 罗坤瑾：《狂欢与规训：社交媒体时代虚假新闻传播及治理研究》，《现代传播》（中国传媒大学学报）2019年第41期。
[③] 陈昌凤、张心蔚：《信息个人化、信息偏向与技术性纠偏——新技术时代我们如何获取信息》，《新闻与写作》2017年第8期。

建武认为，失去了社会主流价值观引领的"精准推送"所导致的信息个人化，对于社会共识的形成和社会成员个人的社会化，存在着不良的影响，需要通过算法的规制与重塑实现社交媒体的价值传播。① 由于算法的出现增强了传播中的关系和场景，要对技术保持警惕和节制。② 人工智能与新闻业的深度融合，使越来越多的研究开始关注算法偏见与算法不透明问题。在对算法权力的问责和充分监督上，有学者提出了成立算法伦理委员会、加强用户的算法素养等措施。③ 鉴于算法技术带来新的伦理问题，有学者从伦理角度出发阐释对社交平台算法的规制，认为将算法技术纳入伦理规制的范围中将发挥越来越重要的作用，设计者在算法设计阶段遵循相关的伦理规则，在算法程序运行之前就考虑算法可能带来的伦理问题，预先承担其道德责任。④

超级平台挟海量用户这一优势，使其在新闻信息分发中几乎居于垄断地位，导致了新闻信息生产与分发环节的脱离，这对新闻传播生态具有深远影响。在智媒化语境中，渠道的平台化扩张和精准化升维使平台开始拥有更多的话语权，媒体与平台、平台与平台之间的合作与博弈日益增多，关系形态趋于复杂。⑤ 平台在新闻信息分发中的垄断地位迫使新闻信息生产者不得不按照平台逻辑来生产。吴纪树认为，随着算法推送在新闻传播领域的应用，新的法律风险和法律规制难题也随之而来，主要表现为对用户隐私权利、法律主体认定、传统公法秩序构成了挑战。⑥ 徐汉明和孙逸啸指出，算法权力可能会造成信息霸权与冲击媒体公共性的异化风险，而传统公私法划分和二元法

---

① 宋建武、黄淼：《信息精准推送中主流价值观的算法实现》，《新闻与写作》2018年第9期。
② 彭兰：《增强与克制：智媒时代的新生产力》，《湖南师范大学社会科学学报》2019年第48期。
③ 张淑玲：《破解黑箱：智媒时代的算法权力规制与透明实现机制》，《中国出版》2018年第7期。
④ 林爱珺、刘运红：《智能新闻信息分发中的算法偏见与伦理规制》，《新闻大学》2020年第1期。
⑤ 夏雨禾：《"智媒化"语境中的新闻传播——对智能技术与新闻传播关系的思考》，《编辑之友》2019年第5期。
⑥ 吴纪树：《算法推荐新闻的法律挑战及其规制》，《电视研究》2020年第7期。

律结构也在算法权力逐渐影响甚至颠覆社会资源配置的同时不断被瓦解，被拓展重塑为"国家公权力—平台私权力—用户私权利"动态博弈的状态。①

根据规制的对象分类，大致有以下三类研究。

一是对算法进行规制。将算法技术作为规制的重点。算法承担着对内容经济流程加以规制和引导的作用，是内容平台倾向性地塑造内容供给结构的重要工具，需要通过规制算法技术促进智媒环境的良性发展。②陈昌凤等也强调，新闻推荐算法的设计者和运行团队自身的价值观和理念会显著影响算法对人的价值的判断③，对算法的治理应该前移到对算法商业功能及其设计目标的考察，判断其在造成负外部效应中的角色担当。在设计端规制算法，鼓励适当的代码开源，并为算法透明制定行业规范和标准。④将新闻透明性纳入算法技术的"常规"，沿着"技术道德化"的思路，用对话的方式重新调整人和算法的关系。⑤有学者主张，要将价值理性嵌入人工智能，打造新闻道德智能体，在不同阶段进行"监控、预警和奖惩"的伦理干预，构建"人-机协同"的算法新闻伦理机制。⑥也有学者从反异化的目的出发，强调要始终将技术限制在工具本位，让媒体工作者、受众、智媒技术开发者和国家管理者等多主体共同参与⑦，发挥人在媒介技术中的引领性和主导性，把握价值观的方向，设定传播向正功能化发展的

---

① 徐汉明、孙逸啸：《算法媒体的权力、异化风险与规制框架》，《西安交通大学学报》（社会科学版）2020年第40期。
② 翟秀凤：《算法祛魅：网络内容经济中的算法规则建构及其治理进路》，《新闻与写作》2022年第3期。
③ 陈昌凤、霍婕：《权力迁移与人本精神：算法式新闻分发的技术伦理》，《新闻与写作》2018年第1期。
④ 翟秀凤：《算法祛魅：网络内容经济中的算法规则建构及其治理进路》，《新闻与写作》2022年第3期。
⑤ 毛湛文、孙曌闻：《从"算法神话"到"算法调节"：新闻透明性原则在算法分发平台的实践限度研究》，《国际新闻界》2020年第7期。
⑥ 林凡、林爱珺：《打开算法黑箱：建构"人-机协同"的新闻伦理机制——基于行动者网络理论的研究》，《当代传播》2022年第1期。
⑦ 宫承波、王玉风：《主体性异化与反异化视角的智能传播伦理困境及突围》，《当代传播》2020年第6期。

路径。① 匡文波就认为，新闻推荐算法歧视是一个技术"黑箱"，由于涉及社会利益，必须接受政府的监管和社会监督。② 也有学者认为，打开算法"黑箱"并不足以治理智能媒体算法问题，应当跳出技术视角，将算法治理置于网络信息内容生态中，动态考察各行动主体间的持续博弈，着重考量算法所引发的、以权力配置为代表的社会关系变化，通过政府规制、平台自治和社会共治来协同推进智媒算法治理。③ 在多元协同治理方面，还有学者考虑了全球风险化的背景以及算法传播的信息地缘政治，提出要充分发挥联合国的协调力量，发展以区域为主题的国际合作治理，制定算法传播国际规范。④

二是强调对平台的规制。有学者指出，由于平台本身存在专业性不足的问题，以及作为利益方更倾向于作出于己有利的决定，需要引入第三方监管作为补充。⑤ 无独有偶，雷霞同样认为，人工智能还不能对其创作和生成的内容进行人性化的解读和阐释，因此，需要建立人工智能信息发布安全监管和评估体系来避免可能造成触犯法律、法规和影响新闻伦理的内容的发布与传播。⑥ 在隐私流动与个人信息保护方面，林爱珺认为，目前，我国的法律还需要探讨个人信息在人身权、财产权上的属性，以及何种法律的保护更加有效，以期制定一部完善的相关法律。然而，在缺少自身法律规制的情况下，对于企业、组织中适当的技术性要求——用户知情同意、隐私匿名、合理收集等要求应该细化。⑦ 除了法律、监管等第三方约束措施以外，还有学者

---

① 陈昌凤：《工具性兼人性：技术化时代的媒介伦理》，《新闻与写作》2019年第4期。
② 匡文波、张一虹：《论新闻推荐算法的管理》，《现代传播》（中国传媒大学学报）2020年第42期。
③ 徐琦：《辅助性治理工具：智媒算法透明度意涵阐释与合理定位》，《新闻记者》2020年第8期。
④ 罗昕、张梦：《算法传播的信息地缘政治与全球风险治理》，《现代传播》（中国传媒大学学报）2020年第42期。
⑤ 韩新华：《平台时代网络内容治理的元规制模式》，《中国出版》2022年第5期。
⑥ 雷霞：《搜索引擎智能推荐的权力控制与人的能动性》，《现代传播》（中国传媒大学学报）2021年第43期。
⑦ 林爱珺、蔡牧：《大数据中的隐私流动与个人信息保护》，《现代传播》（中国传媒大学学报）2020年第42期。

指出，平台的内部行为关系到公众的重大利益，故而，平台在智媒环境下更要加强自我规制，其内容审核需要在内容创作自由和平台的规则底线之间、流量增长和平台的责任义务之间不断权衡，以规避可能产生的算法权力滥用和平台霸权。①

三是对内容生产者的规制。有学者认为，内容生产者需要对自身有清醒的认知，尤其是媒体机构要发挥其主观能动性，落实谨慎原则和专业原则，最大程度地规避技术风险、回归新闻价值本位，用专业性来消解技术加剧的伦理风险与新闻业和新闻学科面临的危机。② 在智能技术投入媒体使用的过程中，由于人工智能还无法完全取代人类，在数据审核阶段，媒体工作者可以利用自身积累的经验和知识，既能对原始数据的准确性进行评估，还能对不同数据之间因果关系的合理性进行判断，以规避智能技术带来的风险。③ 加强对媒体的规制可以从源头上提升内容质量，对媒体的规制，除了外部力量也需要有内部规范和伦理的强化，智媒时代的数字新闻伦理需要以"元规范"为指引，重新锚定新闻伦理的核心价值，以回应新闻伦理在多个层面的发展需求。④ 除了伦理上的观念规制外，实践上的技术伦理规范也同样重要。例如，就技术场域视角审视人脸识别技术应用的无节制问题，有学者认为，监管主体需负责规制人脸识别技术应用，倡导人脸识别技术场域的伦理规范，为构建安全可信、健康有序的人脸识别技术应用提供发展路径。⑤ 在立法规制上，需要研究和预判人工智能媒体发展潜在的技术和社会伦理风险，与时俱进地提高人工智能媒体治理水平，以法律法规为治理基础，推进人工智能立法，实现智能媒体

---

① 皇甫博媛:《"算法游戏"：平台家长主义的话语建构与运作机制》，《国际新闻界》2021年第43期。
② 尹凯民、梁懿:《算法新闻的伦理争议及审视》，《现代传播》（中国传媒大学学报）2021年第43期。
③ 谢耘耕、李丹珉:《传感器新闻的发展与风险规避研究》，《新闻界》2020年第12期。
④ 陈昌凤、雅畅帕:《颠覆与重构：数字时代的新闻伦理》，《新闻记者》2021年第8期。
⑤ 刘海明、尹芳芳:《技术的场域与伦理：人脸识别应用限度及媒体责任》，《当代传播》2021年第1期。

依法治理。①

此外，在内容生产中，非专业的内容生产者也是需要规制的重要对象。在许多突发事件中，大量受众利用新媒体充当起记者的角色，第一时间传播了现场的真实信息，传播主体的隐匿性与开放性致使把关较弱，监管难度大。② 由于社交媒体新闻信息把关弱化，信息传播速度被大幅提高，信息传播过程被极力缩短，新闻信息来源不清，随意拼接表面现象或耸动片段，生产者常常会代入主观情绪和个人想象，以吸引眼球等手法炮制和推送所谓"新闻热点"，这些因素严重消解了新闻的严肃性和真实性③，需要对作为内容生产者的个人进行必要的培训和法规伦理教育，如果出现问题需要依法依规处理。有学者认为，全球传播场景已全面进入算法时代，在这个背景下，受众也成为"被算计"的人，因此，需要从教育、文化等方面提升受众的媒介素养。尤其是针对受众的信息茧房问题，需要充分提升用户的主观能动性和高维度媒介素养，从而避免个体落入同质化信息的信息茧房窠臼。④ 针对5G时代技术异化而导致的人文主义消解、伦理道德失范等危机，需要从"尊重和认同人的内在价值"层面出发，唤醒受众的伦理意识。⑤ 除此之外，有学者发现，我国公众对于智能技术应用以及与之相关的事件的认知、态度、价值判断同时存在着一致性和差异性，价值观引领是一个复杂而多元的问题，需要多方面的共同参与，从而提出从法律、社会治理、文化三个层面对我国公众智能价值

---

① 韦路、左蒙：《中国智能媒体的使用现状及其反思》，《当代传播》2021年第3期。
② 严三九、刘峰：《试论新媒体时代的传媒伦理失范现象、原因和对策》，《新闻记者》2014年第3期。
③ 田甜：《新媒体时代极速传播的失范与规制——以近期几起新闻反转事件为例》，《新闻窗》2015年第4期。
④ 虞鑫、王金鹏：《重新认识"信息茧房"——智媒时代工具理性与价值理性的共生机制研究》，《新闻与写作》2022年第3期。
⑤ 江作苏、刘志宇：《从"单向度"到"被算计"的人——"算法"在传播场域中的伦理冲击》，《中国出版》2019年第2期。

观的引领思路。①

在规制方式上，由于当前新闻信息生产和传播中出现的问题类型较多，原因复杂，学者们普遍意识到单一的规制方式很难奏效。比如智能洗稿和"深度伪造"的问题，已经成为智媒时代的突出问题，但是单单靠法律规制无法解决，一是诉诸法律程序周期长、成本大，二是原创者举证难度也比较大。为解决此问题，有学者提出，要转变智能洗稿法律规制原则，构建"互动循环"规制制度。② 同时，伴随着机器学习、计算机视觉等技术的不断成熟，借助数据和算法的高效转化，"深度伪造"违法信息在事实认定方面的司法困扰愈加明显，有学者从法律角度出发，在现规范体系下提出算法传播入罪风险的破解路径，规制智媒信息。③ 为了取得更好的治理效果，还要有政府和媒体平台的共同努力，并充分运用互联网治理的"多利益方共同治理模式"，发动社会组织、用户等多方面参与，共同维护国家安全、个人和企业的合法权益。④

目前，对智媒信息规制的研究总体成果较为丰硕，规制的客体涵盖不良信息、受众、媒体、平台和技术五大方面，其中，对技术的规制最为突出。在规制手段方面，对智媒信息规制的研究多从法律、技术和道德方面展开，经济手段的规制研究比较匮乏，从经济学角度分析智媒信息规制的成果相对较少。

(二) 国外研究现状述评

国外与本书相关的研究成果有以下3个方面。

1. 智能技术对新闻信息生产的影响

国外研究在智能技术对新闻生产的变化时包括两方面内容：一是

---

① 林嘉琳、师文、陈昌凤:《我国公众智能价值观的现状评估与引领研究——基于2020年智能技术的热点舆情分析》，《当代传播》2021年第3期。
② 周勇:《智能洗稿法律规制研究》，《当代传播》2019年第4期。
③ 王文娟、马方:《"深度伪造"违法信息算法传播入罪的困境与破解》，《新闻界》2021年第1期。
④ 陈昌凤、徐芳依:《智能时代的"深度伪造"信息及其治理方式》，《新闻与写作》2020年第4期。

说明智能媒体环境下，新闻信息生产主体增加，新闻生产权力结构分散。脸书（Facebook）和推特（Twitter）的智能化社交媒体平台允许用户生产内容及交换，新闻生产主体和生产数量加大，新闻生产更加容易，把关功能弱化，原来掌握于精英手中的媒介控制权逐渐分散①，社会化媒体的新闻生产方式对传统媒体原有的生产方式和工作流程影响极大。特别是对新闻编辑和新闻职业伦理的挑战会重塑新闻业。② 韦斯特兰德（Westlund）和刘易斯（Lewis）建立 AMI 分析框架，将在媒介创新中起作用的主体概念化为人类行动者（actors）、非人类行动者（actants）和受众（audience），讨论三者在媒介创新活动中的相互作用。③ 在智媒环境下，后两个主体在新闻生产中的地位日益凸显，关于机器人主体和受众主体对新闻生产链条的颠覆重塑作用、二者与人类行动者主体的角色分配以及新主体参与下的新闻伦理问题的研究也日益增多。④ 人工智能如果在新闻生产中独立发挥作用的话，那它究竟是作为生产主体存在还是客体，抑或只是一个工具引起研究者关注。有学者认为，智能技术赋能下的新闻生产尤其是人工智能写稿机器人的应用，由于其在技术上的"突破性创新"（disruptive innovation）特征，应该被当作新时代的新闻生产主体（之一）来看待。⑤ 由于高级人工智能在数据采集和分析后可以智能写作，那人工智能是否可以承担相应的主体责任呢？既然整个新闻传播的理论是基本以人为中心进行生产，只有人这种"自为者"才具备传播主体的特征，技术只是一种传播的工具、媒介或渠道，如果放大

---

① Kaplan, A. M, Haenlein, et al. "Users of the world, unite! The challenges and opportunities of Social Media," *Business Horizons Bloomington*, 2010 (53): 59-68.
② Siapera E, Veglis A . "Social journalism: Exploring how social media is shaping journalism," *Wiley-Blackwell*, 2012 (17): 309-328.
③ Westlund, O., Lewis, S. C. "Agents of media innovations: Actor, actants, and audiences," *The Journal of Media Innovations*, 2014, 1 (2): 10-35.
④ Diakopoulos N. *Automating the News: How Algorithms are Rewriting the Media*. Harvard University Press, 2019, p. 107.
⑤ Valerie Belair-Gagnon, Taylor Owen and Avery E. Holton. "Unmanned aerial vehicles and journalistic disruption," *Digital Journalism*, 2017, 5 (10): 1226-1239.

了人工智能的作用，让其具有生产和传播内容的功能，这就模糊了人和机器之间的本体论分界，技术生产转向智能生产，更要考虑主体更换后新闻传播理论的适用性①，进而有学者认为，传播研究的理论框架需要从计算机中介传播（Computer-Mediated Communication）向人工智能中介传播（AI-Mediated Communication）转变。②

二是智能技术丰富新闻产品形态，强化了新闻产品的商业化，新闻专业主义遭受侵蚀，智能媒介伦理问题日益突出。利用大数据分析技术和机器人写作，数据新闻产品的功能和形态越来越丰富，通过虚拟仿真技术实现了沉浸式新闻产品、无人机进行拍摄直播等。③但这些技术本身也可能会带来很多负面问题，如算法带来的虚假新闻、算法偏见、机器主体的媒介伦理等问题也开始困扰新闻业。马特-卡尔森（Matt Carlson）指出，在智能技术的影响下，随着新闻的生产和传播越来越多地使用算法，算法判断对新闻判断提出了根本性的挑战，与记者的专业判断不同，它在试图标准化选择标准时，可能会让精明的程序员利用算法系统来传播虚假新闻。④巴普蒂斯塔（João Pedro Baptista）和阿纳贝拉·格拉迪姆（Anabela Gradim）认为，智能推荐算法正在成为假新闻的伟大盟友，促进了过滤气泡和回声室的形成，使得用户在有限和封闭的环境中，更容易受到虚假信息的影响，进而造成假新闻的泛滥。此外，研究还发现，不仅是智能算法技术的原因，人为的经济利益和意识形态的追求，也促成了假新闻的生

---

① Guzman A. L., Lewis S. C. "Artificial intelligence and communication: A Human — Machine Communication research agenda," *New Media & Society*, 2019, 22 (8): 409-427.
② Hancock J. T., Mor N. and Karen L. "AI-Mediated communication: Definition, research agenda, and ethical considerations," *Journal of Computer-Mediated Communication*, 2020, 25 (1): 89-100.
③ Harvard J. "Post-Hype uses of drones in news reporting: Revealing the site and presenting scope," *Media and Communication*, 2020, 8 (3): 85-92.
④ Matt Carlson. "Automating judgment? Algorithmic judgment, news knowledge, and journalistic professionalism," *New Media & Society*, 2017, 20 (14): 1755-1772.

产和传播。① 也有学者关注算法新闻偏见问题，米哈伊拉·卡利斯等人（Mikhaila N. Calice et al.）认为，Facebook 和 Twitter 等社交媒体平台使用基于人工智能的算法来策划新闻内容，颠覆了传统新闻媒体长期以来的把关人角色，通过党派身份和敌对媒体效应理解算法新闻偏见，发现公众对算法新闻偏见的看法在很大程度上尚未两极分化，但随着政治领导人越来越多地声称算法新闻策划中存在党派偏见，可能会带来党派之间的两极分化的危险。② 芬威克·麦凯威（Fenwick McKelvey）认为，算法越来越多地控制媒体和信息系统的骨干，这种控制发生在不透明技术系统的深处，它也挑战了新闻业既有的伦理，因为技术和机器在决策时不存在人类拥有的反思和意识。③

由此可见，智媒时代因为更多新闻主体的加入，且大多缺乏专业的新闻理论知识，在商业利益主导下，很多平台和个人账号更倾向于采用刺激性和娱乐化的表达方式，受众常被看作消费者而不是公民④；另外，智媒技术改变了原有的生产方式，新闻业原有的规则和专业技能被快速流动的信息所颠覆，隐私、可靠性和客观性三个方面问题越来越突出，新闻专业主义和客观性不断失守，新的媒介伦理问题出现，如识别谁生产了人工智能、谁对人工智能生产的内容拥有所有权，仍然是需要讨论的灰色地带。新闻业还需要思考如何应对不断增加的生产主体和低质量信息泛滥带来的有价值新闻信息被稀释的问题。

---

① João Pedro Baptista, Anabela Gradim. "'Brave New World' of fake news: How it works," *Javnost-The Public*, 2021, 28 (4): 426-443.
② Mikhaila N. Calice, Luye Bao and Isabelle Freiling, et al. "Polarized platforms? How partisanship shapes perceptions of 'algorithmic news bias'," *New Media & Society*, 2021 (1): 1-21.
③ Fenwick McKelvey. "Algorithmic media need democratic methods: Why publics matter," *Canadian Journal of Communication*, 2014, 39 (4): 597-614.
④ Pennington R, Birthisel J. "When new media make news: Framing technology and sexual assault in the Steubenville rape case," *New Media & Society*, 2015 (18): 2435-2451.

2. 智能技术对新闻信息传播的风险

除了对新闻信息生产的影响，国外的研究也在关注智能技术的运用对新闻信息传播形成的社会风险。如马维克（Marwick）和博伊德（Boyd）等的研究认为，在当前的传播环境下，人们的隐私显得非常脆弱，用户在社交媒体上隐私受到侵犯更为频繁，目前的隐私理论未能解释智能技术和社会化媒体改变信息共享和可见性实践的方式，新媒体时代青年一代的隐私观念发生变化，隐私受到侵犯也更为频繁。[1] 有学者认为，新兴媒体的使用特别是社会化媒体的普及，在社会遭遇突发事件时会增加社会风险的爆发。卡洛拉克（Karolak）等对阿拉伯之春中社交媒体所发挥的作用进行分析，认为社交媒体信息在煽动人们不满情绪并发生集合行为上作用明显。[2] 阿万（Awan）等认为，社交媒体的不良信息传播带来了人们思想意识的变化，使人们变得更加冷漠并缺乏责任意识，更倾向于发布攻击性言论。[3] 不仅如此，伴随着算法技术的运用，智能媒体新闻信息中不断出现谣言问题，有学者认为，社交媒体帮助了谣言传播者，且很少能自我纠正谣言，不实信息和煽动性信息在社交媒体上像野火一样迅速传播，对社会造成很大伤害。[4] 娜塔莉·海尔伯格（Natali Helberger）意识到算法介入分发系统，导致新闻媒体由公共信息的中介转向为个人信息服务，造成媒体与其用户之间的关系中新的不平衡。因此，她提出一种"公平媒体实践"（Fair Media Practices）的做法，即应该树立价值观和原则来引导媒体和用户之间的关系，规范算法向媒体呈现内容和推

---

[1] Marwick A. E., D. Boyd. "Networked privacy: How teenagers negotiate context in social media," *New Media & Society*, 2014, 16 (7): 1051-1067.
[2] Karolak M. *Social Media and the Arab Spring in Bahrain: From Mobilization to Confrontation*. Palgrave Macmillan US, 2017: 81-119.
[3] Awan, Imran. "Islamophobia and Twitter: A typology of online hate against Muslims on social media," *Policy & Internet*, 2014, 6 (2): 133-150.
[4] Webb H., Jirotka M. and Stahl B. C., et al. "Digital wildfires: Hyper-connectivity, havoc and a global ethos to govern social media," *Acm Sigcas Computers & Society*, 2016, 45 (3): 193-201.

送给用户的方式。①

智媒时代，由于大型互联网平台通常成为新闻信息传播的基础设施，它们对新闻信息传播的负面影响也受到关注。有研究认为，在看到社交媒体带来全民新闻生产、获取信息越来越丰富的同时，人们不要一味地认为社交媒体的新闻信息会使人们拥有更加丰富的内容。尽管用户可以从越来越多的渠道获取新闻信息，但是由于新闻信息的传播被几家主要的互联网平台所掌控，新闻信息的多样性受到挑战。②而且，智能算法技术下的自动化新闻的生产也带来了诽谤性新闻内容、知识产权和新闻采集等法律问题，人们需要仔细考虑算法等智能技术的法律后果。塞思·刘易斯（Seth C. Lewis）、艾米-克里斯汀·桑德斯（Amy Kristin Sanders）和凯西·卡莫迪（Casey Carmody）探讨算法技术作用下的自动化新闻存在的问题，指出算法可能会产生诽谤性的新闻内容，主要分析了在基于算法的诽谤案件中确定过错的复杂问题及新闻机构无法采用类似于谷歌和其他算法内容提供商所使用的辩护方式。③ 塔尔·蒙塔尔（Tal Montal）和兹维·赖希（Zvi Reich）认为，自动化新闻可能会引发一些问题，即出于知识产权的考虑，谁应该被视为算法制作内容的作者。④

3. 对智媒技术新闻信息规制的研究

智媒技术的运用对新闻信息而言，具有明显的两面性，它既可以怂恿坏的价值，也能鼓励好的价值，从消费的角度来看，会使人们受

---

① Natali Helberger. "Policy implications from algorithmic profiling and the changing relationship between newsreaders and the media," *Javnost-The Public*, 2016, 23（2）: 188-203.
② Nielsen R. K., Cornia A. and Kalogeropoulos A. "Challenges and opportunities for news media and journalism in an increasingly digital, mobile and social media environment," *Reuters Institute for the Study of Journalism*, 2016: 1-36.
③ Seth C. Lewis, Amy Kristin Sanders and Casey Carmody. "Libel by algorithm? Automated journalism and the threat of legal liability," *Journalism & Mass Communication Quarterly*, 2019, 96（1）: 60-81.
④ Tal Montal, Zvi Reich. "I, Robot. You, Journalist. Who is the Author?: Authorship, bylines and full disclosure in automated journalism," *Digital Journalism*, 2016, 5（7）: 1-12.

益或者受害。社交媒体的普及，使人们充分认识到缺乏约束的新闻信息传播将会带来巨大的社会风险。在智能媒体新闻信息规制方面，逐渐形成了三类具有代表性的研究观点：一是通过政策和法律来进行规制。林克（Linke）认为，当前对于社交媒体的规制体系尚不成熟，在没有完善和系统的规制措施下，政府更喜欢使用法令来管制社交媒体。① 立法治理社交媒体不仅要保护新闻内容的版权问题，更重要的是保护整个市场的健康运行，特别是新闻的真实性认证就当予以加强，政府在防止谣言传播方面应当发挥基础性作用。② 二是通过自律的方式来规制。柯林斯（Collins）分析了英国的互联网媒体治理与规制。在他看来，互联网媒体的规制可以从外部和内部两个方面入手，而最重要的是内部制度的完善，通过自律的方式以确保媒体朝着公共利益方向③，媒介组织建立适合自己的社交媒体使用法则，以避免用户在社交媒体使用中出现的各类问题。基于这一认识，有的研究认为，社交媒体平台应当担负起教育其用户如何发布适当信息的责任，通过平台对用户的培训让用户更为自律。④ 三是通过技术手段进行规制。随着新兴社交媒体 Facebook、YouTube、Twitter 等平台将算法深度植入新闻信息的生产和传播过程，通过技术手段对社交媒体新闻信息进行规制受到研究者的广泛关注。研究普遍认识到，社交媒体可以在技术上实现对不良信息的规避，特别是算法在塑造日常生活和现实时具有隐蔽性，能够在无形之中影响用户对世界的感知并影响其行

---

① Linke A., Zerfass A. "Social media governance: Regulatory frameworks for successful online communications," *Journal of Communication Management*, 2013, 17 (3): 270-286.
② Miguel D., Da Ly A. J. and S. Segado Sánchez-Cabezudo. "Identifying the new influences in the Internet era: Social media and social network analysis," *Revista Espaola De Investigaciones Sociologicas*, 2016, 153 (1): 23-40.
③ Collins, R. "Internet governance in the UK," *Media Culture & Society*, 2005, 28 (3): 337-358.
④ Grzadzinski R., Carr T. and Colombi C., et al. "Measuring changes in social communication behaviors: Preliminary development of the brief observation of social communication change (BOSCC)," *Journal of Autism & Developmental Disorders*, 2016, 46 (7): 2464-2479.

为。在构建个性化的社会认知过程中,可以通过技术治理的方式来矫正算法的不良影响。① 通过技术手段追踪虚假新闻会发现,虚假新闻的传播是由机器通过自动构造过滤泡来支持实现的,所谓的回声室效应是人们在技术的使用中出现的人为暗示,会放大人们对错误信息的认知,通过算法的调整和规则的改变,能够减轻虚假新闻流行和对人们的影响。②

在规制对象上,多数研究认为平台和算法应当是主要的规制对象。Google、Facebook、Instagram等平台以"技术中立论"为规避责任的话语主张,通过建立特定的话语框架,为内容生产领域划定道德界限,以可见性控制内容传播,进而在整个智能信息环境中,树立平台家长主义的权威。③ 因此,需要一定的外部力量对平台和企业行为进行监督与规制。平台能够实施其影响力,主要是通过算法对平台上的各种类型的内容进行优先排序,这种排序的逻辑有技术指标,从而构成了一种新的主导模式来确定社会相关性,它取代了传统新闻的议程设置,平台还可以通过阻止或过滤被认为不可接受或非法的言论、视频和照片来监管内容。④ 以前由人类负责的操作、决定和选择越来越多地被委托给了算法,它们可以就如何解释数据以及因此应采取何种行动提供建议,甚至作出决定,并带来了信息泄露、数据造假等令人担忧的问题。⑤ 对此,有学者将此定义为算法黑箱,认为提高透明度是解决算法自动化决策、克服算法黑箱的关键措施。⑥ 但格兰

---

① Just N., Latzer M. "Governance by algorithms: Reality construction by algorithmic selection on the Internet Media," *Culture & Society*, 2017, 39 (2): 238-258.
② Zimmer F., Scheibe K. and Stock M., et al. "Fake news in social media: Bad algorithms or biased users?" *Journal of Information Science Theory and Practice*, 2019, 7 (2): 40-53.
③ Petre, C., Duffy, B. E. and Hund, E. "'Gaming the system': Platform paternalism and the politics of algorithmic visibility," *Social Media & Society*, 2019, 5 (4): 1-12.
④ Gorwa R. "What is platform governance?" *Information, Communication & Society*, 2019, 22 (6): 854-871.
⑤ Mittelstadt B. D., Allo P. and Taddeo M., et al. "The ethics of algorithms: Mapping the debate," *Big Data & Society*, 2016, 3 (2): 1-21.
⑥ Kitchin R. "Thinking critically about and researching algorithms," *Information, Communication & Society*, 2017, 20 (1): 14-29.

卡（Granka）等人认为，披露算法的结构并不会给不懂技术的普通用户带来任何好处，反而会助长恶意操纵搜索结果的行为。① 故而，单纯揭露算法黑箱并不会从根源上解决算法带来的问题。算法在新闻信息传播中的巨大作用引起了人们对人类能动性和自主性影响的担忧。维贝克（Verbeek）曾提出，与其对抗技术力量去寻求人类的自主性，不如寻求并发展一种负责任的中介形式来调解智能技术带来的影响，即通过专门设计的可操纵的机构、条款来改变人的道德行为，以应对可预测的技术影响。② 要关注算法设计环节，重视算法设计者或用于训练算法的数据自身的偏见可能导致的偏见和歧视。③ 技术不仅是工具，还是人的天性的一部分，人类可以通过设计来预测和干预技术的调节。也有学者从法律角度提出公平、问责、透明、伦理和责任等原则，希望通过在相应的法律政策中践行这些原则，达到有效治理平台的目的。④

从国外的研究成果来看，智能媒体对新闻信息传播的影响以及如何克服智能媒体技术运用带来的负面问题是研究者聚焦的方向。特别是智能媒体对新闻专业主义的影响、智能媒体环境对新闻从业人员的影响，研究成果较多。在负面影响上，更多地关注社会风险，从法律和伦理的角度研究成果丰硕，体现了学科交叉研究的特点。但是，智媒时代新闻生产带来的新的生产关系和供需变化，特别是新的供给主体和技术运用在加入新闻信息供给后呈现的公共性不足、外部性突出等问题，相关研究相对薄弱。在对智能媒体新闻信息的规制方面，国外的研究成果大多是从微观的角度展开，强调治理的针对性，缺乏对

---

① Granka, L. A. "The politics of search: A decade retrospective," *The Information Society*, 2010, 26 (5): 364-374.
② Verbeek, P. P. *Moralizing Technology: Understanding and Designing the Morality of Things*. The University of Chicago Press, 2011, p. 138.
③ Mittelstadt B. D., Allo P. and Taddeo M., et al. "The ethics of algorithms: Mapping the debate," *Big Data & Society*, 2016, 3 (2): 1-21.
④ Schlesinger P. "After the post-public sphere," *Media, Culture & Society*, 2020, 42 (7-8): 1545-1563.

系统规制和综合治理的宏观式研究，尤其是对于不同主体、不同内容、不同市场环境的区分较少。在规制手段上，核心仍然依赖法规、技术以及自律，尽管在一些文献中也常常使用治理一词，但总体上仍然强调外部干预。相较于西方国家，我国的智能媒体发展已经处于和西方国家并跑态势，部分领域已经能够领跑全球。在中国特色社会主义道路上，我国与西方国家的新闻信息规制也有较大不同，要立足中国国情，提出规制建议时要注意在具体的市场环境和政策环境方面的中国特殊性，把握不同类型的新闻信息生产主体的不同生产动机，结合具体的情境和个体的实际条分缕析才更具针对性和实践价值。

第一章

如何理解智媒时代

智媒时代是近几年学术研究中的热词，以智媒时代为关键词的学术文章数量也非常丰富，本书正是以智媒时代为研究背景，分析新闻信息供给中存在的问题。那么，究竟何谓智媒时代，我们的研究起点始于何处。本章将梳理智媒的概念，并由此探究智媒时代的发端与发展，总结智媒时代的特征，说明智媒时代究竟是怎样的时代。

第一节 何谓智媒时代

对于智媒时代的概念，学界目前仍然是众说纷纭，缺乏系统而明确的阐述。作为本书的研究背景和研究出发点，有必要对此概念进行梳理。智媒时代作为一个时代来理解，必然要有相应的开启时间，而何时进入智媒时代，关键在于如何解释智媒这一概念。在近些年的发展实践中，学界和业界提出了许多与智媒相关的概念，如智能媒体、智媒体、智能化媒体、智慧媒体、智能媒介等，听起来似乎都大差不差，实际上却有不同含义。在这五个词汇中，智能媒体被学界讨论得最多，智媒体被业界使用较多。这反映了两种不同的理解方式，但智能化媒体由于突出发展和改造过程，概念内涵略窄；智慧媒体则常常用于具体的平台或服务产品。相较而言，智能媒介更突出媒介的智能性，与智能媒体相比，缺少对组织和关系的考虑。本书所称的智媒，既突出了技术上的智能性，又包含了媒体与介质的双重属性，可以认为是智能媒体与智能媒介的总和。

卿清认为，智能媒体是一个从计算机学科逐渐进入媒介社会学的概念[①]，国内关于智能媒体的研究最早出现在 1997 年，主要集中于

---

① 卿清：《智能媒体：一个媒介社会学的概念》，《青年记者》2021 年第 4 期。

计算机、电信、通信等相关领域，指的是通讯技术或网络介质。新闻传播领域最早出现智能媒体的文章是 2008 年浙江工业大学张雷教授的《从"地球村"到"地球脑"——智能媒体对生命的融合》一文。这篇文章并未对智能媒体作出过多解释，智能媒体仍然倾向于智能媒介的概念，而且文中智能媒体与智能媒介混合使用。因此，这个智能媒体的概念与今天人们理解的智能媒体相比，内涵和外延都要小一些。此后，智能媒体与智能媒介的定义一直纠缠不清。2009 年，王艳和高明首次对智能媒体作出清晰界定。他们的定义是从用户角度出发，认为所谓智能媒体指的是"将媒体智能化，使用户在使用过程中更趋于人性化、大众化、简单化、全球化，让用户的搜索结果更集中、多样以及全面地展示在用户面前"。① 这一定义突出了媒体的属性，使智能化落脚于媒体信息服务，向新闻传播领域进了一步。但到了 2010 年，中国互联网络信息中心的研究者又将智能媒体定义为智能化的终端设备，这再一次把智能媒体推回到了智能化介质上来。

2011 年，学者吴纯勇丰富了智能媒体的概念。他认为，智能媒体是智能终端、智能网络、智能传输平台发展的综合结果。智能媒体有思想、有感知、会判断、会主动寻找受众而非仅仅被动地接受访问；同时，它也会融入受众的社会关系网，从而产生裂变式的传播效果。② 这个定义打破了智能媒体是智能介质的局限，说明了智能媒体在传播全过程中的作用，而且突出了智能的特征，但这一概念仍然未能将媒体组织及媒体生产完全纳入进来。任锦鸾等学者认为，智能媒体是能够自动感知用户、迎合用户需求、有针对性地服务用户的媒体。③ 这一定义把媒体作为落脚点，使智能作为一种技术应用于媒

---

① 王艳、高铭：《混合式学习在智能媒体中的应用》，《黑龙江科技信息》2009 年第 35 期。
② 吴纯勇：《改革中的中国广电行业如何突围——把握智能媒体蓝海》，《中国数字电视》2011 年第 5 期。
③ 任锦鸾、曹文、刘丽华等：《基于技术与市场视角的智能媒体发展态势分析》，《现代传播》（中国传媒大学学报）2017 年第 39 期。

体。由此可以看出，尽管阐释智能媒体的学者不少，但智能媒体的概念一直未有定论，常常在技术、介质、媒体之间来回摇摆。比如，许志强认为，智能媒体是服务端和客户端的总和①；程明认为，智能媒体是以大数据为基础，以人工智能为核心，借助物联网技术全场景的数据采集、5G技术高速率和低延时的信息传播、云计算技术强大的算力和区块链技术独有的信任机制而逐渐形成的具有强连通性和强交互性的智能化媒体系统②；范以锦认为，智媒是基于大数据、移动互联、虚拟现实、人机交互等技术的能够自我学习的媒体形态，是技术与媒体的叠加。③ 这些定义逐渐脱离了单一指向媒体或介质，而是将媒体、媒介、技术等综合在一起。有的直接说智能媒体是生态系统，比如郭全中认为，智媒体是指基于移动互联、大数据、人机交互、人工智能等新技术，充分发挥社会群体中每个人的认知盈余，从而形成的自强化的智能化生态系统。④ 尽管这些定义都从各自的角度阐明了智能媒体的特点，但这些定义当中大多对智能解释得较多，对媒体的解释相对较少，智能媒体定义的众说纷纭，反倒让人们在理解智能媒体时更觉扑朔迷离。

黄升民在《重新定义智能媒体》中说到，智能媒体的定义偏向于对"功能"的解读，却无法阐释智能媒体的"智能"究竟是什么，也缺少对于智能实现路径的体系化解读，因而，无法给业界带来相应的理论指导与借鉴。他认为，对内容、用户、场景的认知和理解是智能媒体的三条底层逻辑，判断媒体是否智能，就看其是否可以利用数据、网络、学习和互动提升理解力，实现对内容的理解、用户的理解、场景的理解后，逐步实现智能决策，并向着智能的终极目标迈进。因此，他对智能媒体的定义是"具备较高的识别与理解能力，能

---

① 许志强：《智能媒体创新发展模式研究》，《中国出版》2016年第12期。
② 程明、程阳：《论智能媒体的演进逻辑及未来发展——基于补偿性媒介理论视角》，《现代传播》（中国传媒大学学报）2020年第9期。
③ 林秋铭、范以锦：《2017—2018：众媒时代到智媒时代的大跨越》，《中国报业》2018年第1期。
④ 郭全中：《小议"智媒体"》，《光明日报》2016年4月16日08版。

够在营销传播场景中进行最优决策,并具备通用性进化与自我创造潜力的媒体"。① 从这个定义中可以看出,智能媒体的重点仍然是媒体,智能是媒体发展到一定阶段的技术表现,在媒体经营活动中会用到各类媒介,特别是媒介融合会使智能媒体从传统的生产新闻的媒体机构扩展至营销的其他媒体,可以说涵盖了所有的内容生产主体,包括传统媒体、算法平台还包括人和非人主体。

罗自文认为,智能媒体既不是一个纯粹的静态概念,也不是一个单维的动态概念,而是一个具有多维意义的发展性概念。他在定义智能媒体时力求全面,从多个方面都作了解释,在内涵和外延上作了比较明晰的说明。他认为,"智能媒体就其内涵而言,是指依托高速移动互联网、大数据、云计算、传感器等人工智能技术的支持,能够自主感知用户需求,针对特定的时空和场景,动态向用户推送所需信息,从而实现技术驱动、人机协同、智能传播、精准高效的媒体形态;其本质是算法驱动的媒体形态。就其外延来看,首先,最为典型的智能媒体是以抖音、快手、微信等为代表的智能技术平台;其次,以封面、澎湃、天目云等为代表的新媒体,由于融入了较多的人工智能技术而逐步形成的融合媒体形态;最后,以《人民日报》、中央广播电视总台、新华社等为代表的传统媒体积极开发智能化新闻应用,未来有望形成的智能媒体生态系统"。② 这一概念尽管很长,但确实既解释了智能层面的技术问题,又解决了媒体层面的主体问题。

沿着这一思路,我们就会发现智能媒体中的智能似乎已经达成共识,主要包括高速互联网、大数据、云计算、物联网等智能技术,共同组成了一个技术网络,这种技术网络是智媒形成的前提条件;而媒体二字含义逐渐丰富,它不仅指媒体机构或媒体从业者的概念,而且

---

① 黄升民、刘姗:《重新定义智能媒体》,《现代传播》2022年第1期。
② 罗自文、熊庚彤、马娅萌:《智能媒体的概念、特征、发展阶段与未来走向:一种媒介分析的视角》,《新闻与传播研究》2021年增刊。

包含了所有信息传输的媒介、平台算法、网络以及由此生成的各种关系,这是技术作为生产力必须进入其中的生产关系,这种生产力与生产关系的配合是智媒得以形成的必要条件。因此,本书所指的智媒便是既包括技术这个生产力,又包括了维系各类生产者和生产技术的生产关系。

从智媒概念的梳理中不难看出,智媒的出现是一个过程,支持智媒的所谓智能技术不是一夜之间全部就绪的。因此,对智媒时代的判断也就很难明确地说某一年为智媒元年,智媒时代是一个逐渐出现的词汇,在其中一种技术出现时,可能已经孕育了智媒的种子,随着其他技术的发展应用,智能化逐渐提升,未来仍将会不断发展进化。

从现实来看,物联网技术在新闻传播领域最早应用于 2009 年 5 月 1 日,即中国地震台网中心试运行的大地震快速产出系统,该系统基于 GIS(Geographic Information Systems,指地理信息系统)技术将有关地震的相关数据传递到中国地震台网中心,帮助台网中心快速完成对大地震相关数据的产出和发布工作。[①] 2010 年,华尔街开始用智能写作机器人写作新闻;2012 年 3 月,今日头条开始通过算法在平台推送新闻信息;2014 年 1 月 25 日,中央电视台晚间新闻播出《数据说春运》节目,被认为是大数据技术在新闻节目应用中的典范;2015 年,腾讯发布了我国第一条机器人写作的新闻报道;2015 年,新华社、搜狐新闻等媒体采用无人机深入天津滨海爆炸灾难现场进行信息采集;2016 年,新华社采用 VR 视角对全国两会进行 360°全景报道,利用全景视频、全景图片的形式给用户带来现场体验。从这一系列和智能媒体相关的智能技术发展来看,智媒时代是不断发展形成的。从时间上看,发端于 2010 年前后,至 2015 年初显端倪。因此,可以肯定地说,智媒时代已经开启,而我们当前正处于智媒时代的快

[①] 《大地震快速产出系统初见成效》(2010 年 3 月 3 日),中国地震台网中心,https://www.cenc.ac.cn/cenc/_300471/321905/index.html,最后浏览日期:2023 年 4 月 18 日。

速发展期。

第二节　智媒时代的特征

彭兰教授认为，在人工智能、物联网、VR/AR 技术的推动下，媒体将出现智能化趋向。她就此提出了智媒化的三个特征，即万物皆媒、人机合一、自我进化，认为智能技术与新闻生产结合带来了前所未有的变革，传媒业将由此进入智媒时代。① 从这一判断中可以看出，智能技术在传媒产业的应用，使传媒产业发生了比较明显的变化，一是万物皆媒，二是人机合一，三是自我进化。那么，我们如何理解这三个特征呢？

首先，万物皆媒意味新闻信息生产传播的多元化。新闻信息的传播在传统媒体时代是以媒体为主导的，而媒体中生产新闻信息的是人。即使进入网络媒体后，一些个人的博客发布了一些信息，这也还是以人的生产为主的，而传播信息的媒介也主要是媒体机构。但智媒时代，所谓的万物皆媒就是说任何物体（包括人）都能够采集、加工、发布新闻信息，这就打破了以人为主体的新闻信息生产模式，机器人写作和物联网技术的融合，将使一切物体具备新闻信息生产的能力。今天，一些智能穿戴设备和智能家居已经开始进入很多人的日常生活，这些物件同时也是记录我们生活的数据存储器，未来只需获得用户的授权，摇身一变就会成为新闻信息生产的供稿者。

其次，人机合一就是人与智能机器的融合，这个融合并不仅仅是配合或合作，而是合而为一。比如，我们看到一些残疾人在失去手臂或手指后，可以安上机械化的假肢，现在已经逐渐发展为智能

---

① 彭兰：《智媒化：未来媒体浪潮——新媒体发展趋势报告（2016）》，《国际新闻界》2016 年第 11 期。

假肢。这种假肢利用现代生物电子学技术帮助患者把人体神经系统与照相机、话筒、马达之类的装置连接起来，使之能够听从大脑指令随意操作。这种机器不是我们身体之外的工具，而成为我们身体的一部分。同时，智媒时代的人机合一，并不是仅仅弥补、辅助我们丧失的缺陷，而主要是增强我们既有的能力，既包括视觉、听觉、嗅觉、触觉等感知能力，也包括存储、记忆等能力，人体身上将有越来越多的机器零件，有的可能会植入体内。人类在使用这些机器时不会感觉是在操作机器，这就像戴了隐形眼镜的人不会觉得自己手里拿着一个镜片在看别人一样。通过把机器强大的认知能力注入人体，实现人的能力的提升，这才是人机合一的发展体现。此外，人机合一也包括把人的能力注入机器，这将带来更为智能的机器人。今天的自动化写作、飞行器可以视为未来智能机器人的雏形，在新闻信息生产中，人力所不能及或不足及之事，可以交由智能机器人来完成。

最后是自我进化。这是智能媒体具有自主性和自为性的表现，智能不能仅仅局限于既有的能力，在遇到各类情形下，都应该有相应的理解力、判断力和决策力，而这种经历将成为其过往的经验数据，促进其优化、改进、迭代、提升。智能媒体不会在使用中逐渐陈旧落伍，而是越用越聪明，就像今天某些平台所宣称的那样，越用越懂你。

就人工智能的发展阶段而言，普遍的共识是我们今天尚处在弱人工智能阶段，随后会发展至强人工智能阶段，最后是超人工智能阶段。彭兰对智媒时代特征的描述可能照顾到了后两个阶段，因此，对比当前的实践听起来似乎有些超前，这并不是否认当前就处于智媒时代。暨南大学范以锦教授认为，新兴媒体的发展先后经历了几个阶段，首先是以门户网站为代表的 Web 1.0 时代，然后是强调用户参与以及用户生产内容的 Web 2.0 时代，Web 2.0 可以说是众媒时代，到了 Web 3.0 时代就是智媒时代了，信息将能够主动找到需要它的人，计算机能够像人一样理解内容。① 这个说法把智媒时代与前面的发展作了区分，虽未特别解释智媒时代的特征是什么，但寥寥数语，却也说明了智媒时代内容生产与分发的技术特征，智能化是划分Web2.0与Web3.0的一个重要标志。

其实，对智媒时代特征的解释如同对智媒时代的概念解释一样，核心便是智媒，智媒的特征是什么，智媒时代的特征便也基本清楚了。在这一点上，中国社会科学院罗自文教授从技术的角度对智媒的特征作了详细的分析。他认为，智能媒体有三大特征：一是算法驱动，运营高效；二是人机协同，深度互联；三是精准传播，自主进化。这些特征更像是当前所处的时代具备的特点。为什么首先要强调算法驱动呢？我们知道，算法是一种用于解决问题的计算机程序，这也是使用大数据技术的必要工具，没有算法也就无法处理大数据。在智能媒体时代之前，传媒业经历了数字化转型，但这些数字化内容在未变成可处理的数据前，仍然没有智能的特点。在大数据技术出现之后，通过对数字的解码与译码，大量的数据进入新闻传播领域，在生产、经营、管理、传播等环节有了算法的分析预测和反馈调整，内容的采集和管理都才因此变得高质高效。故而，无算法，就谈不上智媒。第二个特征是人机协同，深度互联。这与彭兰教授的"人机合一，万物皆媒"是吻合的，只是更加切合当前的实际，智媒时代不是一开始就达到了人机合一，人机协同是一个必经阶段。而深度互联正是万物皆媒的技术前提，依托物联网这一技术基础，万物都能成为信息传播的媒介，这个互联将使"媒"的含义从传统媒体和信息媒介提升至物体的层次，只要具有深度互联的特征，便都具有媒介的属性。第三个特征是精准传播，自主进化。精准传播反映了当前基于大数据的定向分发技术，这不仅要有对内容的理解，还要有对用户和用户所处场景的理解才能完成，自主进化在前文已作出解释，这里不再赘述。

---

① 林秋铭、范以锦：《2017—2018：众媒时代到智媒时代的大跨越》，《中国报业》2018年第1期。

由此，我们可以对智媒时代的特征作出概括总结：第一，从技术特征来讲，智媒时代采用了智能化技术，其中大数据、物联网、云计算是基础性技术，人工智能、虚拟仿真及现实增强技术、其他技术应用是提升性技术，在各个发展阶段会有不同的技术应用与呈现。

第二，从媒体特征来说，媒介融合是智媒时代的内在特质，万物皆媒是其外在表现。媒介融合使媒体突破了原有的意义，智媒时代的媒体范围将越来越广阔。吕尚彬和黄荣将此总结为四个泛化：一是泛化领域，媒体将不再是一个有严格界限的指称，各类组织和个人、有生命的和无生命的都具备媒体的潜质，媒体通过建立连接，将触角伸向各个领域，凡是媒体能够触达的领域即生成新的媒介域，其特点是进化快速、扩张迅速且无限膨胀。二是泛化形态，有形或是无形，软件或是硬件都是媒体，媒体有无限可能的形态。三是泛化内容，不仅生产和传播的主体与客体数量激增，而且两者难以区分，被泛化的主体与客体以全新的主客体复杂嵌套模式存在，从而变得更灵活、更大众化、更具竞争性。传播的平台也会泛化，不再局限于资讯类平台。最终产品的形态也将千变万化。四是泛化虚实，媒体泛化过程中真实和虚拟的边界被打破，呈现出虚实相生、亦真亦虚的超真实和超虚拟的态势。①

第三，从关系特征上来说，为人类服务是统合人类主体与非人主体的基础，自主进化是人类智能的外在赋予。智能媒体无论发展到哪个阶段，其发展的目标都是为人类服务，正是这一宗旨决定了人类在智媒时代新闻信息生产中的地位，从低级智能向高级智能的自主进化仍然是无法脱离人类的，这种智能说到底还是人类智能的外在赋予。

第三节 智媒环境下媒介叙事

智媒时代重塑了传媒产业的生态格局，对新闻信息的传播产生了

---

① 黄荣、吕尚彬：《智能时代媒体泛化机制研究》，《当代传播》2020 年第 1 期。

深刻的影响。首先，智能技术与多维信息环境的交互作用建构了开放式的虚拟空间，使得用户仿佛重新回到了面对面沟通的场景中，所有阻碍面对面交流的中间环节都正在被技术所解决。正如保罗·莱文森（Paul Levinson）所说，"媒介必须适应前技术时代的信息传播环境，或者迎合人们希望重现现实社会传播方式的需求"。① 其次，大数据进行用户数据收集后的用户画像使用户从传统媒介环境的"公众"转变为每一个具有鲜明个性的"用户"个体。算法推荐技术根据不同用户的兴趣和需求，为每一个用户有针对性地推荐其所需要的信息或内容。最后，在智媒环境下，算法控制着信息传播内容的"能见度"②，控制着什么样的传播内容或信息可以到达用户，以及如何被用户所接受，用户接收的内容或信息是受算法所控制的。因此，随着媒介环境的变化，相较于传统媒介叙事，智媒环境下媒介叙事表现出新的变化。

一、从线性叙事到后线性叙事

传统的小说、电影和电视剧是线性叙事的结构，故事是按照时间维度上的先后展开，情节是事件中的因果联系，通过完整的开端到结局发展过程展开冲突。印刷媒介时期是以文字为主体的线性叙事，讲究叙事的连贯性和逻辑性，产生了比较复杂的叙事形态，如长篇小说和西方哲学等。到了电子媒介时代，特别是电影和电视的出现，使得媒介叙事从文字转向影像，不同于文字那般清晰地表达着时间上的逻辑关系和起承转合，电视通过不同镜头的剪辑和拼接，在保持着叙事的完整性和连贯性的基础上，通过故事情节发展和人物情感冲突来吸引观众。因为电视具有的媒介特性，所以它产生了诸如肥皂剧或真人

---

① ［美］保罗·莱文森：《人类历程回放：媒介进化论》，邬建中译，西南师范大学出版社，2017年，第118页。
② 郭小平、潘陈青：《智能传播的"新社会能见度"控制：要素、机制及其风险》，《现代传播》（中国传媒大学学报）2021年第9期。

秀等媒介叙事形式。总之,电视剧中人物是线性故事中的一个核心要素,通过动作和事件的发生将一个或多个人物介绍出来。① 在智媒环境下,媒介技术建构的虚拟空间,让用户与叙述者、用户与文本、用户与用户进行交互。后线性叙事遵循着线性叙事中的开端到结局发展过程中的因果关系,但用户的参与是推动故事发展到完成的重要因素。正如口语传播时期,同一个故事由于现场听众的参与,会产生出不同的叙事版本。智媒环境下的媒介叙事呈现了从线性到后线性的变化,用户的参与使"开端到结局"的故事变成了"开端到结局 1、结局 2、结局 3……"的多版本故事。

较之于传统媒介叙事是一种缺乏用户参与的完成式线性叙事,智媒环境下的媒介叙事则强调用户在叙事活动中的参与、体验与互动。在智媒环境下,智能技术建构了超越时空限制的虚拟空间,让用户可以在这个虚拟空间中与"陌生"用户进行交往和对话,从单纯地观看到参与再到叙事活动,影响故事的进程或完整性。在虚拟空间中,用户可以与叙述者在评论区进行直接的交流对话;可以根据智能媒介提供的文字链接或视频链接,与作品进行互动,对故事有整体性的把握;也可以在虚拟的环境中与其他用户进行交互,分享他们对故事的理解或个人观点,积极主动地在观看过程中"倾听""思考"和"说话"。王贞子认为,互动化的媒介特性不应该被理解成媒介进化的结果,而应该被看作一种由于媒介技术发展带来的"再现"或回归。② 因而,智媒环境的媒介叙事类似于口语传播的面对面叙事。在口语媒介时代,叙述者会根据现场听众的反应对故事情节进行增减,创造同一个故事的不同版本。因此,每个听众在原则上都是潜在的故事讲述者。③ 不同于口语传播的面对面叙事,智媒环境的后线性叙事中的用户参与不受时空和身体在场的限制,用户可以随时随地与叙述者、与

---

① 王贞子:《数字媒体叙事研究》,中国传媒大学出版社,2012 年,第 128 页。
② 同上书,第 56 页。
③ [美]玛丽-劳尔·瑞安:《跨媒介叙事》,张新军、林文娟等译,四川大学出版社,2017 年,第 35 页。

文本、与其他用户进行交互，使其媒介叙事文本贴近罗兰·巴特（Roland Barthes）所说的"开放文本"。①

二、从宏大叙事到小叙事

在传统媒介环境下，如报纸、电影和电视的媒介叙事大部分是精英阶层领导的宏大叙事。在传统媒介时代，特别是电视媒介，它处在家庭生活的公共领域位置，电视作品的创作需要考虑基于"最大公约数"得出的公众，平衡"最大公约数"观众的各种选择和爱好。因此，需要依靠公共的、普遍性的经验进行叙事内容指导。随着媒介技术的发展，每个人都可以是故事的讲述者，形成了以业余创作者为主导的小叙事（又称私人叙事、个性叙事或日常生活叙事）。媒介的革新赋予每个用户与社会精英平等的叙事权利，用户可以自由地参与创作。在智媒环境下，大数据和智能算法推荐技术使得传统媒介中面目模糊的"最大公约数"公众变为依靠数据画像的鲜明用户个体。媒介叙事从宏大叙事转变为小叙事，依靠人际的、私人的交往经验指导叙事作品生产。

传统媒介叙事是一种闭合结构，依靠事件的描述来展现其全部的意义，而智媒环境下的媒介叙事是一个开放结构，通过人与人的对话交流来延展叙事意义。智媒环境下的媒介叙事越来越倾向于表达用户的个人生活或观点。在微博、微信和短视频等媒介中，人人都可以进行自我表达，分享个人的私人生活或发布自己对某个事件的看法。在智媒环境下，每一个人都可以凭借一部手机讲述故事和表达观点，手机作为一种叙事工具，易学易得，制作成本相对较低。当然，在智能化媒介技术的驱动下，个性叙事（小叙事）不仅仅是指叙事方面的个

---

① 注：罗兰·巴特提出的文本理论将文本视为未完成的、动态的、开放的，而不是已完成的、静态的、封闭的，他主张的文本是没有内在的连续情节，也没有起点和终点，只有不连续的能指的无限生成。

人化，还包括使用方面的个性化。智能化算法推荐为大数据描绘的用户个体进行个性化信息的精准推荐，为叙述者与用户搭建人际交往的对话场景。这就要求智媒环境下的媒介叙事作品更加贴合用户的个体需求，满足用户个性化体验。

三、从人类叙事到人机交互叙事

在口语传播时代，语言是媒介叙事的主要手段。文字产生以后，人类摆脱了口语叙事的时空限制，图像和文字成为人类叙事最基本、最重要的工具。① 到了电子媒介时代，尤其是电影和电视，文字、语言、影像成为人类叙事的工具或手段。在传统媒介时代，不管是何种叙事工具，媒介叙事的共同特征还是以人为主导，有学者称之为人类叙事。② 正如，当使用电影的人摸清楚讲述故事的方式后，使用连续不断演变的图像来表征叙事时，就创作了众多受人喜爱的作品。在智媒环境下，以"算法"为核心的智能技术对媒介叙事有重要的影响，媒介叙事从人类叙事走向人机交互叙事，人工智能技术实现了作者、机器与用户的三向创作。③ 腾讯推出的海外版游戏"王者荣耀"就是人机交互叙事的代表性案例之一。创作者只设计了游戏内的环境、角色和情境，没有设计游戏内的故事情节，让算法根据每个用户的数据进行个性化视听语言的匹配，实现创作者、用户与机器的共同叙事。因此，算法作为连接信息和用户的新中介，它决定着何种作品或信息能呈现在用户个体面前，又能指导叙事作品的生产，通过对用户信息和行为等各种数据的分析，告诉创作者哪些内容或信息是受用户喜爱的、哪些热词或话题是受用户密切关注的、什么样的叙事模式或主题

---

① 段弘毅：《数据驱动的机器智能叙事——以 Narrative Science 为例》，《科技与出版》2017 年第 11 期。
② 同上。
③ 张斯琦：《藏"叙"于"器"——文学叙事与人工智能》，《当代作家评论》2020 年第 3 期。

是用户所喜爱的。① 目前，在智媒环境下，媒介叙事是人机交互的一种叙事方式，智能算法推荐技术影响着媒介叙事作品的创作和呈现。

在智媒环境下，媒介叙事从人类叙事走向人机交互叙事，改变了传统媒介中以人为主导的叙事方式，形成了创作者、算法和用户协同的媒介叙事形式。有学者指出，以算法为核心的智能技术丰富了传统叙事的表达方式，控制着叙事的效果。② 在智媒环境下，创作者会根据大数据和算法收集到的用户个人信息和各种行为数据信息来调整自己的创作策略或者互动方式，使短视频作品能够被短视频平台的算法精准抓取并推荐，实现短视频作品与用户的高效匹配。例如，叙述者可以借助关联算法由"关键词""行动轨迹"串联起语义网络，从而制定用户喜爱的叙事模式或挖掘用户喜爱的叙事主题，使媒介叙事作品能够获得更多的算法推荐机会；还可以在呈现叙事作品时使用话题标签（Hashtag），通过话题标签的功能使叙事作品可被搜索以及索引给对其感兴趣的用户，让媒介叙事更加精准和高效。

总之，在智媒环境下，媒介叙事表现了从线性到后线性、从宏大叙事到小叙事、从人类叙事到人机交互叙事的变化。作为一种智能媒介的短视频，其媒介叙事在宏观上也呈现了后线性叙事、小叙事和人机交互叙事的变化。

---

① 陈昌凤、马越然：《重视用户思维：数据时代讲好中国故事的关键》，《对外传播》2018年第1期。
② 唐忠敏：《作为一种新叙事方式的人工智能》，《现代传播》（中国传媒大学学报）2021年第2期。

第二章

智媒时代新闻信息供给生态的变化

技术的发展对新闻信息生产与获取产生了深刻的影响,它赋予媒体的开放性和参与性导致生产主体的多元化,同时也使社交媒体取代了传统媒体成为受众获取新闻资讯的主要渠道。在新闻产品市场上,智能化的新闻信息的需求空前旺盛,各类智能化新闻资讯平台迅速成长壮大,在短短几年的时间内积累了数以亿计的用户,这些用户通过图文、短视频、直播等各类形式生产和传播新闻信息,网络用户的个性需求的激活,带来了新闻接受者需求的多元取向,传统媒体单向模式化运作无法满足个性化需求。[1] 新闻信息的社交化、互动化、精准化正推动新闻信息供给主体进入多元化时代,新闻信息供给逐渐呈现生态群落特征。

第一节 智媒时代新闻信息供给主体的变化

据美国皮尤研究中心调查数据显示,早在 2018 年,社交媒体就已经超越纸媒成为美国人浏览新闻的最主要渠道,有 52% 的美国成年人使用 Facebook 获取新闻。社交媒体在我国的发展并不落后于西方发达国家,据中国互联网新闻用户统计调查数据显示,2016 年通过手机上网浏览新闻的网民占比已经达到 90.7%,通过微信、微博获取新闻的比例分别为 74.6%、35.6%。[2] 随着 5G 时代的来临,人工智能、大数据以及物联网等新技术在传媒业更加深入、系统的应用

---

[1] 陈力丹、何健、马骏:《社交新闻聚合网站的新闻价值运作路径——以嗡嗡喂为例》,《当代传播》2016 年第 6 期。
[2] 中国互联网络信息中心:《2016 年中国互联网新闻市场研究报告》,2017 年。

推动智媒时代快速发展，万物皆媒带来了新闻供给生态不断演进，微信群、短视频、直播等都成为人们获取新闻信息的重要渠道。《新媒体蓝皮书：中国新媒体发展报告（2020）》调查的数据显示，77.25%的人从微信群获取新闻信息，39.02%的人从抖音获取新闻信息，24.61%的人从今日头条获取新闻信息，24.03%的人从微博获取新闻信息，从电视和报纸获取新闻信息的人数占比均在7%以下。尽管这些获取新闻信息的渠道有重叠，但可以看出，我国网民在接收新闻信息时，倾向于通过移动端从微信、微博、抖音等新媒体渠道获取信息，电视、纸媒等传统媒体在信息传播方面占有率大大下降。越来越多的受众选择智能化社交媒体作为新闻资讯的重要来源，显示了智媒时代社交媒体在信息传播方面强大的生命力和优越性。

一、政府机构成为新闻信息供给的重要组成部分

在传统的新闻信息供给生态下，政府机构并不具备向大众传播新闻信息的能力，其工作信息一般在组织内传播，如有需要向大众传播相关信息时，则由媒体代为发布。但社交媒体的出现和应用，极大地提升了政府机构信息传播与应对速度，这不仅有利于政府信息公开，而且为政府机构提供了了解民情民意的渠道。在此背景下，政府机构纷纷开设官方媒体账号，通过自媒体账号发布新闻信息，形成了数量庞大的政府机构新闻信息供给主体。政府部门的信息发布伴随着信息传播技术的发展与时俱进，进入智媒时代后，政务媒体再次突飞猛进，其中尤以政务头条号与政务抖音号发展迅猛，已经呈现普及化和全面化的发展趋势。据中国互联网络信息中心发布的第47次《中国互联网络发展状况统计报告》显示，截至2020年12月，经新浪微博认证的政务机构官方微博为140 837个，各级政府共开通政务头条号82 958个（见图2-1），各级政府共开通政务抖音号26 098个。全国31个省（区、市）均已开通政务微博、政务头条号和政务抖音号。

如此众多的政府类媒体账号向社会发布新闻信息,充分说明政府机构已经成为新闻信息供给的重要组成部分。

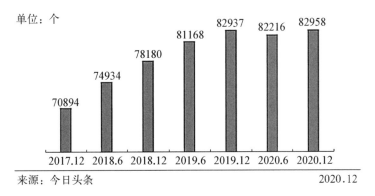

图 2-1 政务头条号的数量

政务新媒体的快速发展满足了民众及时知晓政府政务信息的要求,同时也使新闻发布更加快速,对于网民反映的事件能够利用官方自媒体及时发布的优势快速作出回应,形成舆情处置闭环。例如,2020 年 9 月,微博网友发微博艾特@广州交警官方账号反映某路段交通信号灯故障造成交通堵塞,20 分钟后广州交警就回复网友已通知人员现场处理。在该事件中,广州交警正是通过社交媒体交互性的特点及时对网友的问题作出回应,受到网友的夸赞,提升了自身的微博形象。部分政府部门在开通多个社交平台账号后,形成了微博、微信公众号、头条号、抖音为一体的新媒体矩阵,创新传播形态,及时反映群众关切,更加注重民众的互动体验。

智能媒体的发展推动了政务媒体的智能化,政务媒体逐渐摆脱单一的新闻信息发布功能,开始向信息+服务的方向转型。通过智能化服务,政务媒体不仅丰富了内容,而且能够精准了解和获取用户数据,追踪用户位置,能够帮助各级政府部门倾听民情、民意,实现基层社会治理问题的实时感知,发现潜在的社会治理风险,进而进行及时干预-快速应对,并且能够对应对效果进行即时评估的精细化管理。在反馈互动中,利用智能技术可以提供快速搜索和咨询服务。以国务院国有资产监督管理委员会新闻中心官方新媒体平台"国资小新"为例,该智能机器人为千万粉丝提供信息公开、政策解读、在线互动等政务服务,成为一个人见人爱的网红 IP。在与用户互动时,"国资小新"可实现语音和表情识别,支持文字、图文、视频、语音等多种模式互动;具备用户记忆能力,能够根据上下文语境作出判断,使聊天更加连贯;配备有情感识别引擎,可以自动识别用户情绪并作出响应,使聊天体验更加人性化。

二、企业团体供给新闻信息动力强劲

企业利用媒体发布新闻信息可以扩大企业品牌和产品知名度,因此,企业从未缺乏传播信息的动力。由于传统媒体资源的稀缺性,企业传播信息的成本高昂,在不能带来高于传播成本收益的情况下,企业信息供给动力一直处于压抑状态。自媒体大大降低了企业传播新闻信息的成本,企业可以随时传播自己希望传播的信息,利用智能化的算法推送技术,互联网平台帮助企业将新闻信息精准传递至目标用户,提升企业品牌价值和市场影响力。据微博企业用户成长中心与社会化营销研究院联合发布的《2019 微博企业蓝 V 白皮书》中的数据显示,2019 年微博入驻企业突破 150 万,企业账号粉丝规模高达 157 亿,累计互动次数同比增加 95%,单帖互动数增长 163%。在微信公众号上发布内容的企业更是数不胜数,很多知名企业的微博和微信公众号,均聚拢了大量粉丝,如"中国移动""小米手机""OPPO"等微博,粉丝数量都在千万级,其微信公众号文章阅读量基本也都是100 000+,而且很多企业会根据品牌和产品设立多个微博与微信公众号,形成社交媒体矩阵,不断发布企业内部正在发生的新闻信息。

企业利用社交媒体大多是为了扩大品牌影响力,拓展自己的信息发布渠道,同样也是一种商业营销手段。以微博为例,企业入驻其平台可以申请蓝 V 标识,其他的社交媒体平台也有相对应的企业认证方式。从表现上看，企业在社交媒体上的活跃度和粉丝量参差不齐，知名企业往往拥有更多的粉丝和互动，中小企业相较而言显得薄弱，但无论什么企业都会尽量争取在社交媒体中发展自己的忠实用户，不少企业还根据品牌定位和产品形成新媒体传播矩阵，通过不同的媒介定位分策略进行精准传播。有的社交平台是通过算法分发，以推送订阅号文章为主，有的平台则根据社交属性以朋友熟人为主，还有就是紧跟社会热点，通过选择的话题发酵，形成传播热点，并借此扩大品牌的曝光量。

智能媒体技术对用户的画像标签和用户识别，推动各类社交媒体账号成为企业信息传播和市场营销的重要阵地。在此背景下，一些专门孵化和经营各个平台的网络红人的机构 MCN（Multi-Channel Network，指多频道网络）应运而生。MCN 以资本的力量优化用户内容生产、信息的发布与传播、为内容生产者寻求更多的市场合作机会，进一步催化了企业对信息传播的需求。国内社交电商平台近几年快速发展，反映了企业在信息传播中不断发现和开拓新阵地的内在冲动，以小红书为例，大量企业不仅会在小红书开设企业号，以博主身份发布种草笔记，而且会与平台内的达人合作，追踪热点策划话题，向用户分享传播高质量的内容。可以说，企业在利用智能媒体发布信息时，有很强的主动性和积极性。

三、媒体通过智能媒介平台生产和发布新闻信息成为新常态

智能媒体在打破传统媒体新闻传播垄断格局的同时，也对传统媒体信息传播效率提升带来了机遇。通过智能媒介平台发布新闻，不仅解决了原有媒体资源不足、信息传播数量受限的问题，而且在速度、范围、用户管理等方面也远远优于传统媒体。考虑到传统媒体的影响力与专业性，媒体在使用社交媒体发布新闻时，其传统的资源、受众

以及权威性仍然能够使其在互联网上居于主流地位。① 随着智媒时代到来，手机已经成为获取新闻信息的主要途径，传统媒体的主要传播也转向智能化的互联网平台，通过平台发布新闻逐渐为人们所接受认可并成为新常态。据中国社会科学院与传播研究所发布的《新媒体蓝皮书：中国新媒体发展报告（2020）》数据显示，传统媒体基本完成以"两微一端"为主体的移动传播布局，政务发布基本形成覆盖中央部委、省、区、县四级发布体系，自媒体从业人员已超过 300 万。此外，截至 2019 年，有 190 家党报入驻抖音平台，粉丝量均值为 19.7 万。其中，《人民日报》抖音号粉丝数量最多，达到 2 327.8 万。②

对于传统媒体而言，利用智能化媒介平台传播新闻信息，并非简单把原来传统媒体渠道的信息移植到智能媒体平台，社交媒体对新闻内容形态和传播方式的影响，是一种以"信息网络化"理念对整个新闻的生成、分发、接受及反馈机制的改造。③ 智能化媒介平台的出现对于传统媒体机构改革是一个机遇，它不仅可以有效地解决传统媒体受众流失的问题，而且平台在精准广告和数据服务中也为媒体提供了新的变现方式，已经成为一些传统媒体的主要资金来源。目前看来，传统媒体工作者在社交媒体上的职责主要是发现类似上述公民新闻所论述的新闻线索，并展开深入的核实和调查，如 2019 年 10 月份的"李心草事件"，《新京报》《环球时报》等多家主流媒体记者都前往昆明，寻找并采访当晚的目击证人，追问真相，使社交媒体平台成为新的媒体进行社会监督的场地。在信息发布上，微博可以将文字、音视频、链接、话题符等信息形态融为一体，从而使微博成为当前媒体实现低成本"集成服务"的首选媒介。在分发环节，新

---

① Canter L. "The interactive spectrum: The use of social media in UK regional newspapers," *Convergence: The International Journal of Research into New Media Technologies*, 2013, 19（4）: 472-495.
② 参见唐绪军、黄楚新、吴信训:《新媒体蓝皮书：中国新媒体发展报告（2020）》，社会科学文献出版社，2020 年。
③ 常江:《新闻生产社交化与新闻理论的重建》，《湖北大学学报》（哲学社会科学版）2017 年第 44 期。

闻媒体可以通过融媒体中心实现"一次采集,多次发布"。另外,专门从业人员能够秉持媒体的职责,及时获知社交媒体上网民对于新闻事件的看法和反馈,正确引导舆论。

大数据、人工智能技术的应用效果取决于数据量级,大多数传统媒体数据来源单一、数据体量较小,这也决定了即使其向智能媒体转型,也不可能挑战字节跳动、腾讯、快手等平台企业,媒体利用智能化媒体平台来生产和传播信息在短期内没有改变的可能。智能化的发展正带动信息传播竞争从之前的内容、产品、平台竞争上升到生态系统之间的竞争,单纯的内容或技术不可能打造成熟的生态系统,技术与内容应各自发挥所长,在相互合作中实现正反馈和自强化。因此,媒体利用智能化媒介平台生产和发布新闻信息将是一种新常态,它也是当前提高新闻信息生产和传播效率、推动传媒产业高质量发展的必然选择。

四、个人成为新闻信息供给的生力军

自媒体信息发布技术门槛较低,发布成本可以忽略不计,这不仅赋予"人人都能成为信源"的可能性,也大大激发了受众参与新闻生产的主动性和积极性。在一些突发事件、视频相关新闻、直播等新闻信息的供给中,作为目击者或当事人,不仅具有得天独厚的优势,而且通过自媒体发布新闻也满足了个人自我表达与情感宣泄的需求。此外,有的个人主动将自己的遭遇拍摄记录下来,通过自媒体公布也已经成为热点新闻事件的重要来源,在遇到可能成为新闻事件的情境时,拍摄记录已经成了上网爱好者的本能。

智媒时代无疑是对众媒时代的又一次解放,智能媒体对个性化信息的聚合与精准传播,让原来无的放矢的信息传播变得精准有效,形形色色的个体在大千世界里找到了可以共鸣的知音,这种共鸣和回应使原本孤独的个体开始思考并确认自己存在的价值,发出自己的呼声。加上智能媒体在分享互动中造成的新闻信息再生产，共同构成了个人供给新闻信息的强大动力。从个人社交媒体数据来看，截至2020年9月30日，微博月活跃用户为5.11亿人，同比增长1400万人；日活跃用户达到2.24亿人，同比净增大约800万人。微信及WeChat的合并月活用户达12.128亿人，同比增长5.4%。① 另外，随着算法推荐分发平台的崛起，以头条号、百家号、企鹅号等为代表的自媒体发展迅速，其中，个人账号数量增加最为迅猛。从头条号发布的数据来看，2020年有1566万个新用户首次在头条发布内容，且一年间今日头条创作者共发布了6.5亿个内容，发布内容总字数达1134亿字，发布视频总时长达到了30812亿分钟（即58.9万年）。今日头条共诞生千万+爆款内容1.9万个，百万+爆款内容47万个，十万+爆款内容693万个。② 这些自媒体每天源源不断地生产大量信息，通过爆料、微头条等方式报道身边的新鲜事，俨然已经成为新闻信息供给的生力军。

需要注意的是，在新闻信息供给的大军，隐藏着为数众多的未成年群体。"十三五"期间，我国网民规模从6.88亿增长至9.89亿，五年增长了43.7%。这些增长的主体由青年群体向未成年和老年群体转化的趋势日趋明显。调查显示，未成年人的互联网普及率已达99.2%，显著高于我国总体互联网普及率（70.4%）。③ 未成年人首次触网年龄不断降低，10岁及以下开始接触互联网的人数比例达到78%，首次触网的主要年龄段集中在6—10岁。对比2017年和2020年的数据发现，8岁前开始接触互联网的未成年人增多（见图2-2），表明未成年人网络"原住民"的特征越发明显。伴随网络接入手段的日益普及和网络运用便捷程度的不断提升，城乡之间未成年人的网络

---

① 《腾讯公布二零二零年第三季业绩》，https：//static.www.tencent.com/uploads/2020/11/12/09a1515fc19a79074169d0e69a4df65b.pdf，最后浏览日期：2023年4月18日。
② 《今日头条发布2020年度数据报告：80、90后是创作主力》（2020年12月30日），今日头条，https：//www.toutiao.com/i6911985249140376071/，最后浏览日期：2023年4月18日。
③ 中国互联网络信息中心：《第47次中国互联网络发展状况统计报告》，2021年。

普及率已几乎没有差别,"全民上网"已经成为未成年人的显著标签。①

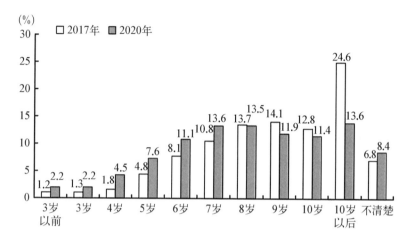

图 2-2 2017/2020 年未成年人触网年龄对比

资料来源:季为民、沈杰主编:《青少年蓝皮书:中国未成年人互联网运用报告(2020)》,社会科学文献出版社,2020 年,第 4 页。

共青团中央维护青少年权益部、中国互联网络信息中心(CNNIC)联合发布的《2020 年全国未成年人互联网使用情况研究报告》显示,2020 年我国未成年网民规模达到 1.83 亿,互联网普及率为 94.9%。未成年人成为互联网用户的重要群体,并且借助互联网进行社会交往和自我表达也在近年来日趋常态化。

数字转型是 21 世纪最深刻的变化之一。对未成年人而言,社交媒体已经成为数字原住民的主导生活形态。据 2019 年中国未成年人互联网运用状况调查结果显示,未成年人使用过社交媒体的比例高达 98.93%,调查对象中只有 5 人表示未使用过社交媒体。在使用频率方面,选择"一天多次"的未成年人人数最多,占比达到 35.5%;选择"一天一次"的未成年人次之,占比为 26.6%,两者累计超过

---

① 季为民、沈杰主编:《青少年蓝皮书:中国未成年人互联网运用报告(2020)》,社会科学文献出版社,2020 年,第 3 页。

六成。① 未成年人社交媒体的使用频率快速增长,这与他们拥有智能手机的比例存在很大的关系。据 2020 年调查结果显示,有超过八成的未成年人使用手机上网。同时,除了电脑(含平板电脑)以外,未成年人的上网设备更加多元,相较于 2017—2018 年的数据,上网工具增加了智能机器人(如小度音箱、天猫精灵、Alpha 蛋等)、智能手表等。其中,超过一成(12.4%)的未成年人使用智能机器人,两成(20.0%)使用智能手表。② 可见,我国未成年人的日常生活已经和智能媒体密不可分,智能媒体也成为他们认知现实世界和信息生产发布的重要渠道。

总体而言,智能技术的发展进一步推动了社交媒体的广泛普及与深入应用,这极大激发了个体与组织参与新闻供给的积极性,使新闻生产由专业化生产向社会化生产转变。③ 在这一转变过程中,由于新闻信息供给主体数量的增加、供给动机的不同以及智能媒体管理方面的不足,新闻信息在供给数量剧增的同时,质量严重下降,虚假、充满煽动性和刺激性的新闻屡禁不止,商业炒作、过度娱乐化等现象频繁出现,这些问题表明,推进新闻供给侧的结构性改革需要有的放矢、全面深化。做好新闻供给侧的结构性改革,需要了解社交媒体环境下新闻供给结构变化的原因,分析不同供给主体类型的动机与存在问题,并针对不同类型的供给主体设计合理的激励与约束机制,强化新闻的公共性,提升新闻质量,增加有效新闻供给数量,淘汰劣质新闻产品,对一味追求商业利益出现的新闻信息产品质量低下、缺乏舆论导向意识乃至违背新闻原则等行为予以有效约束,优化社交媒体新闻信息的供给。

---

① 季为民、沈杰主编:《青少年蓝皮书:中国未成年人互联网运用报告(2020)》,社会科学文献出版社,2020 年,第 352 页。
② 同上书,第 35—36 页。
③ 张志安、吴涛:《互联网与中国新闻业的重构——以结构、生产、公共性为维度的研究》,《现代传播》(中国传媒大学学报)2016 年第 1 期。

第二节 智媒时代新闻信息生产方式的变化

在新闻生产和研究中，人工智能技术充当着资料提供者和内容创造者，在新闻生产过程的不同阶段协助记者工作。它的每一个独特的子领域都带来了变革，包括大数据、机器学习、自然语言、图像识别、精神网络。[①] 其中，自动化写作，顾名思义，机器自动生成内容，是新闻生产智能化在现阶段的集中体现，也是未来的探索方向。从全球范围来看，自 2012 年开始，美国、德国、法国、英国涌现了一批为新闻产品提供自动化内容生产的技术公司，其应用行业包括体育、金融、天气、政治选举等。中国的腾讯财经、第一财经、新华社以及今日头条等媒体也自 2015 年先后分别推出自动化写作软件 Dreamwriter、DT 稿王、快笔小新、Xiaomingbot。随着它们的引入，新闻生产也就进入一个新的阶段。

一、智能技术给新闻生产带来的积极影响

（一）提高生产效率，增强新闻时效

技术发展首先解决的就是实践层面的效率问题，人工智能技术的引入极大加快了新闻生产的速度，增强了新闻报道的实效性。一方面，智能技术能对数据进行实时采集、快速处理和标准化生成，潜在地减少了核查烦琐背景和事实的时间，简化了新闻生产的流程。据美联社一项报告统计，自从该社利用机器人管理企业投融资数据后，财经记

[①] 仇筠茜、陈昌凤：《黑箱：人工智能技术与新闻生产格局嬗变》，《新闻界》2018 年第 1 期。

者花在搜集数据资料上的时间减少了至少 20%。① 另一方面，自动化技术可利用结构化数据，在预先设置好的新闻模板中自动生成新闻稿件，大大提高事实性报道内容生产的效率。此技术在体育和金融新闻业应用尤其广泛，2016 年里约奥运会期间，美国《华盛顿邮报》利用自主研发的人工智能机器人 Heliograf 实现几秒钟生成一条新闻发布在 Twitter 上，其速度非人类记者能够企及。这些例子凸显了人工智能给新闻制作带来的潜力，因为它允许新闻编辑室使用更少的人力资源制作更多的故事。而且算法可以持续对数据进行分析，它能够很快地从数据中生成长篇新闻故事，比如在财经新闻报道中，算法能够根据各个公司提供的经营数据，立即生成数以千计类型不同的金融新闻报道。②

（二）增加产出数量，拓宽报道范围

有数据的地方就有新闻，在智能技术中，算法通过大数据的运算处理，从海量信息中挖掘了具有新闻价值的话题，增加了新闻报道的数量，拓宽了报道范围。普通新闻记者可能无法充分利用此类数据库，因为他们没有可用的资源规模，也不具备调查性记者分析此类数据的专业知识，只能从有限的资料中获取信息。技术则能更有效地利用公开数据，例如，英国的《卫报》通过技术发起一个众包项目，将 45 万份记录有国会议员开销的文件对读者开放，完成对大量数据的整理并得到大量线报，实现对国会议员开支的调查。③《洛杉矶时报》的地震机器人 Quakebot 可以报道地震探测仪探测到的所有地震，记者则通常只报道造成重大伤害的地震。这种地震机器人从美国地质调查局的网站上提取最新的加州地震数据，并将这些数据转化为新闻故

---

① 《华盛顿邮报的机器人记者去年发表了 850 篇文章》（2017 年 9 月 19 日），搜狐网，https://www.sohu.com/a/192936887_813588，最后浏览日期：2023 年 4 月 18 日。
② Fırat F. "Robot journalism," *The International Encyclopedia of Journalism Studies*, 2019: 1-5.
③ Flew T., Spurgeon C. and Daniel A., et al. "The promise of computational journalism," *Journalism Practice*, 2012, 6（2）: 157-171.

事后，以突发新闻的形式在新闻网站上发布这些信息。智能技术突破了人的视野、时间和精力，大大延伸了报道范围。

(三) 降低生产成本，扩大边际效益

传统媒体时代，新闻信息产品主要以满足大多数受众需求为主，而在算法时代，媒体通过技术降低了信息生产的时间和经济成本，更好地掌握了用户的信息需求，得以实现新闻个性化定制，扩大了新闻生产的边际效益。在重大事件面前，大量人力物力被集中在对其的报道上，受众的其他信息需求被忽视，智能技术尤其是自动化新闻的引入，便增加了在当下可报道性阈值之下的报道，比如少数或者不重要的赛事。大数据时代，算法将海量用户进行分门别类，个性化的新闻生产便意味着根据用户的阅读习惯、倾向和兴趣点产出不同的针对性内容，例如改写内容以适应不同的设备的个体，或将同一内容的信息整合成多篇角度不同、风格迥异的稿件[①]，满足个性化信息需求，利用边际效应实现利益增长。挪威学者布策（Bucher）认为，大型的新闻生产机构已经把机器写作当成更具成本优势的制作方式，认为智能技术的运用有助于新闻生产机构克服财务困难。[②]

(四) 扩展新闻来源，满足个性化需求

在新闻生产中，智能技术可以成为人类记者的补充，常规任务的自动化为提高新闻质量提供了多种可能性。计算机科学和数据集的强大技术能够最大限度地减少因数据计算错误、拼写错误而导致的不正确报道，充分保障新闻信息的准确性。美联社战略经理和 AI 项目负责人弗朗西斯科马可尼（Francesco Marconi）曾表示，机器人接手数据管理后，因降低错误率带来的收益是销量增长带来盈利的十倍。[③]

[①] 许向东、郭萌萌：《智媒时代的新闻生产：自动化新闻的实践与思考》，《国际新闻界》2017 年第 39 期。
[②] Bucher, T. "'Machines don't have instincts': Articulating the computational in journalism," *New Media & Society*, 2017, 19 (6): 918-933.
[③] Lindén C. "Algorithms for journalism: The future of news work," *The Journal of Media Innovations*, 2017, 4 (1): 60.

特别在体育类、财经类新闻信息报道中，人工智能根据数据的最新变化能够很快组织材料写出多种风格和类型的新闻报道。

此外，以往的新闻工作者主要依靠定性的方法进行研究，而在计算机的帮助下，大量数据变得有序易用，记者的个人记忆能力和分析处理能力得到了增强。算法能够根据网站新闻阅读行为，识别用户点击的新闻故事类型，根据用户支持或反对的观点以及他们居住的地区，随后能够生成符合每个用户不同特征和口味的个性化新闻内容。人工智能技术还可以为记者提供额外的视角，让其在生产过程中获得更多的相关内容和背景，了解用户对各类观点的认同度，通过从不同来源获得的感性认识，补充报道细节，增加内容深度。从一定程度上来说，人工智能更多的是把人类从原来的重复性的日常工作中解放出来，让他们有更多的时间用于高质量的深度报道和调查性报道，计算机可以处理的内容就不需要人为此耗时费力。

二、智能技术给新闻生产带来的挑战

（一）算法黑箱挑战新闻客观性

算法是智能技术应用运作的关键，新闻生产自动化的过程就必须按照算法事先设定好的各种标准进行。它的存在本身似乎就被认知为是"中立、客观、权威"的。然而，这无疑是一种乌托邦式的修辞，世界上没有完美的算法，也没有超越人类意志的算法。现实社会的结构性偏见被嵌入程序中，但算法的运行规则不公开且复杂晦涩，难以被常人理解，用户很难察觉，这都将新闻生产的过程推向了"黑箱"，新闻的客观性原则受到挑战。

在新闻生产中，算法偏见将会导致不完整或不正确的结论，这些观点影响用户的社会认知，将产生严重的后果，损害媒体的功能形象，这种偏见可能来自三个阶段。首先，数据本身存在偏见，又可以分为"采集阶段的偏见"和"编码阶段的偏见"。① 例如，采用算法进行自动化新闻写作的美联社，需要时常向系统输入报道范本、更新数据，如果自动化新闻写作系统输入数据出错，则算法生成的新闻就会出错。② 其次，算法会制造偏见，机器学习算法会通过自我学习制造偏见。最后，偏见产生于人类实践。算法的设计目的、数据运用、结果表征等都是开发者、设计者的主观价值与偏好选择，这让机器中立性的谎言不攻自破。

（二）个性化商业化冲击公共性

当算法针对不同用户需求生成定制化的内容，媒体的公共性职能受到削弱。"个体需要什么"变成媒体生产的重点，而"个体应该知道什么"则被忽视。如果到达一定程度，社会成员之间就可能缺乏能够共同商讨的客体从而危及公共生活的基础。③ 同时，还将可能让用户丧失接受异质性信息的可能，导致观点极化。④

除了对新闻生产本身的改变，智能技术还带来了商业模式上的改变，可能会出现为了追求利益，让商业化信息渗透新闻生产整个流程的情况，最终对新闻媒体的公共性职能产生威胁。有学者举了一个较为极端的例子，当记者在生产新闻时，在算法辅助下他可以精确地预测到如何写可以最大限度地既满足于受众的需求，同时又可以满足某一特定广告商的需求。因此，他就可以找出其中的共同点写出让双方都满意的新闻作品。如果出现这种情况，那么新闻生产就很有可能背离公共性的理念而受制于商业利益。⑤ 如果自动化

---

① 汪靖：《从人类偏见到算法偏见：偏见是否可以被消除》，《探索与争鸣》2021 年第 3 期。
② 张超：《作为中介的算法：新闻生产中的算法偏见与应对》，《中国出版》2018 年第 1 期。
③ Gillespie T. *The Relevance of Algorithms*. In Gillespie, T., Boczkowski, P. and Foot, K. (Eds.). *Media Technologies: Essays on Communication, Materiality, and Society*. The MIT Press, 2014: 167-94.
④ Sunstein C. R. "The Law of Group Polarization," *Journal of Political Philosophy*, 2002, 10 (2): 175-195.
⑤ Latar N. L., Nordfors D. "Digital identities and journalism content — How artificial intelligence and journalism may co-develop and why society should care," *Innovation Journalism*, 2009, 6 (7): 3-47.

写作技术得到完全应用，那么没有人类记者良知和社会关怀的技术，是否还会考虑新闻业对公民、对社会的道德责任问题呢？答案多半是会丧失公共性而沦为一种通过满足受众需求来赚取商业利益的工具。①

（三）智能新闻生产的伦理风险

人工智能在新闻信息生产中部分取代了人类的角色，促使人们思考技术的主体性问题。如果人工智能违反新闻信息生产的伦理规范，这种后果由谁来承担？是创建算法的计算机公司，还是新闻机构，还是在新闻报道发布到新闻网站之前参与编辑的编辑？机器在自动化快速写作中，可供提取和利用的数据集决定了其产出的内容科学性与准确性。如果因为数据获取受限或数据集的不同，出现了相互抵触的新闻信息时，用户如何判断？因此，有必要针对智媒时代的新闻生产主体的资格与责任作出明确规定。智能技术的影响最终是一个关于人类记者如何适应的故事，自动化内容创作的竞争优势让新闻工作者重新审视自己的核心技能，重新思考职业在未来意味着什么。② 就常规性事实报道而言，人类记者难以在速度和准确率上与自动化技术匹敌，如果机器写作在未来变得更加普遍，记者就不能再执行常规任务，那么没有技术和创作能力的人将面临相当大的生存压力。区分机器生产主体与人类生产主体的核心仍然是创意，人类必须在新闻信息生产中更有创意，提供更深入的报道和背景，并超越常规报道，甚至在更大程度上超越机器今天已经做到的，否则就有可能失去工作。创造力、分析能力和个性对新闻工作者变得更加重要，就像在每个领域一样，智能技术迫使我们做只有人可以做的事情，最终使我们更加人性化。

---

① 蒋忠波、师雪梅：《国外算法新闻研究的进展与思考》，《新闻界》2019 年第 6 期。
② Dalen A. V. "The algorithms behind the headlines. How machine-written news redefines the core skills of human journalists," *Journalism Practice*，2012，6 (5)：648-658.

第三节　智媒时代新闻信息传播的变化

一、智媒时代新闻信息传播变化带来的积极影响

（一）泛在化＋动态化，提升新闻信息传播能力

以物联网、大数据、云计算、人工智能等技术为基础，实现新闻的策、采、编、发全流程智能化的媒体形态已促使新闻信息传播迈向全新的智能阶段。相对于传统媒体或新媒体环境，传播沟通只存在于人与人之间。在万物互联时代，人与物或物与物之间也能够进行交流和沟通、信息分享与传递等。各种智能物体都可能成为新闻信息采集分析的工具，也可以作为新闻信息接收的终端，从而为用户提供无所不在的信息获取。虚拟仿真技术的发展将推动真实世界与虚拟世界的不断交融，新闻信息产品形态多样，传播载体的革命性更新打破了以往新闻信息传播的时空局限，一定程度上延长了新闻效果周期，扩大了信息覆盖范围。

动态化的内容和多元化的形式创新则构建了更加立体的新闻传播途径。目前，有观点认为新闻（News）已经转变为了现闻（Nows），它所突破的焦点不是已经发生了什么，而是正在发生什么。相比于传统媒体背景下，媒介所能提供给受众的只是一个观察的必要视角，是窥探事实的一个有限的单一角度。作为动态化存在的新闻，它能更好地展示现实生活中的事件及进程。同时整合文字、声音、图片、Flash、视频、虚拟场景技术、360度成像技术等多种媒介形式，突破受众接收障碍，使得对新闻全方位、多视角、动态化的报道成为可能。

（二）用户至上＋千人千面，拓展受众信息选择权力

在传统媒体时代，新闻的分发是粗放式、普适性的，报纸的版

面、电视的栏目、广播的频道等都集中体现"群体式推送"的特征。受主客观条件限制，信息传播、网络言论和受众需求的效度和密度不同，传统的新闻分发难以进行细致的划分，只能依靠固定的传播路径与受众呈单向线性连接。智能技术的发展打破了受众与传统媒体间的固态定向连接，用户的需求成为市场的主题和总体趋势。

智媒时代的新闻生产与分发遵循自动化新闻的生产模式。经过信息分发后，不同的信息会聚合在终端平台上，呈现方式按用户需求和兴趣降序排列，信息内容的可选择性和互动性增强，有利于"使用与满足"范式下用户地位的进阶和角色的转换。在媒体客户端上，用户由原来的单向主动搜寻信息和对冗杂、无用信息的被动接受，转化为自身偏好和智能推送的双向配对。在信息过载的环境下，这一转化既有利于信息的高效率分发、节约传播成本，又能满足用户对优质内容的需求。这种双向的主观能动性与主动选择性，强调"用户中心"模式的地位上升。这种模式满足了用户的选择和兴趣，信息更加容易得到用户认可，用户也更容易进行复制、转载等行为，从而触发新的传播，形成循环效应，促成用户以自身的价值认同为轴心和社交需求进行接轨，使传播由原本的"传者中心"转向为"用户中心"，提高了用户的主动权。

（三）传感化＋临场化，创新新闻互动反馈体验

如今媒介系统朝着感官多元化、传受交互化、现实拟态化于一体的方向发展。"传感器新闻"是通过传感器获得数据信息，经分析整合，将其以一定的方式融入新闻报道，进而完成"讲故事"的新闻生产模式。传感器不但能够拓展人的感知能力，开辟信息采集新维度，还可以探测未来动向，提供预测性报道的依据。同时，传感器也是用户与媒体之间的连接器，传导个性需求，是定制化信息服务的依据。配合可穿戴设备，传感器不仅在重新定义新闻源，也将重新定义新闻传播的反馈机制。

此外，虚拟现实使得受众"身临其境"地感受报道现场。沉浸式新闻摆脱了传统新闻叙述的线性模式，而代之以用户自由选择的多线程模式，让用户剥离所处的环境而置身于新闻报道的"现实"中，从而满足受众对新闻报道场景与事实的全方位把握与客观认知体验。沉浸式新闻的诞生印证了麦克卢汉（McLuhan）的预言：媒介是人的延伸。VR、AR 报道打破了传统仅限于视觉、听觉的传播形式，能充分调动包括嗅觉和触觉在内的全身感官，给用户带来前所未有的新闻体验。[①] 随着全息、全感等技术的应用，未来的新闻信息不再是视听或者虚拟体验，而是一种超真实体验，新闻信息传播将完成"身临其境"到"身在其境"的完美转变。

（四）智能化＋新机制，提高新闻信息审核效率

从新闻把关来看，智媒新闻生产的交互性和人机融合，使新闻把关的形式从传统的编辑把关，转变为人工智能、编辑和受众的"多重把关"。[②] 伴随互联网和社交媒体的快速发展，信息传播速度和数量实现了质的变化，假新闻、谣言、大量迎合受众或娱乐大众的低俗内容屡屡出现。信息量与信息传播速度超出了人工核查的能力范围，信息核查与判断的任务也变得更为艰巨。对此，基于人工智能和大数据技术的核查技术正在新闻内容审查中扮演着越来越重要的角色。2019 年 8 月 1 日，字节跳动发布了反低俗工具"灵犬 3.0"，采用"BERT 模型（Bidirec-tional Encode Representations From Transform-ers）＋半监督学习"的技术，提高了相关文本的识别度和图像识别能力。同时，字节系内容平台通过人工标注和模型训练的方式，能够以 93％ 的准确率识别主流价值内容，并在此基础之上优化内容推荐，相关优质文章将获得 1.5—2 倍的加权推荐。自动识别和标记过滤功能不仅加快了审核过程，同时也降低了信息审核的人力成本。

---

① 胡兵、陈悦：《新闻生产与传播技术的演进》，《青年记者》2018 年第 25 期。
② 令狐克睿、薛娇：《智媒时代的新闻生产：融合、重构与创新》，《中国编辑》2021 年第 3 期。

二、智媒时代新闻信息传播变化带来的挑战

（一）信息过载导致传播环境冗杂

如今快速发展的传播技术和全民媒体的局面改变了以往因信源结构单一、过度依赖人力、采集效率低下导致的信息短缺的状况，但海量数据的增加和信源的极大丰富可能会造成信息过载与信息重复，导致传播环境冗杂和传播资源浪费，产生"技术噪音"。[①] 同一信息出现众多不同的版本，同一个事件屡次经历反转的现象时有发生。受众对信息的反应速度远远低于信息的传播速度。大量无关且无用的冗余信息严重干扰受众对相关有用信息的准确分辨和正确选择。伴随着算法推荐信息体量的增加，受众很难得到真正需要的信息。在大量无关信息的冲击和一旦因信息过载而错过某些有效信息的情况下，受众很容易被激起焦虑心理，丧失一定的判断能力，从而对当前媒介营造出的信息环境产生错误认知。

（二）算法推荐左右新闻议程设置

在传统媒体时代，作为专业的记者及新闻编辑有很强的社会责任感，为社会推送大量公共性议题。但智媒时代新闻议程设置方式发生改变，主要表现在网络媒体上公众自我设置的议程可能会成为传统媒体关注的议程。算法作为信息的推送者，通过对用户在互联网上留下的痕迹进行抓取分析，为每个用户推送个人兴趣范围内的信息。长此以往，算法不断探索人性深处的猎奇、低俗、娱乐等心理需求，个性推荐方式将议题不断小众化，难以保证主流价值导向，导致议程设置碎片化。面对突如其来的网络热点新闻事件，传统媒体常常只能疲于应对，丧失了以前对新闻报道的主动权。相较于以往议程设置完全由传统媒体掌握，此时的媒体议程设置逻辑逐渐由机器接管，原先的人

[①] 孙江、李园、张梦可：《认识论视域下智媒时代新闻生产与分发的逻辑关系》，《未来传播》2020年第27期。

工推送逻辑被打破，属性议程设置功能也因为信息的涣散、碎片化而消解，媒体推动社会形成合意难度徒增，最终网络公共领域的建构受到破坏。利用算法和机器人，可以通过技术的方式制造热点。根据 Buzzfeed 泄露的文件显示，当人们发布新闻信息时，可以使用一群自动化机器人不停地分享和转发这些内容，使这些内容的排名上升[1]，从而获得广泛的关注，这些内容以技术的方式破坏了人们正常的信息反馈，左右了算法主导下的新闻议程。

（三）算法黑箱威胁个人信息权益

智媒时代的用户是在未真正理解代理中介的情形下就被纳入传播系统的，当代理中介反客为主地将个人信息用于侵犯权益、个性化服务变成针对性的歧视时，伤害就呈现了偏见与歧视、损害个体自主、侵犯个人信息等具体形态。[2]

智能信息推荐算法大多是在基于其对受众画像、受众行为的描绘基础上进行的。受众也往往会访问与自己的意见、想法、需求相接近的媒体平台。在今日头条、腾讯、抖音等内容分发平台，通过挖掘用户个人数据进行深度分析，根据算法模型预测用户的喜好，并针对用户进行个性化内容推送。这在一定程度上满足了用户的需求，但用户同时也陷入仅与自身兴趣相关的情景之中。长久关注自身的喜好领域，使得用户在信息茧房中被算法束缚，陷入"过滤器泡泡"的陷阱。思想观念也会因固化产生偏见，新的知识鸿沟随之产生。此外，个性化服务固然是算法的优势所在，但其中也暗藏着互联网内容运营商对受众隐私侵犯的隐忧，存在数据泄漏以及数据遗产处理带来的巨大风险。

（四）智能审核异化把关标准

机器的内在审核逻辑是算法模型之下的，其核心诉求在于高速

---

[1] Whittaker J. P. Tech Giants, Artificial Intelligence and the Future of Journalism. Taylor & Francis, 2019, p. 93.
[2] 顾理平、俞立根:《具体困境与整体困境：智媒时代的传播伦理变革与研究转向》，《传媒观察》2022年第2期。

化、高效化，而传统新闻强调真实性、客观性和权威性。社交网络的新闻审查工作多是由人工智能算法完成的，但目前这些算法主要应用于识别色情、暴力等模式化的内容。相较于人工审核可以借助日常经验在头脑中产生的大量数据积累，人工智能在面对复杂的图文及视频内容时，很难在宽严适度的原则下作出合理的价值判断。自动化新闻生产需要建立庞大的数据库作为学习素材，但市场上拥有数据库的企业往往将数据视为商业机密，在企业与政府、企业与企业、企业与民众之间建立起了数据壁垒，数据的来源、传输和使用均不透明，这实质上就形成了一种数据垄断与数据霸权，拥有更多数据就意味着拥有更多资源。政府和企业可以在机器生产的源头上进行把控，通过选择性地构建数据库和机器学习资料，生产和传播对自己有利的信息，删除或屏蔽对自己有害的信息，造成信息偏见和传播霸权。更有甚者，将数据库里的信息作为一种商品进行交换或出售，进一步加强了信息霸权，受众在议程设置中愈发远离了事实真相，同时也面临隐私泄露，成为权力机关和利益集团进行信息争夺战的牺牲品。把关的评判标准异化，进一步催生了假新闻和新闻伦理的失范，扰乱了传播环境生态。

第三章

新闻信息供给主体的供给动机分析

互联网信息技术和数字技术的发展，使新闻信息突破了传统媒体的垄断，特别是社交信息传播平台的兴起，使具备不同动机的主体都产生了新闻信息供给的冲动。各个政府部门、企业组织都有自己的官网、官博、官微等平台与渠道，可以实时发布各种公务新闻信息、企业品牌和产品新闻信息，从而不再依赖大众媒体的复制与代理，任何个人借助自媒体都拥有众多显在与潜在的受众，能够随时随地直接向他们讲述自己所亲历或所目击的新闻事件，并与他们进行穿越时空的对话。在热闹纷繁的社会化新闻生产图景下，驱动供给主体进行新闻信息生产的动机决定了其供给的内容和方向。

第一节　政府机构：公开信息、回应公众、引导舆情

政府机构利用社交媒体发布信息最早出现在2009年。2009年11月2日，全国首个政务微博"@桃源网"开通。19天后，云南省委宣传部开通"@微博云南"账号，就昆明市螺蛳湾批发市场群体性事件作出回应，首开"政务微博"新闻发布先河，得到社会各界的关注和赞许。但真正推动政府机构大规模使用社会媒体发布新闻信息的，则是2013年10月1日国务院办公厅公布《关于进一步加强政府信息公开回应社会关切提升政府公信力的意见》之后，各级政府一方面响应中央的文件要求，另一方面也存在工作上的实际需要。进入智媒时代，政务新媒体功能和形态更加丰富，先是"两微一端"，后再加上"一抖"，从图文到视频各类表达手法均有使用，有的乡镇政府开办的政务新媒体竟多达十几个。但政府社交媒体账号在新闻信息供给质量

上却并不如意，开通之后往往疏于打理，出现了"重开通轻管理、重数量轻质量、重流量轻效果"的现象，"僵尸""睡眠"等问题较为严重。《中国新媒体发展报告 No.6（2015）》曾分析了 6 大新媒体族类 14 个移动媒介平台上的政务新媒体的发展现状，指出尽管当前政务新媒体在移动互联网发展的浪潮中勇立潮头，及时"占领抢位"，大胆体验，呈现一派"欣欣向荣"的发展景象，但存在大量"僵尸账号"，有些账号长期不更新或者更新速度较慢，有些账号缺乏互动意识，仅仅将社交媒体单纯理解或定位为一种延伸宣传的工具应用，在创新传播方面时常出现诸如"国内首家""全省首个""本市第一"等虚名化的口水仗与争夺战，属于虚假繁荣。

5G 时代的到来，网络传输能力将大幅提高，意味着超高速、大容量、低延时的网络，将对政务新媒体信息传播链条上的每一个环节（网络、终端设备、信息形态等）产生变革。2019 年 4 月 30 日，国务院《关于在线政务服务的若干规定》公布实施，明确加快建成一体化在线平台，加快政务服务线下线上的全面融合，成为政务新媒体发展新起点。政务新媒体平台可以利用人工智能从海量信息中快速掌握舆论的动向，变被动为主动，将事后舆情报告变为舆情先发的预估，可以有效进行先期的信息引导，避免舆情大规模爆发。政务新媒体正在向融合创新、提质增效的成熟阶段迈进。与此同时，政务媒体也存在优质账号过于集中在特定领域、地方政府尤其是基层政号建设偏弱、部分政务短视频过度迎合受众、将严肃的政务内容娱乐化等问题。为了更清楚地了解政府机构官方自媒体账户新闻信息供给动机，本书通过内容分析法和深度访谈的方式，就账号定位、内容运营、管理体制等问题进行调查和访谈。

本书选取了河南省 17 个地级市，48 个市辖区，21 个县级市及 89 个县的政务类微博，结合微博的内容垂直度、互动性等指标，根据部门类型随机抽选 10 个省级政务微博、10 个市级政务微博以及 10 个区县级政务微博，以 2018 年第二季度为区间，每隔 7 天抽取一天，组成一个构造周。通过对样本在这七天内所发布的微博进行内容分析，结果发现，省级政务微博、市级政务微博及区县级政务微博分别发布总微博条数为898条、362条、32条，其中65%的信息属于职能服务类，而趣味社交类信息比重占35%，省级、市级及区县级趣味社交类微博信息分别占30%、4%、1%。在互动层面上，1 292条微博样本中，转发带评论的微博有310条，占比不足24%，通过"@"其他微博发布的微博条数有104条，占比不足8%。在回复上，政务微博对于网民的平均回复率为2.9%。市级政务微博回复率占0.1%，区县级政务微博为0。窥一斑而见全豹，政府机构在利用社交媒体供给新闻信息中确实存在着信息供给质量低下、缺乏受众意识等问题，尽管使用的是社交媒体，但从传播内容和效果来看，社交属性并不明显，传者本位思想严重，这说明政府机构的社交媒体新闻信息传播仍有很大的优化空间。

为了进一步了解政府类型的自媒体新闻信息供给动机，课题组访谈了10位属于政府性质的自媒体账号运营者或负责人，其中，省级政府部门1人，市级政府部门4人，县区级政府及部门5人。具体参见如表3-1。

表3-1 政务媒体账号运营人员访谈信息

编号	性别	账号主体级别	受访者职位
1	女	省级政府部门	运营人员
2	女	地市级部门	运营人员
3	女	地市级部门	运营人员
4	女	地市级部门	政务媒体负责人
5	男	地市级部门	运营人员
6	女	县区级政府	政务媒体负责人

续 表

编 号	性 别	账号主体级别	受访者职位
7	男	县区级政府	运营人员
8	女	县区级政府	政务媒体负责人
9	男	县区级政府部门	运营人员
10	女	县区级政府部门	运营人员

总体来看，政府部门在各类平台开设自媒体发布的新闻信息，首要是为了信息公开、发布日常工作，这一比例达到90%；其次是政策解读和回应公众，发挥好引导舆论的作用，这一比例为60%；最后是提供便民服务，满足在线政务服务，这一比例为40%。具体来说，县级政府部门的自媒体信息发布以政府工作为主，市级政府部门的自媒体种类较多，一般会根据部门特点，在报道政府工作和会议的同时，关注重大事件。省级政府部门的新闻信息以政策解读和政府通告为主，同时会不时转发专业媒体的重要报道。在访谈中，受访者就政府部门自媒体的供给动机谈了自己的认识和想法。

> 我们的公众号服务类内容较多，每年到了特定时期都有很多人询问相关的政策，有时校园里发生的一些事件，通常会引起人们的讨论和关注，这时都需要第一时间给出解释，所以，我们的微博和公众号主要是回应公众关心的内容，基本上内容都是自己的，有时会请一些专家就某些问题讲讲看法，很少把内容交给用户来生产，新闻信息上我们有自己的渠道，在省内各个地市局都有负责新闻报送的人员，重要的通知和新闻事件是主要内容，在内容生产方面我们有严格的规定，所有发布的内容领导都要三审，新媒体部门领导、涉及科室的领导及分管领导都要看，阅读量上没有特别具体的要求，更看重的是评论的内容和数量。（1

号受访者：省级政府部门自媒体账号运营者）

有些地市级政府部门的政务媒体则强调互动，希望通过自媒体提升舆论引导力，报道更多和本部门相关的新闻信息。

> 我们的微博特别强调互动性，工作的内容在上面显示相对较少，主要是看当前的热点问题有哪些，和我们的工作有没有关联度，希望通过一些话题让网民们更多地关注我们的工作和做法，同时在社交媒体上培养更多的用户粉丝，能够认识到我们工作的重要性，我们在很多热点事件中都会发出自己的声音，培养公民意识，引导社会舆论是我们的中心工作，内容上会有一些直接从网民那里截取的信息，但这是我们解释或分析的对象，也有一些是请专家写的稿子，对内容的审核比较严格，基本上没有出过差错。同时我们也比较重视粉丝的数量和评论的内容，有相对完善的运营人员考核机制。（2号受访者：地市级政府部门自媒体账号运营者）

政府部门的自媒体因其账号类型不同，也会有不同的供给动机，相对于以图文为主的媒介类型，短视频就更为活泼，工作类信息的表达也更接地气。

> 我们的抖音号成立于2018年5月21日，主要是希望大众对我们的工作有全方位的了解，内容上选择了各类警种的日常训练、执勤及服务中的有趣感人的场面和镜头，同时我们也有很多监控中的内容适合教育群众或者让大众了解的资料，还有就是情况通报、反诈骗知识普及、群众关心的热点事件等，内容基本以自己生产剪辑为主，刚开始差不多能够每天都有更新，但视频确实是要求比较高的，后来还曾组织发动我们的员工自拍一些内

容,现在能保证周更新至少 1—2 次,审核我们请专门的审核人员,确保内容不会出问题,至于粉丝数量、播放量等,没有硬性考核指标,但有激励政策,社会效益好的肯定有奖励。(3 号受访者:地市级政府部门自媒体账号运营者)

由于县级融媒体中心建设,县级政府的政务媒体号大都统一归口管理,新闻信息的生产和发布和当地的新闻媒体共享,运营正趋向于标准化。

  我们的公众号成立之初主要是上级要求,而且工作中有很多信息也需要一个统一发布的新媒体窗口。后来县级融媒体中心建设,就统一把县级政府的新闻信息发布归口到这个公众号上来了,具体到内容上来说,对于那些上不了传统媒体的内容,社交媒体是一个发布渠道。我们有自己的队伍,还代运营别的部门和机构的账号,内容大多是自己生产,如果是领导有要求的话,会采用统一规定的稿子,有些重要新闻事件也会摘一些其他网站上的内容来补充。内容审核有专门的规定和流程,各个环节都有相应的负责人。早几年有过审核不严的问题,有过差错,现在管理上比较严格,包括出现错别字都会有处罚的,但是阅读量方面,没有说非要有多少量,多了少了也没多大影响。(6 号受访者:某县级政府部门自媒体账号运营者)

一些县区级局委办开设了政务媒体,但实际运营中缺少专门的运营团队,在内容生产和管理上自主性强,以传递部门的工作和会议信息为主,当上级垂直部门有重要通知或信息传达时,会直接转载相关信息。

  有很多工作和会议的内容领导要求必须向社会公开,我们就在自己的微信公众号上发布。我们的内容主要是自己部门的，教育部门事务和会议多，除了我们局里的工作会议外，从各个乡镇中也会有新闻方面的要求和稿子，我们的自媒体一般不随便粘贴其他渠道的内容。选题上基本跟着工作走，内容审核分两步，一是编辑层面的形式把关，二是领导层面的意识形态把关，小的错误有时也难以避免，比如病句、错字或者排版问题，不过差错率很低，各方面水平也都在逐渐提升。但大的问题，我们从来没有过。领导希望阅读量高一些，但激励制度还没有建立起来，毕竟内容不是由运营者自己创作的，谁也不能决定阅读量，尽量要求自己单位的人点击转发吧。（9号受访者：某县级政府部门自媒体账号运营者）

从访谈的结果来看，大多数政府类社交媒体的供给动机是公开信息，同时也有兼顾回应公众关心内容和引导舆论的因素。但是，大多数账号其实只是对政府工作内容的公开，这些内容是否具有较强的新闻特征并不是生产者所关心的内容，而且由于发布内容的不可把控（基本上都不能修改其中的内容），对于信息的阅读量也就不太关心，认为这都是自然而然的事情，这也导致了这些账号发布的内容既没有能够根据社交媒体的话语体系或者受众的需要来展开，也不可能充分考虑所谓算法的推送逻辑，相反地，只是一味地根据领导活动、工作日程、会议内容等进行内容生产。与此同时，出于部门性质的原因，有的政府部门会将回应公众关心内容和引导舆论作为中心，公开信息是为回应而公开，这样的内容通常都会跟随一些社会事件或问题，内容生产的核心不是我们的工作是什么，而是当前发生的这些事情当中，我们在做什么，做这些工作有什么作用，并且会对如何更好地解决问题提出开放的态度，会有相对较专业的运营人员，考核体系也较为完备。

伴随移动互联网技术、信息技术和数字技术的高速演进、形态分化和受众注意力动态迁移的大时代背景,未来媒介更新的周期必将越来越快,媒介形态也必将越来越多样化。媒介形态越发展,内容展现上越需要创造性。但是从当前中国政府的社交媒体发展的现状来看,被动发展仍然是主要的问题,多数自媒体账号的供给动机是外在的,在内容上偏向于工作简报,缺乏显著性、时效性和趣味性,不太关心受众的关注点和兴趣点,也很少与受众互动交流,把对组织之外进行的大众传播与对内的组织传播混为一体,自说自话、自娱自乐,无视社交新闻话语体系,甚至经常会出现官话套话一大堆的情况。从形式上看,政府类自媒体仍旧倾向于传统的制度与实践方法,缺乏图片、视频、文字的综合运用,以及与受众的互动。[①] 开设视频号、抖音号的政府类自媒体有信息加工的痕迹,逐渐在摆脱纯粹围绕领导或会议的新闻供给模式,增加了新闻信息的趣味性、实用性,但短视频内容往往又存在内容生产不足的问题,内在的供给动力不足。缺乏内在的驱动力导致了当前政府部门的自媒体在新闻信息生产中呈现虚假繁荣的态势,没有能够真正发挥政务新媒体的作用,也缺乏对社交媒体新闻传播规律的探究,如果只是把社交媒体理解为机械地公开信息的话,为什么要公开、如何更好地公开便不可能受到运营者的关心,他们只是在做传声筒,这是很难做好政府对外新闻信息传播的。

从根本上讲,智能媒体是一种话语权力体系的解构和重构,它在信息与人的精确匹配中试图发挥作用,这就注定了在信息传播中媒介资源不可能是均匀分配的,市级政府的自媒体内容做得好,未必会输给省级部门的自媒体,只要能够抓住用户痛点,政务媒体就有极大的发展空间。尽管从智能媒介平台的角度来看,政府的自媒体账号也不过是平台中的一员,但背后实体所拥有的丰富的信息资源、权力资源、服务资源和传播资源是任何组织或个体不可比拟的,如何真正实

[①] Kim S. K., Min J. P. and Rho J. J. "Effect of the government's use of social media on the reliability of the government: Focus on Twitter," *Public Management Review*, 2015, 17 (3): 328-355.

现媒介融合、整合资源，服务并服从于社会进步和民生发展的良性交互的大生态，是需要从根本上解决的命题。目前，政府部门单位对于各个新媒体平台账号的建设和运营缺乏足够的认知和了解，内容参差不齐，多为政务信息资讯，大多缺乏深层次的解读，既无法让受众印象深刻，也难以提高自身关注度。[①] 这些问题说到底都与供给动机有关系，解决好政府社交媒体的供给动机问题，能够使其更好地参与新闻信息供给，为提供更多优质新闻信息内容作出贡献。

第二节　企业：传播企业品牌和产品，发展和培养忠实用户

社交媒体对于企业的价值主要体现在商业价值和内部沟通价值上。企业在使用社交媒体时，更注重对外宣传品牌和产品方面的作用。从最早的粉丝经济开始，如何聚拢自己的用户，通过快速精准的信息传递，将品牌和产品信息在第一时间推送至用户面前，并和粉丝进行互动培养忠实用户，就是社交媒体最核心的价值。如今，社交媒体平台在发展中逐步积累了大量数据，商业价值也开始有了多维的体现，包括数据挖掘、营销渠道拓展、品牌公关与新品开发，甚至虚拟商品开发等。仅仅将社交媒体作为向用户发布消息的一种传播途径已经过时，能够从社交媒体中提取和分析数据，发现新市场机会，优化既有的品牌和产品服务，更好地倾听客户真正的需求从而更好地开展营销，逐渐成为新的关注点。从传播到营销，反映了企业社交媒体使用动机的嬗变，在这一变化过程中，企业对商业利益追求的根本性质并没有变，对用户的迎合和利益的追逐，对新闻信息供给造成明显的影响。

在调查和分析企业社交媒体信息传播动机中，本书采用了问卷调

---

① 杨清：《莫让政务新媒体沦为摆设》，《人民论坛》2020年第19期。

查和深度访谈相结合的方式,就企业社交媒体的定位、内容生产、审核发布、运营的激励约束机制等方面,设计了相关问题。线上线下共发放问卷 862 份,回收有效问卷 706 份,在问卷调查的基础上,又选择了问卷中未涉及的类型企业和有代表性的企业,对其社交媒体负责人或运营者进行了深度访谈。共访谈 12 个对象,涉及食品企业、化妆品企业、汽车、旅行社、景区、地产、银行、教育培训 8 个行业。具体参考如表 3-2。

调查发现,传播和营销在企业看来是两种不同的动机。前者重在传播新闻信息,这些信息与自己的产品和品牌的关联度是否高并不重要,而后者则强调对产品和品牌的宣传,发布的信息也都集中在企业相关的内容。本书将动机分为四个类型:一是传递企业的声音(新闻信息并不要求必须与企业本身有关);二是传播企业的品牌和产品(新闻信息必须与企业有关);三是吸引用户并和用户互动,培养忠实用户(新闻信息服务于粉丝);四是引流带货,在平台上进行促销和销售。结果发现,企业社交媒体新闻信息供给动机最强的是向社会和用户传播企业品牌和产品,占比达到 81%;其次是增加粉丝、培养用户,占比为 42%;最后是传递企业声音,比例达到 33.1%,在社交媒体上引流带货所占比例最小,只有 11.9%。具体参考如图 3-1。

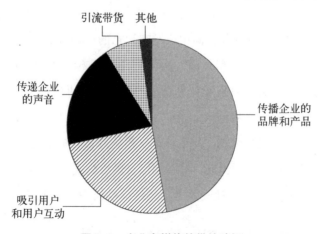

图 3-1 企业自媒体的供给动机

从这一结果来看，企业的社交媒体在新闻信息传播的过程中，更看重发布内容与企业本身的相关性，尤其是对品牌和产品的支持和帮助。这些信息往往并不关注社会效益，有时甚至违背社会的公共价值，但因为对企业本身有利，仍然成为企业的首选信息。在吸引用户方面，企业的社交媒体会选择背离新闻专业主义的方式，把引导变成了迎合加怂恿，蹭热点玩低俗，时常出现缺乏社会责任的言辞，尤其是在评论中，更是让人不忍直视，很难想象运营者是如何把这些内容发布出去的。有学者认为，在社交媒体环境下，信息流重构时受到了多方因素的影响，尤其以商业利益动机为导向的劣质新闻对传统新闻业的影响最为明显。① 企业的目标是追逐商业利益，当企业把这一目标应用于社交媒体传播信息时，低质、庸俗的新闻信息往往会层出不穷。为了达到商业目的，企业在生产和传播信息时更强调如何吸引注意力，如何将自己的产品或服务传播和兜售出去，甚至为此不惜制造新闻，而对于新闻的专业品质和公共利益往往视而不见。以"利洁时（中国）投资有限公司杜蕾斯官方微博"为例，截至2020年，该微博网络粉丝有三百多万，影响力很大，但从其日常发布的信息来看，频繁出现肤浅、低俗以及色情内容。比如，"人生在世，不过就是吃吃爱爱睡睡……" 2017年5月23日，该微博发布"英国网站TicketMaster的调查——在1000位参加当地音乐节的观众中，有三分之一的人承认在活动现场与人发生性关系……你准备好去音乐节上来一次意外的邂逅了吗？"这种传播内容明显与公认的社会道德伦理相悖，缺乏社会责任感，是典型的劣质新闻信息供给。

此外，在企业微信公众号的调查分析中，本书采用内容分析法，连续追踪了50个企业公众号为期半年的数据，发现多数公众号所发文章存在"标题党"嫌疑，样本中公众号所发文章都存在缺乏正能量

---

① Canter L. "The interactive spectrum: The use of social media in UK regional newspapers," *Convergence: The International Journal of Research into New Media Technologies*, 2013, 19 (4): 472-495.

等内容问题。其中，有的文章标题恶俗，有的宣扬自私自利、拜金主义、享乐主义等价值观，为吸引点击可谓"语不惊人死不休"，诸如"女王套路多？是你姿势不够 diao""老公出轨了，我也要出轨""拜金测试，泡妞你得开辆好车""躺着赚钱是一个好理想"等标题已不仅仅是与社会主义核心价值观不符，可以说是在传播负能量。这类信息在网络上大量供给，严重污染了新闻信息环境。

在深度访谈中发现了一些具体运营中的动机变化问题，其中，企业类型和规模对于社交媒体新闻信息的供给动机有比较明显的影响。访谈人员基本信息见表3-2。

2号和3号受访对象是食品企业，在官方微博分别拥有4万粉丝和22万粉丝。粉丝较少的2号社交媒体在新闻信息发布中更多传递的是企业的声音，而粉丝较少的3号社交媒体发布的内容绝大多数都是和产品有关，其内容缺乏新闻特质，有时会生造一些与品牌和产品相关的内容。据2号受访者的回答：

> 我们把社交媒体作为企业对外宣传和塑造良好的社会形象的一个工具，因为粉丝数量还在增长中，我们会通过一些热点事件和热点话题与用户互动，争取更多用户关注。在社交媒体上直接宣传产品可能会让用户觉得内容全是广告，所以我们的内容多数是讲和行业相关、和健康相关的新闻知识，就我们的用户规模来说，很难量化社交媒体的直接转化额，一般用涨粉、互动、曝光来考量社交媒体运营的好坏，内容上以转载和改编为主，适当发布企业的信息。

但是也有一些自媒体号会通过多个账号来解决这个问题，与2号不同的是，3号受访者表示：

> 我们的社交媒体有多个账号，其中有一个是专门做电商的粉

丝数量较少，大号的粉丝相对较好，80%以上的内容会要求配图或者视频，其中包含我们的产品和品牌，通过这些内容宣传品牌故事和我们的新产品，另外有10%是一些抽奖活动的内容，社交媒体上发布的内容都是我们自己生产的，在内容审核上强调突出企业文化，把握品牌和产品的特质，不能为同行其他企业做嫁衣，我们的考核机制比较完善，主要就是点击量和用户反馈。

国有企业性质的社交媒体在运营中，在逐步学习和摸索中建立自己的团队，也逐渐实现了媒体与公关宣传的融合。1号社交媒体的运营主体为银行分行，受访者谈到：

我们的账号曾经被代运营过一段时间，当时因为没有专门的运营团队和相应的制度，对社交媒体的定位和作用也没有很清晰的认识，希望专门的运营公司能够把用户给提上来，我们也在这个过程中学习，有了一定的基础后，我们再接手。现在我们公众号主要是发布一些产品促销信息、抽奖或优惠券、本行或行业内的重要信息，我们的微博和总行的有区分，总行主要是发布本企业的工作报道和新闻信息，我们则以理财信息、贵金属价格和各类促销活动为主，现在的内容是自己生产，有完善的审核机制，在激励与约束机制方面，没有要求涨粉、阅读量等具体指标，但发文数量、发文的时间以及编校质量方面是有要求的，我们不会说专门去迎合用户制造新闻，我们就是发自己做的事情。

与之形成鲜明对比的是，8号受访者表示：

企业社交媒体是为了企业营销服务的，是企业营销重要工具，我们强调社交媒体对用户的连接功能，营销是核心。所有发布的内容都要有营销的目的，不能不管三七二十一，把内容随便发布了事，那将会造成用户对你内容的厌恶，不但起不到积极作用，还会起反作用，运营者也毫无成就感。但是营销不是说把社交媒体当成免费发硬广告的地方，要研究我们的用户痛点在哪里，我们有什么故事值得深入讲一下，像我们这种做培训的企业，特别强调社交的重要性，内容都是家长和社会关心的东西，突出我们能解决什么问题，如何更低成本地解决这个问题，我们还有专门的专家团队来帮助我们把关，没有公共价值或社会效益方面的考核制度，阅读量和评论量是很重要的考核指标，和用户的互动要及时，一般要求运营者是 24 小时关注的，评论内容 10 分钟以内必须有回复，否则就会受罚。

从访谈中，我们也看到，多数企业不仅生产文字内容，也大量生产短视频，比如汽车商的社交媒体账号，运营负责人谈到：

汽车自媒体的竞争比较激烈，业内大多会有力度较大的抽奖活动来吸引用户，同时视频的拍摄也不是日常的短视频，多是高清晰、高质量的视频作品，尤其是选择了明星做代言的。让明星在短视频中会很快吸引到大量用户，所以我们也是尽量地争取自己的用户，把社交媒体作为传递信息和服务用户的一个阵地，内容上一是新车发布，二是广告促销，三是专业知识讲解，四是发布一些线上线下活动信息。我们的内容来源比较广泛，不光自己做，还有外包的内容。领导对于点击量、粉丝增长情况还是比较重视的，有专门的激励机制，社会效益主要是别碰红线，专门做公益或者公共福利这一块也有做，但不多。目前运营一个企业社交媒体，人力成本比较高，要做好的话一年的投入会很大，为了做好内容，也是经常会参加培训交流，想提升流量，还是要用到很多技巧。

第三节　媒体：争取传播话语权，
　　　　　提升传播效率

社交媒体因其传播的迅捷性加速了新闻生产，但这种加速带来的压力也暗中破坏了新闻信息的质量。① 媒体人在新闻生产的速度和质量取舍中，往往会出现错误选择。2015年8月12日，天津滨海新区塘沽开发区的天津东疆保税港区瑞海国际物流有限公司所属危险品仓库发生爆炸。随后关于爆炸后影响的各种流言在社交媒体蔓延，媒体此时正应当负起澄清谣言、制止流言的社会责任，但遗憾的是，一些媒体反而担心自己在这场新闻信息传播的盛宴中被忽略，急切之余不加核实地发布一些假消息。最为严重的是竟然在社交媒体账号中发布关于天津主要领导的人事安排的假消息，可见新闻把关已经弱化到何种程度。

不仅在突发事件中，即使是日常事件，不少媒体在社交媒体账号上发布新闻时也常常不注意对新闻的核实，虚假新闻和反转新闻不时出现，新闻的真实性和媒体的权威性不断削弱。2016年2月，一则关于"上海女逃离江西农村"事件的报道突然成为新闻热点，@华西都市报、@新浪江西等诸多媒体微博转载，并随后登上腾讯、凤凰等各大国内新闻媒体，还上了北美最流行的网站——文学城新闻，最后经江西网信办证实是一则假消息。社交媒体时代，新闻信息供给市场鱼龙混杂，但愈是如此，媒体愈要坚守新闻底线，和个人类型的账号去拼"快"并不占较大优势，而"信任"恰恰是媒体的核心竞争力。唯有坚持新闻的真实客观，突出"把关者"的角色与作用，确保传播新闻信息的质量，彰显新闻专业品质的可贵，才能赢得受众的尊重。

---

① [美]格雷厄姆、达顿：《另一个地球：互联网＋社会》，胡咏等译，电子工业出版社，2015年，第10页。

在传统媒体面对社交媒体报道的挑战时，BBC（英国广播公司）曾有过一个关于危机时期速度与真相孰轻孰重的调查报道。当传统媒体面对突发事件时，如果坚持核查报道的来源，可能要远远慢于社交媒体，待真相查明，事件可能已经没有热度或者报道价值了，但媒体的专业品质和职业操守，仍然要求其必须履行核查的职责，不能随意转发社交媒体上发布的新闻信息。应对此类问题，可以采取碎片化的方式，将能确认的信息先发出去。这反映了当前传统媒体在面对社交媒体时的处境，大多数媒体利用社交媒体来发布新闻，不仅仅是看重社交媒体的用户群体庞大，更重要的是，它将大大拓展传统媒体的信息传播效率和内容广度，在时间和空间上得到全面的自由。

为了确切了解媒体通过社交媒体供给新闻信息的动机，本书采取了问卷调查和访谈的方式，利用所在自媒体运营微信群，向126个媒体的社交媒体运营者进行定向问卷调查，共回收有效问卷110份，涉及社交媒体新闻信息供给的账号定位、内容生产、发布频次、审核机制、受众分析、激励机制等六个方面十二个问题（问卷见附录），以分析媒体的内驱力和外在诱因。调查结果显示，媒体在注册社交媒体账号时的主要动机是扩大传播阵地，提升传播效率。通过社交媒体在内容生产上拓展了信息来源，会引用社交媒体新闻信息来源，发布频次要远远高于普通社交媒体账号，特别是报社和广播电台的微博平均发布频次达到每天12条，发布频次较高的原因是占领传播阵地，向其他类型的社交媒体争夺新闻信息话语权。其审核机制非常严格，社交媒体渠道与传统媒体渠道不同，主要是认为受众更喜欢活泼的软新闻，在新闻表达方面与传统媒体也有较大不同。媒体的激励机制也比较健全，针对运营人员有较为完整的考核体系。

在问卷调查的基础上，本书选择了8个社交媒体运营人员进行深度访谈，其中包括4个省级媒体和4个市级媒体，分别来自报社、电视台和广播电台。

表 3-2 访谈人员基本信息

编号	性别	账号类型	职位
1	女	银行分行	运营人员
2	女	食品企业	运营人员
3	女	包装食品	内容编辑
4	男	广告公司	运营人员
5	女	地产公司	运营人员
6	女	科技公司	运营人员
7	男	餐饮企业	内容编辑
8	男	教育培训	品牌经理

访谈人员基本信息见表 3-3。访谈中就问卷调查中出现的一些未能了解清楚的问题进行了深入询问，主要问题包括"在发布新闻信息时更注重哪些方面？""社交媒体新闻信息的生产评价标准有哪些？""引用别的新闻信息来源时的要求""社交媒体新闻和传统媒体的新闻主要差别是什么？"等。访谈发现，几乎所有访谈者一致表示，社交媒体新闻信息更注重速度和吸引力，在生产新闻时与传统媒体的内容也有较大的差异。

表 3-3 访谈人员基本信息

编号	性别	媒体类型	媒体性质	职位
1	男	省级媒体	机关报	运营人员
2	女	省级媒体	都市报	新媒体编辑
3	女	省级媒体	广播电台	运营人员
4	男	省级媒体	电视台	新媒体负责人
5	女	市级媒体	机关报	新媒体编辑

续　表

编号	性别	媒体类型	媒体性质	职　位
6	女	市级媒体	都市报	运营人员
7	男	市级媒体	广播电台	运营人员
8	女	市级媒体	电视台	运营人员

很多不会在传统媒体上出现的娱乐性、趣味性新闻信息，会选择在社交媒体上发布，因为这是我们能够扩张的网络阵地，我们会以社交媒体的叙事方式和网络热词来表达，更接地气，在引用别的新闻信息来源时会评价真实性和可靠程度，一般还是以媒体内部发掘的信息为主，对运营者的考评是要看影响力和互动的程度，点击量和转发量是比较重要的指标，所以会有很多内容针对热点问题。（2号受访者）

也有受访者表示社交媒体的竞争是比较激烈的，在内容安排上有特别的要求。

我们的社交媒体和传统媒体运营差别比较大，一般传统媒体是年富力强的工作人员，对新闻专业品质要求相对要高一些，更加严肃。而社交媒体是年轻人在做，跟着优秀的竞争对手来做，主要是要和我们发布的硬新闻有呼应、有补充，形成组合传播的效果，社交媒体要能够不断地发出声音，赢得人们的关注。领导会有个关于这类自媒体的排名，我们的社交媒体账号在什么位置，大家心里有预期，做得好了周排名和月排名会靠前，但前提还是要注意内容的导向，出现虚假或错误信息，会有比较严厉的处罚机制。（6号受访者）

从调查的总体情况来看，与之前学者的研究结论是基本吻合的，黄月琴在对新闻从业的社交媒体使用研究中发现，媒体在对社交媒体的深度使用中会不知不觉地被网络媒体的夸张渲染和非理性所同化，从而出现放弃核查真相，一味追逐热点，甚至成为谣言和虚假新闻传播的"二传手"。① 李唯嘉对 25 位媒体人的社交媒体生产进行访谈发现，社交媒体新闻信息正在由"又快又准"向"又准又快"演变，其中社交性的增强是一个显著特征，多数社交媒体都会采用和用户交朋友的经营策略。② 因此，媒体对社交媒体新闻信息的使用动机和方式是在发展变化的，但本书还发现，不同媒体性质决定了其供给动机的不同，党委机关直属媒体的社交媒体信息更多发布一些与硬新闻相呼应的软新闻信息，而且不管是哪家媒体，在社交媒体上发布信息因为不受时间和版面的限制，都会有频次高、数量多的现象。与此同时，晚报、电视台的频道栏目组、广播电台等在社交媒体新闻信息发布上更强调趣味性，喜欢在话题讨论中寻找热点，一些不适合在传统媒体上发布的娱乐新闻在社交媒体上大量出现，在语言表达上也比较活泼，多数采用图文加视频的方式，涉及的主题五花八门，基本上是哪些内容新鲜有趣就发布哪些内容，并不会特别考虑新闻信息的主题统一性。传统媒体在社交媒体的新闻信息供给动机支持其在新闻信息生产上的效率提升和内容拓展，但过分地强调效率和竞争，尤其是激励机制设计的偏差，是导致媒体在社交媒体新闻信息供给中出现质量下降和内容失误的重要原因。

第四节　个人：追求自我表达，争取经济回报

尽管社交平台 UGC（User Generated Content，指用户原创内容）

---

① 黄月琴：《社交媒体时代新闻生产实践的失范与纠偏》，《湖北大学学报》（哲学社会科学版）2014 年第 2 期。
② 李唯嘉：《如何实现"信任性真实"：社交媒体时代的新闻生产实践——基于对 25 位媒体从业者的访谈》，《国际新闻界》2020 年第 4 期。

的特质赋予"人人能够成为记者"的可能性，但未必赋予"人人都是把关人"的能力。① 大多数个体由于缺乏系统的新闻专业教育，在新闻信息的供给时缺乏舆论导向意识，尤其是在涉及个人利益时，情绪化表达严重，多从个人利益而不是从公共利益出发。据中国互联网违法和不良信息举报中心筛选的 2018 年十大谣言来看，有七个谣言来源于个人社交媒体账号，这些谣言通常在朋友圈转发，逐渐累积放大形成不稳定的社会因素。众所周知，权力与责任通常是对等的，个人拥有了信息传播的权力，却没有相应的责任意识，这自然会给新闻信息产品市场带来很多麻烦。另据 2016 年中国互联网新闻用户统计调查数据显示，60.3%的网民在转发新闻前不会核实信息的真实性而直接转发（图 3-2）。② 这种只负责生产产品，不负责产品质量的市场机制亟须予以规制。

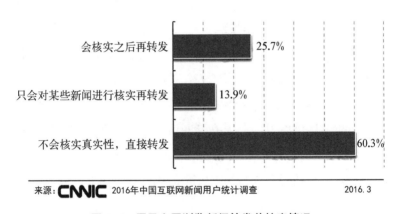

图 3-2　网民上网浏览新闻转发前核实情况

此外，个人传播信息时缺乏导向意识的情绪化表达还表现在对新闻事实的评论方面，在新闻报道如火如荼的同时，个人社交媒体也出现了大量罔顾法律、戏谑嘲讽、过度娱乐化等不良评论，客观与理性被舆论狂欢所淹没，这类新闻信息的过度供给消解了新闻的严肃性与公共性，致使新闻产品供给的市场失灵。智能媒体时代，很多自媒体

---

① 李岩：《社交媒体时代下新闻产需变化刍议》，《新媒体研究》2017 年第 7 期。
② 中国互联网络信息中心：《2016 年中国互联网新闻市场研究报告》，2017 年。

利用直播、短视频等形式，打着满足受众需求的旗号，大肆蹭热点消费名人。例如，全红婵在奥运会夺金后，受到大量媒体和网民的关注。在巨大的经济利益的诱惑下，一大批自媒体博主涌向其住宅及附近区域进行网络直播。此种行为虽然满足了部分观众的好奇心，却对全红婵及其家人的人格权益造成严重损害。全红婵获得奥运女子单人10米台冠军的第3天，入夜以后村里车辆依然络绎不绝，不少主播冒雨在全红婵家外直播。全红婵的家人在面对家门口的一众网红时无奈请求道："请你们小声一点，已经骚扰到老人家两天没有睡了。"不仅全红婵家人不堪其扰，据村干部反映，村民的意见也很大。

梳理当前对于个人在社交媒体新闻信息生产的相关文献发现，个人在进行新闻信息生产时，它结合了以自我发展与实现、兴趣与消闲需求以及情感和归属需求为主的内部动机与以职业要求、利益回馈为辅的外部动机。感兴趣程度高、可以与他人交流、抒发情感、娱乐身心这四类动机是个人进行新闻信息生产的主要原因。绝大多数个人在微博、微信等互动平台上进行新闻信息生产是因为"想发些自己爱好的东西""与网友进行分享"及"有趣"；但不同的是，部分访谈者明确表示一定的"经济报酬"是推动其在网络平台发布新闻的重要动力。[①] 总体来说，既有的研究成果倾向于认为个人在社交媒体平台进行新闻信息生产的动机，主要因素并不是商业利益，相反地，自我表达和娱乐休闲仍然是主要的驱动因素。但一些有了粉丝数量和影响力的个人账号，会逐步从无酬动机转向利益动机。为了更清楚地认识这一问题，本书对 1 134 名分布在不同领域的个人账号进行了线上和线下的问卷调查，并辅助以深度访谈的方式对社交媒体新闻信息生产的动机进行调查。其中，统计到的有效问卷共 910 份，涉及微博、微信、抖音、快手、微视等多种类型的社交媒体平台，研究发现：个人在生产新闻信息时的主要动力是表达自我，占比达到 37%；其次是

---

① 王晓红、包圆圆、吕强：《移动短视频的发展现状及趋势观察》，《中国编辑》2015 年第 3 期。

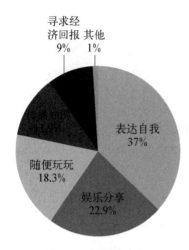

图 3-3 自媒体人新闻信息供给动机

想娱乐他人，分享有趣的内容，占比达到 22.9%；再次是随便玩玩，占比达到了 18.3%；从次是传播知识，占比达到 11.9%；最后是寻求经济回报约占到 9%；另外是其他不足 1%（图 3-3）。

当个人在社交媒体发布新闻信息时，首要考虑的因素是阅读量，占比达到 49.5%；其次是真实性，占比为 26.2%；再次为是否传播正能量，占比为 12%；从次是原创性，只占到 9%；最后是通过平台审核 3%（图 3-4）。

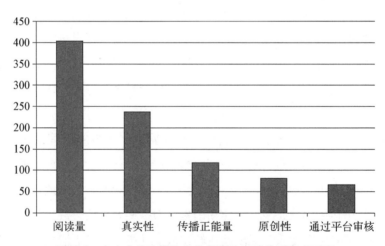

图 3-4 个人在社交媒体发布新闻信息的首要考虑因素

此外，通过对 32 名自媒体人的访谈也进一步澄清了个人在社交媒体新闻信息供给动机中的微妙差异。整个访谈采用半结构化的访谈方式，在 32 个受访对象中，其中有 18 个是面对面访谈，14 个是通过微信或电话访谈。首先，社交媒体所处的领域对个人的供给动机有较大的影响。多个访谈对象会表示因为自己的账号类型，会更多地采用原创或者改编的方式进行，发布内容能显示自己的个性和知识广度、深度，形成自己的社交形象。比如 4 号受访者说道：

> 做旅游这一块的内容主要还是原创的，我觉得至少和文化呀、科技呀之类的账号有很大差别，但也有不少内容自己可能需要不断地学习，把信息和新闻结合起来，我每天看到有人给我留言鼓励我就很开心，我也会和各地的人加强联系，我的账号目前也开通了广告收益，但收益还很少，肯定不能靠这个来生存，我觉得我就是向大家分享一些自己感觉有意思的新闻信息，聚拢一些志同道合的朋友，对于偶尔恶意攻击的人就不管他，但持续攻击的话就得拉黑他，毕竟不是为了找骂嘛。

其次，粉丝数量是影响用户的供给动机的一个重要方面，粉丝数量越多，用户就越有对商业利益的追求，其发布内容会更多考虑商业因素。1 号受访者是一个粉丝数量较小（小于 1 万）的自媒体人，她认为自己处于发展期。

> 没有人跟我谈商业合作的问题，我现在还没有想过发内容赚钱的问题，那些平台开通的广告收益实在可以忽略不计，另外现在粉丝数量不足，主要考虑还是如何把号给做起来，赚钱希望以后能有机会。

与之形成鲜明对比的是 12 号受访者拥有 26 万粉丝，他在内容生产上会有更多的考虑。

> 我希望能有更多商务合作的机会，如何为合作者量身定制一些内容是目前需要考虑的内容，尽量避免出现麻烦，现在这个号产生的收益还可以，但竞争也是很激烈的，我们有团队一起在做，基本的方向还是传统文化和地方特色，怎么使这些内容和商

业的内容结合起来，有经济回报才能持续输出嘛。

另外其他的粉丝数量稍多的自媒体人，也都会考虑商业利益，而粉丝数量少的，则处于自我表达甚至是自娱自乐的方式。

最后，社交媒体用户的类型也是一个重要的因素。尽管短视频平台与图文为主的社交媒体平台有较大差别，但并不能说短视频就是为挣钱而来，图文就是为表达自我。在访谈中发现，用户是否专业其实是一个重要的因素。无论是短视频还是图文，业余的用户都会以娱乐表达为主，对是否能够赚钱没有明确的目标；反之，专业型的用户，对商业利益的追求动机更强烈，有偿的外部动机也日益成为驱动个人进行持续性内容生产的新因素。如3号受访对象认为：

> 我当初做今日头条真的是奔着聚合同我一样想法的人去的，我想看看我的做法和想法是否也是大家的想法，做着做着，我发现需要有一个更明确的定位，我就专门做本土的文化内容，越来越专业也带来了收益，自己能有点额外收入，这对于我来讲是双赢。

业余型用户如5号受访者则是另一种说法：

> 我真不觉得自媒体能挣什么钱，真要做好要搭上很多时间和精力，还没挣到钱就先活不下去了。我想多数人可能是为了自己的信仰一直在坚持写作的吧，反正我是有了灵感和想法就写写，没有就不发，也不是说每天都要发，哪有那么多要说的，另外，我有时也会发视频，都是即兴的，专门的创作应该不是短视频的风格。

随着智媒算法在应用中的不断细分，一次内容生产、多种类型传播已经成为自媒体生产者的共识，大多数自媒体生产者对各类媒介类型都会有所尝试，特别是专业的自媒体人，在图文、短视频、音频等方面都会有相应的内容输出。

第五节　特殊群体：未成年人的新闻信息生产

未成年人在使用移动互联网和社交媒体的人群中占据了较大比重。据统计，2020年我国未成年网民规模已达1.83亿，未成年人的互联网普及率达到94.9%，明显高于同期全国人口70.4%的互联网普及率。互联网在拓展未成年人学习、生活空间的同时，也带来了一些问题，如未成年人安全合理使用网络的意识和能力不强、网上违法和不良信息影响未成年人身心健康、未成年人个人信息被滥采滥用、一些未成年人沉迷网络等，亟待通过立法加以解决。他们在社交媒体生态下积极参与各类社会交往和人际互动，互联网也在不断塑造着他们的行为表达方式。但通过观察当下社交媒体平台中与未成年人有关的内容可以明显发现，除了未成年人的主动参与外，还有不少未成年人以被动的方式参与其中。

结合具体实际，未成年人参与社交媒体平台内容生产的方式主要可分为两种：一是自愿表达，即未成年人利用社交媒体平台主动进行表达、诉求，积极参与网络文化消费生产、传播和再生产过程。作为名副其实的"网生代"，先进的媒介技术已经融入未成年人生活的方方面面，他们使用QQ、微信、知乎、豆瓣、抖音、直播等社交媒体进行即时通信、社会交往、在线学习、休闲娱乐……据中国未成年人互联网运用调查统计，QQ和微信是使用率最高的社交平台，分别为31.5%和52.9%。随后是微博和个人空间。腾讯研究院数据显示，腾讯QQ平台上，月活跃度超5.6亿，35岁以下用户超80%，每天有超过4 000万条"说说"在分享生活,每天在QQ空间产生的互动评论超2亿。① 微博数据中心发布的《2020微博用户发展报告》显示,微博月活用户达到5.11亿,用户群体继续呈现年轻化趋势,其中"90后"(48%)和"00后"(30%)的占比接近80%,女性规模高于男性用户。在生活消费、兴趣关注上,不同年龄段微博用户呈现了明显的代际特征。以参与网络追星为例,大数据时代的到来,让明星够不够红有了可以量化的指标。"打榜"是目前流行的一种声援偶像的方式:为了证明一个明星的热度,粉丝会在微博、微信公众号等推出明星排行榜的平台,为自己支持的明星投票甚至极端刷票,用来提升自己支持明星的排名。"人手必须20个微博号""MV打榜单曲循环3小时""上热评了,速来转赞评",这些乍一看让人满头雾水的指令就是粉丝"打榜"的日常。《半月谈》记者翻阅某个流量明星数据组微博发现,每天包含投票、签到、搜索等打投任务有14项,粉丝在评论内"打卡"完成。

《半月谈》杂志曾对全国2万多名12岁至18岁的中学生开展调查。数据显示,有42.2%的中学生自小学就开始了追星生活,有52%的中学生追星时间在3年以上。此外,六成以上的中学生会选择在评论区声援和"打榜"投票支持自己的偶像。"大粉"的情感动员、社群的裹挟力量,让众多学生粉丝疯狂"打榜"。"其实完成这些任务很枯燥,也很浪费时间,"受访者说,"但有一些大粉会说,你什么都不做,其实不是真的喜欢他。看到别的粉丝这么拼,自己有时候也会有点羞愧,慢慢地我也开始参与一些做数据的活动。"②

二是被动参与,未成年人被动成为他人社交媒体内容生产要素中的一部分,以表演者和被观赏者的形象被推到镜头面前。直播、短视频的火爆,使幼儿和儿童成为消费对象,点燃了一些家长的热情,希

---

① 季为民、沈杰主编:《青少年蓝皮书:中国未成年人互联网运用报告(2020)》,社会科学文献出版社,2020年,第234页。
② 《青少年追星调查:警惕饭圈思维侵蚀主流价值观》,《中小学德育》2020年第7期。

望通过利用未成年人生产短视频内容成为"网红",实现"一夜暴富"的梦想。平台作为发布媒介,在人气流量增加中也可以获益,可以说双方是干柴遇烈火,从生产方到发布方均有鼓励未成年人内容生产的动机。而以抖音平台为例,抖音达人新势力榜、粉丝增量榜以及传播力榜上少不了"萌娃类"的视频账号。@涵宝儿账号曾在近7天时间内增粉数量超过100万。类似这样分享记录孩子日常生活乐趣的短视频十分受欢迎。因此,不少父母受经济利益诱惑,开始拍摄以未成年孩子为主角的短视频,甚至直言不讳让孩子赚钱的企图。这些账号往往都开设了商品橱窗,销售视频中孩子用到的服饰、餐具、食品、玩具、书籍等儿童产品。一些账号还被评为"优质视频创作者"。曾有一对父母为赚钱让孩子开吃播,将3岁女儿体重喂到70多斤。而为了吸引眼球,一陕西家长让一岁多的孩子开车并拍摄短视频。在抖音短视频中,有的未成年人还不会说话,就被大人在镜头前不停地打扮、换装;有的尚在牙牙学语,却已经习惯了吃饭时要始终面对镜头;有的还在学龄前,却能模仿大人口吻流利地讲出网络流行的搞笑段子。无论是否出于自愿,将孩子培养成为网红、获取流量关注是其背后推手的主要目的。而支配未成年人进行相关内容生产的往往是与孩子关系最为亲密的父母。

第四章

智媒时代新闻信息的消费变化与供需矛盾

智媒技术颠覆了传统的新闻生产机制和价值秩序，新闻信息生产和传播的多元化带来信息无限供给的可能，而新闻信息的需求往往是个性化和差异化的，信息过载增加了用户在获取有价值信息时的搜索成本，供需数量都呈几何级增大。与此同时，算法的应用在信息的选择和过滤中发挥越来越大作用，但算法对用户的判断会有技术上的失误和偏差，网络空间个体叙事倾向于以标题党、非理性表达来迎合用户，以占据技术优势，新闻信息的真正价值常常会被忽视，用户被淹没在大量低质新闻信息中，对真实信息、原创信息、优质信息的需求反而难以满足，形成了智媒时代特有的新闻信息供需矛盾。

第一节 智媒时代新闻信息消费的变化

一、新闻信息消费的社交化

智媒技术为用户提供了媒介接近权和传播参与权，在专业媒体走向社会化媒体的过程中，这种媒介权力的赋予与用户的社交能力密切相关，特别是在追求个性化和精准化的传播文化中，新闻话语体系和传播模式正在发生改变。新闻信息不再使用高高在上的训导式口吻，平等对话甚至仰视用户已经成为常态，"去精英化"趋势明显。为迎合互联网受众，新闻信息的消费也呈现明显的社交化倾向，主要表现在以下两个方面。

一是新闻信息获取、传播的社交化。由于社交媒体新闻获取的便携化、个性化、参与化①,受众更愿意通过社交媒体进行新闻信息的消费。据调查显示,截至 2020 年 3 月,我国网络新闻用户规模达 7.31 亿,较 2018 年年底增长 5 598 万,占网民整体的 80.9%;手机网络新闻用户规模达 7.26 亿,较 2018 年年底增长 7 356 万,占手机网民的 81.0%(见图 4-1)。

图 4-1　2015.12—2020.3 手机网络新闻用户规模及使用率

除了新闻信息的获取,受众还热衷于通过社交媒体参与新闻事件的传播和讨论。在曾祥敏、戴锦镕②两位学者整理的 2014—2020 年典型反转新闻事件中(见表 4-1),有 34.2% 是通过网络首发,有 45.7% 是网友爆料,这些事件都曾在各大社交媒体引发过大量转发和热烈讨论。

表 4-1　2014—2020 年典型反转新闻事件

事件序号	事　件	事件序号	事　件
1	河南周口婴儿丢失案	3	成都七中实验学校食品安全问题
2	快递员下跪事件	4	王凤雅事件

---

① 崔波:《社交媒体正在改变新闻传播方式?——美国的混合式新闻传播微议》,《国际新闻界》2011 年第 33 期。
② 曾祥敏、戴锦镕:《新媒体语境下新闻反转、舆论生成机制和治理路径探究——基于 2014—2020 年典型反转新闻事件的定性比较分析(QCA)研究》,《社会科学》2020 年第 7 期。

续 表

事件序号	事 件	事件序号	事 件
5	高考答题卡被调包	22	大妈"碰瓷"玩具车事件
6	德阳女医生自杀	23	雷洋"嫖娼"案
7	重庆公交坠江事件	24	"肾丢失？肾萎缩？"事件
8	快递小哥雨中暴哭	25	山东产妇腹中遗留纱布事件
9	堂姐顶替上大学	26	"罗一笑事件"
10	乐清儿童"失联"	27	80后白发书记
11	南锣书店朴道草堂上演苦情戏	28	抹香香事件
12	深圳四胞胎事件	29	女大学生扶摔倒老人，到底撞了没有？
13	大学生怒踹熊孩子？	30	女子被恶犬咬伤是为救女童？
14	12岁女生被两名老师强奸	31	男子开房就被抓，到底谁是影帝？
15	"格斗孤儿"事件	32	黑龙江庆安火车站暴力袭警事件
16	榆林孕妇坠楼事件	33	成都男子暴打女司机，到底谁先惹了谁？
17	14岁神童签约麻省理工？	34	医生手术室自拍
18	"上海女逃离江西农村"事件	35	双黄连口服液可预防新型冠状病毒
19	哈尔滨天价鱼事件		
20	北京学区房每平方米46万？		
21	中国游客泰国铲虾事件		

二是缺乏对社交媒体信息的判断力。受众通过参与讨论和转发扩大新闻事件的传播范围，推动新闻进行二次传播，大量网友的参与和表达提升了新闻事件的影响力和关注度，可以在一定程度上推动相关事件的政府介入、专业侦查和政策调整的进程。但公众是极易被煽动

的群体,由于缺乏专业背景,在进行新闻事件的消费时以情绪代替事实的倾向尤为明显。较为显著的例子有榆林产妇跳楼事件和红黄蓝幼儿园事件。2017年8月31日20时左右,在陕西榆林市第一医院绥德院区妇产科,一名孕妇从5楼分娩中心坠下,因伤势过重,经医护人员抢救无效身亡。事发后,围绕"究竟是谁拒绝为产妇实施剖腹产",医院和家属各执一词。这一事件在网络上引发了极高关注,"榆林一院"新浪官方微博在9月3日发布的声明,阅读量371万,点赞5066,转发2765条,评论1万多条。其中,批判社会封建思想(占7%)、明确质疑家属(占51%)、明确质疑医护人员工作(占20%)、认为医院和家属的做法均有不当之处(占7%)、关注产妇自身问题(占4%)、为死者默哀(占2%)、对婚姻表示失望(占3%)、无关联评论(占6%)。[①] 而经过后续事件证据的继续披露,公众的舆论又经历了巨大的反转,这样的群体极化表现是由于该事件点燃了大众对于封建思想的怒火以及契合了对提高女性地位的呼吁。在红黄蓝事件中,本来是单个教师的虐童行为,但是造谣者发布的"群体猥亵幼童""喂白色药片""爷爷医生、叔叔医生""老虎团"等消息却遭大量转发,引起群情激愤,在警察公布相关证据、庭审之后舆论才得以平息。

总的来说,为了适配目前移动化、社交化的整体趋势,新闻媒体的新闻生产都在努力提升其社交媒体的扩散能力,公众也越来越倾向于从社交媒体而非传统的媒体渠道获取新闻信息,并乐于在社交媒体对新闻事件进行转发和评论,与微信朋友以及其他弱关联的群体进行事件的讨论,智能媒体更是把社交圈作为信息推送的重要指标,这些都进一步助长了新闻信息消费的社交化。与此同时,我们也要注意,公众参与权的充分运用有利于引发事件的广泛关注和迅速处理,但缺乏媒介素养的用户往往不会花费时间和心思去弄清事实真相,反而在

---

① 张晓鹏:《探析网络舆论反转的发展特点及其影响——以榆林产妇跳楼案为例》,《新闻爱好者》2020年第12期。

情绪化和感性化的表达中带偏节奏。公众参与的热情源于事件中符合其利益诉求的聚焦点，他们的宣泄式发言一定程度上是为了迎合社交环境的需要，在目前越来越复杂的舆论环境下群体极化事件极易发生，成见大于事实、主观大于客观、话语大于真相，往往会导致网络舆论容易偏离理性轨道。

二、新闻信息消费的娱乐化

新闻信息消费的娱乐化表现在两个方面：一是社交媒体过分追逐新闻信息的娱乐化；二是社交媒体中娱乐信息如明星等占据很大流量。

移动终端的普及使人们能更加便捷地获取新闻信息推送，在市场经济的作用下，为了提升平台的点击量、播放量，越来越多的新闻信息更喜欢从明星八卦、名人趣事、生活奇事等角度进行撰写报道。因为娱乐不重视信义、信念、价值等所谓的严肃新闻施与人性上的重负，它提供的是消遣世俗的万众同乐，所具有的娱乐化色彩特性使得新闻信息的构成跳出了传统思维中的固有模式，不要求有深邃的思想内涵、尖锐犀利的笔触、针砭时弊的社会功能，用轻松的形式替代事实意义的深度挖掘，这种属性必然会利于传播者缩短新闻采写、编发等操作时间，以奇制胜。这种更快、更新的报道内容和形式，有利于媒介在竞争中收获更多"眼球"，获得更大的经济效益和社会影响，从而为媒介从业人员整体专业技能的提高提供物质保证，使其具备及时地发现新闻、采写新闻的能力。

因此，当你打开几乎任何一款社交平台的客户端，新闻的娱乐化都会扑面而来，采用各种吸引受众的眼球方式，极大地满足了人们的猎奇心理和娱乐心理。但从新闻内容本身来说，过度娱乐化使其偏离了新闻信息带给人们严肃、正规感的轨道。

以微博平台 2021 年 3 月 20 日 15：00 时的实时热搜榜为例，在

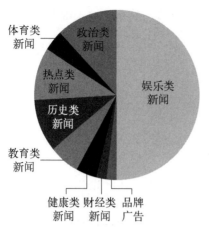

前 50 条热搜榜信息中，综艺、明星、影视剧等相关的娱乐类新闻高达 25 条，占比 50%（见图 4-2）。其中，不乏一些"标题党"信息，例如"女博士给新物种命名派大星""三星堆遗址连拆六个盲盒"等内容，媒体从原本严肃的科学成就、考古发现等硬新闻中挑选娱乐元素进行报道，通过娱乐化的方式呈现，博得了大量曝光与关注。

图 4-2　新浪微博热搜榜类别内容占比情况

即使是传统媒体的社交媒体新闻信息，也在极尽所能地娱乐化。浙江电视台《1818 黄金眼》节目的官方微博"@1818 黄金眼"，以报道社会新闻为主。在报道中，节目采用故事化的方式来采访当事人，风格亲和明快，故事生动有趣，以轻松方式播报新闻，带给人很强的贴近性。2019 年 8 月 29 日，"@1818 黄金眼"对杭州小伙小吴理发花四万元的报道，最后观众的注意力都被小吴酷似电影中搞笑人物的眉毛所吸引，小吴的采访视频被做成恶搞表情包在全网范围内大量传播，而让受众忽略了这是一起严肃的消费者权益受侵害的社会案件。此外，"@梨视频"官方微博对美国总统特朗普的报道也完全体现了内容和标题的泛娱乐化。通过在"@梨视频"官方微博中检索"特朗普"全称，微博中特朗普和其网络代称"川普"大量混用。在这些新闻中，标题中多使用网络用词"怼""skr""大写加粗""又双叒叕"等来增加娱乐性，如《♯川普脱稿演讲放飞自我♯，怼天怼地秒变脱口秀》《大写加粗的尴尬！♯特朗普专机舷梯车出故障♯》《又双叒叕是汉堡！♯特朗普再请橄榄球队吃快餐♯》《川普害 skr 人，肥宅快乐水可口可乐要涨价了！》等带有恶搞性、趣味性的标题；在内容上更加关注特朗普个人日常生活或家人行为，将政治内容以娱乐化方式呈现，如《♯川普儿媳被批不知人间疾苦♯》《川普再度和马克龙"尴尬握手"，还帮他掸头屑》等。

表 4-2　2021 年 3 月 20 日 15 时新浪微博热搜榜娱乐新闻内容

排　名	内　　容	类　别
4	孙俪和邓超聊天多写了个秋字	娱乐新闻
8	三星堆遗址连拆六个盲盒	娱乐新闻
12	林依轮被助理忽悠拍西湖游客照	娱乐新闻
15	白敬亭小号曾用名 别叫他不举铁	娱乐新闻
21	大禹失散多年的宠物	娱乐新闻
22	张馨予舞蹈的参差	娱乐新闻
23	白敬亭男友穿搭风	娱乐新闻
26	顾某沈某违反生活纪律的查处情况	娱乐新闻
28	山河令重新剪辑	娱乐新闻
31	女博士给新物种命名派大星	娱乐新闻
32	利路修 3D 模型	娱乐新闻
40	重生之门开机	娱乐新闻
42	张小斐晒半脸自拍	娱乐新闻
43	阿兰经典语录	娱乐新闻
共计 25 条，占比 50%		

从表 4-2 中可以看到，泛娱乐化的新闻信息更强调新闻的故事性、刺激性，内容倾向于能引起网民关注讨论的话题，具有内容软性化、标题趣味化、语言网络化、报道形式多元化、叙事模式故事化的特点。但当大量泛娱乐化的新闻信息挤占了公共话语空间，会使原本传播主流文化与主流价值观的时空资源被压缩，受众的注意力被牢牢

束缚在娱乐信息上而无暇顾及其他。

《2019年偶像产业及粉丝经济白皮书》数据显示，2020年我国偶像市场总规模预计已达1 000亿元，而社交媒体平台正是明星与粉丝之间互动交流的大本营，也是流量聚集地。例如，以明星经济发家的社交平台——新浪微博，微博账号分为个人号及企业号。据统计，个人号粉丝数排名前20的均为娱乐明星，粉丝数均在7 000万以上，且头部明星粉丝数（前4位）已破亿（见表4-3）。同时，笔者对上海大学学生进行随机问卷调查，调查结果显示，74%的学生提到，他们在使用微博时关注最多的信息内容为明星八卦，其次才是热点新闻。

表4-3 2023明星微博粉丝排行榜

排名	姓名	性别	粉丝数	职业
1	谢娜	女	1.27亿	主持人
2	何炅	男	1.18亿	主持人
3	杨幂	女	1.12亿	演员
4	杨颖	女	1.05亿	演员
5	陈坤	男	9 340.7万	演员
6	赵丽颖	女	9 058.1万	演员
7	易洋千玺	男	8 981.6万	偶像组合成员
8	王源	男	8 471.8万	偶像组合成员
9	姚晨	女	8 384.7万	演员
10	王俊凯	男	8 264.3万	偶像组合成员
11	张杰	男	8 155.3万	歌手、音乐人
12	邓超	男	8 054.3万	演员、导演
13	迪丽热巴	女	7 968.7万	演员

续 表

排名	姓名	性别	粉丝数	职业
14	唐嫣	女	7 680.9 万	演员
15	林心如	女	7 527 万	演员、制作人
16	郭德纲	男	7 312.7 万	相声演员
17	林志颖	男	7 296.9 万	演员、歌手
18	胡歌	男	7 230.6 万	演员
19	陈乔恩	女	7 036.6 万	演员
20	陈赫	男	6 720.6 万	演员

明星自带光环效应，他们在社交平台上发布的信息内容会额外受到粉丝及路人的关注。例如，娱乐明星鹿晗与关晓彤公布恋情当天，微博系统崩坏近1个小时，恋情话题数据创下吉尼斯世界纪录。微博平台还设置了超话社区排行榜，对明星每周产生的影响力做排名，肖战、王一博、蔡徐坤等人均为常年排名在前的明星，仅超话社区影响力就在千万级以上。

明星效应形成了巨大流量入口，他们的粉丝群体如滚雪球般快速增长，流量规模也日益庞大。作为名副其实的KOL（Key Opinion Leader，指关键意见领袖），数据显示，品牌在社交营销过程中用在明星KOL上的费用投入要占到30%—40%左右。

一旦做数据可以做出流量，有了流量又可以快速变现的时候，数据造假几乎就是必然会发生的。央视新闻曾在2019年初，用近7分钟的时间披露了"数据造假，流量作弊"的行业内幕，并以蔡徐坤的"一亿微博转发量"事件为例，点出"人为操纵流量，数据造假"的平台乱象。"一亿微博转发量"原是粉丝对自家爱豆第一支MV支持的献礼。但这份礼物在破了蔡徐坤"轮博"记录的同时，也成为蔡徐坤被点名的导火索。

在粉丝掌握绝对话语权的粉丝经济 4.0 时代,"饭圈"女孩堆砌的流量能把偶像推向神坛,也能让流量泡沫瞬间破灭。由此,明星不再高高在上,频繁下场粉丝群、评论区与粉丝互动成了维持人气的重要手段,微博甚至专门设置了明星空降模块,为明星与粉丝创造互动空间。

但随着饭圈乱象的发酵,国家网信办也出台了相关政策,重点整治诱导未成年人无底线追星、饭圈互撕等价值导向不良的信息和行为。严厉打击诱导未成年人在社交平台、音视频平台的热搜榜、排行榜、推荐位等重点区域应援打榜、刷量控评、大额消费等行为。大力整治明星话题、热门帖文的互动评论环节煽动挑拨青少年粉丝群体对立、互撕谩骂、人肉搜索等行为。严格清查处置"饭圈"职业黑粉、恶意营销等违法违规账号。深入清理宣扬攀比炫富、奢靡享乐等不良价值观的信息。

新闻信息娱乐化现象源于社会公众的娱乐需求,是大众传播时代信息批量生产的结果,以社交平台的传播为载体,以娱乐为主要功能,以消费的刺激为最终目标。在中国语境下,娱乐文化不能仅仅聚焦于娱乐,也不能因刻意迎合公众的需求而提供过度娱乐化的新闻信息。娱乐是大众媒介和信息传播的重要功能,但不是唯一功能。相较于涉及公共事务的政治、经济、社会、民生类信息,娱乐化的信息不是不可以存在,而是应该有一定的尺度和边界。

三、新闻信息消费的碎片化

第十七次全国国民阅读调查结果显示,数字阅读的碎片化特征明显,以阅读新闻、社交和观看视频为主,深度阅读行为的占比偏低。① 碎片化已经成为当代信息社会最重要的传播特征,新闻信息的消费呈现碎

---

① 中国新闻出版研究院全国国民阅读调查课题组:《第十六次全国国民阅读调查主要发现》,《出版发行研究》2019 年第 6 期。

片化的状态。

第一，从新闻信息消费的受众来看，碎片化新闻消费习惯已经形成。移动互联网的使用打破了工作与学习等场景中应该具有的封闭性和专注性，社交媒体模糊了工作、学习、休闲和娱乐之间的界限，受众面对时间被切碎后情境和空间的快速切换，很难保持一个封闭、持续的信息阅读时空。

在此背景下，社交媒体中的新闻信息受众采取了一种"轻重量的社会姿态"。在时间上，利用通勤、工间、饭前、睡前等短暂的空闲时间进行阅读；在场景上，快节奏生活下，地铁站、公交车、排队等候区等碎片化场景是现代人主要的新闻阅读环境；在内容上，抖音短视频、微信公众号、微博短文是社交媒体环境中新闻信息的主要内容形态；从心理状态来看，社交媒体环境中用户的心理状态是轻松无压力的，对于阅读什么、阅读多少时间，均是一种非常惬意自然的行为，随时可以从一则新闻跳跃到另一则新闻，阅读内容呈现跳跃性，出现"阅后即忘"的情况，对系统性内容缺乏接受的耐心，信息接收从线性模式变成非线性的认知拼接和整合。

佐佐木（Sasaki）针对日本的 Twitter 用户进行研究发现，超过三分之一的用户没有查看全部接收到的推文，用户感受信息过载的压力越大，越容易选择忽视所接收到的信息。[①]

以中国的微博为例，首先，微博用户可通过简短的文字和图片发布信息、描述事件，并能随着信息的变动、事件的发展不断"刷微博"，这实际上是将完整的新闻信息不断切割成碎片化的内容。其次，微博受众的弱关联性导致其因身份、受教育程度、喜好与经历的不同而对同一条微博的聚焦点不同，接收更为跳跃式的、分散的信息，并形成多元化的内容。

---

① Sasaki Y., Kawai D. and Kitamura S. "Unfriend or ignore Tweets?: A time series analysis on Japanese Twitter ssers suffering from information overload," *Computers in Human Behavior*, 2016, 64: 914-922.

第二，从新闻信息的生产方来看，追求速度优先，争夺用户注意力。由于新闻信息传播模式从定时传播走向实时传播，新闻信息的生产者为了适应受众接收新闻信息内容的从面到点的转变，不得不改变以往的传播形式，提供宽泛且缺乏深度的碎片化信息。新闻媒体的传播模式便由原本以纸媒为代表的定时刊发走向了实时化传播，改变了传统的传播模式，使新闻的实时性得到了保证，一定程度上提高了传播的效率。

"新闻标题党"和"反转新闻"就是新闻信息消费碎片化的典型产物。在新闻时效性与真实性的鲜明对峙下，新闻媒体省略了深入细致的调查研究，仅仅凭着耸人听闻的标题或图片、视频便急于转发成为一些媒体的选择，给新闻"反转"埋下了伏笔。例如"重庆万州公交坠江事件"中包括《新京报》、澎湃等多家主流媒体被裹挟进"重及时、轻真实"的新闻报道漩涡之中，在未经过认真核查新闻消息来源真实性的情况下，就做出"事故系小车女司机逆行所致""私家车女司机邝某娟已被警方控制"等失实报道。

为迎合新闻信息消费的碎片化，"新闻标题党"以标题为诱饵进行新闻点击率提升的设定模式。其标题往往具有极度夸张的色彩，追求怪异、扭曲、情色设置而罔顾事实。如名人效应：《刺激：特朗普下令打伊朗，飞机都起飞了，为什么又飞回来了？》；制造悬念：《被丈夫推落高崖的妻子，突然昏迷不醒！两人认识两月便结婚》；干货福利：《毕业3年挣到人生第一个100万：写作能力是如何帮我完成3次逆袭的》。自2019年以来，仅仅微信公众号，就封禁处理了高达27 000多个"标题党"以及27 000多个低俗类主体账户；此外，还删除了接近53 000篇低俗帖子和9 200篇"标题党"帖子。①

第三，从传播效果来看，新闻信息消费的碎片化推动表达方式发生了变化，使新闻内容走向浅层化、跳跃化。传统新闻媒体的内容表

---

① 《"起标题"应该是门学问》（2021年7月14日），界面新闻，http：//www. jiemian. com/article/6355762. html，最后浏览日期：2023年7月3日。

达形态都固化为文字、图片、视频的形式，作为一种典型的碎片化传播形式的"短视频"大火，是碎片化对新闻产品形态影响的最好诠释。现代社会人们的生活节奏逐渐加快，只能在工作之余零散的时间获取信息、与人交流，而短视频就是化繁为简，将完整的时间进行碎片化处理。以抖音短视频为例，在"准""新""微""快"上下功夫，在视频新闻上，打造一种短小精悍、鲜活快捷的新闻表达形式。

用户的碎片化接收方式使得自身逐渐被碎片化塑造成浅层的思考，而多领域的杂乱信息也使得原本依赖于用户深度思考的新闻，逐渐走向了浅层化、单向化。学者张志安的调查——《中国调查记者不足 100 人》的结果，在某种程度上正显示了深度报道被碎片化所影响的结果。碎片化的背后是内容和主题的不断跳跃，人们的注意力很难长久地集中在一个主题上，不断有新的内容来冲刷前面的内容，"长江后浪推前浪，浮事新人换旧人"是对当前社交媒体新闻信息的最好写照。一个问题才刚刚发生，又有一个新的问题出现，很多新闻信息浮光掠影，只为呈现，并不关心事件的深层原因，也使用户养成了左顾右盼的心态。消灭一个新闻的最好办法就是再有更大更新的新闻，用户像一群没有头脑的觅食者，被社交媒体新闻毫无目的地带来带去。

第二节　评论成为新闻信息消费新阵地

一、评论在用户意见表达和社交互动中发挥重要作用

智媒时代，由于用户的高度参与，网络评论不再是新闻信息的附属品，它会在解读原文内容的过程中，给原有内容带来新意义，打造

出"第二内容场"。一些评论在众多参与者的点赞分享中，热度甚至远超新闻信息本身。从一些事例中可以看出，网络新闻评论常常在既有新闻信息基础上带来增量信息，促进公众讨论，挖掘潜藏的新闻线索，推动事件进展。近年来，许多社会事件的解决都与网友评论区的公共讨论相关，在江歌案、长生疫苗事件、昆山反杀案等公共事件中，评论区扮演着促进公众讨论、推动事件进程的重要角色。另外，用户的评论也是打击虚假新闻、纠正错误信息的一个方式，它能够帮助新闻信息实现进一步的传播，增强用户联结感，激励更多用户加入消费和再生产队伍。可以说，评论不再仅仅是新闻信息消费的衍生品，而是成为用户自我表达、社交互动和群体认同的重要方式。

智能媒介平台作为聚合新闻平台的代表，其评论区成为用户新闻信息消费反馈和个体表达的主要阵地，评论的表达因其受欢迎程度而被分配相应流量，这也为舆论操纵埋下隐患。以今日头条为例，评论区自由表达和难辨真假的信息爆炸让头条屡屡成为谣言的温床。在突发新闻的传播过程当中，算法推荐技术可以对信息的热度、排序以及传播效果产生重要的影响。2018年，今日头条全网推送了一篇名为《新华社：要多少文件腾讯才肯收手》的文章，文章原标题、机构来源都被篡改，极短时间内获得了几万条评论，并一度登上了微博热搜榜。今日头条凭借自己的话语权力，成功展示了如何裹挟用户进行舆论操纵，使得网络舆论场陷入负面意见的增长与正面意见沉默的乱象中，继而导致网络舆论场混乱失真。[①] 这也从侧面反映了在新闻信息消费中，网民参与评论的热情和积极性。

在Web2.0时代，尽管一些新闻门户网站也开放了评论功能，但这种评论并不依据数据来排序，也不会刺激算法推荐而产生热点话题或聚集效应。对于智能媒介平台来说，其产品设计本身也助推了评论

[①] 孙浩：《权力聚合：今日头条算法推送的反思与规制探析》，《新媒体研究》2019年第5期。

在新闻信息消费和个性化表达的影响力。目前，今日头条、一点资讯等聚合新闻平台均采用了单一的算法热度排序策略，这在信息的公开性上受到平台权力的裹挟，平台用户无法以实时排序查看最新评论，强制性最先接触由平台主导的算法热度排序得到首发评论，引发锚定作用。与新闻网站的评论相比，算法在带动同类观点集聚时更为明显，热门评论常常会像滚雪球一样，被赋予更多的可见性，从而导致越来越多的参与者加入其中。

用户以评论的方式参与新闻信息生产和消费与智能媒介平台评论功能的丰富度也有很大关系。仍然以今日头条为例，每篇新闻下都提供了一个底部互动的固定组件，分别设置为"写评论"文本框与图标"评论""收藏""点赞""转发"，并在评论图标上显示了评论数量。用户点击输入框即可进行评论，在写评论文本框中附有文案"友善是交流的起点"，配置"同时转发""@提及""♯话题"及添加表情符号功能。评论的点赞功能，增加了用户之间的互动，保障了评论的高质性，让高质量回复得到更多曝光。

在产品模式上，其评论区属于多向评论模式，以瀑布流的形式显示。用户评论后，任何人均可回复，可以基于内容评论，也可以基于评论而评论，进行多次互动，呈现强社交形态。今日头条评论排序策略在不同的信息内容孵化周期，根据不同的参数进行相应的策略调整。相关参数包括评论发布时间、评论内容、评论字数、点赞互动数及用户活跃度等，具体见表 4-4。

表 4-4 今日头条评论排序参数

维　　度	参　　数
信息维度	评论字数
	评论发布时间
	评论相关度

续　表

维　度	参　数
用户维度	用户注册时间
	用户活跃度
	用户粉丝数
	用户关注人数
社交维度	点赞数
	被回复数

评论孵化周期分为三种情况，分别是冷启动型新闻、热门型新闻、成熟型新闻。第一类是冷启动型，指新闻图文在发布的 30 分钟至 60 分钟内，评论数小于 10 条时，且无被点赞评论，或被点赞评论数较少。因为相关参数并未被完全展现，其排序策略默认为将被点赞数、评论字数确定为首要指标。单条评论点赞数越高，排序越靠前；点赞数越低，排序越靠后。评论内容字数越多的，排序越靠前，其他评论按照内容字数多少顺次排列。若存在点赞数与评论内容长度相似的多条评论，优先侧重评论内容长度指标，即点赞数相同，将评论内容长度更长的排列在前面。排序的最终结果由点赞数与评论字数的综合表现来决定，发布时间被确定为重要性最低的指标，不被评论排序策略所引用。

第二类是热门型，指新闻图文在发布的 30 分钟至 60 分钟内，评论数大于 10 条，小于 200 条（根据实际情况而定，以达到评论上升速度峰值为准），存在多条被点赞评论。这类可以应用于评论展示策略的指标类型较多，被回复数、点赞数、评论内容长度、用户活跃度、用户关注、粉丝数被作为参考指标。

以 2022 年 2 月热点事件"江苏丰县女子生育八娃"取样，随机抽样符合热门型新闻要求的报道，为"半月谈新媒体"发布《根治极端个案背后的现实之痛,必须刮骨疗毒》,分析其评论参数权重,下表对其展示顺序前 11 条参考指标统计(见表 4-5)。

表 4-5 《根治极端个案背后的现实之痛,必须刮骨疗毒》评论数据

用户 ID	关注数	粉丝数	评论字数	评论字数排名	点赞数	点赞数排名	被回复数	被回复数排名
笑以苟	24	22w	19	4	994	3	16	2
江月何年初照人	436	86	4	11	1 339	1	10	3
DreamWake	2 451	7 904	8	8	888	4	3	6
瀍臧兦兽	1	1.9w	28	2	1 118	2	9	4
夏日飞雪 001	50	96	11	6	742	5	41	1
坚强生活的路人乙	100	34	9	7	380	6	4	5
萌芽春秋	16	0	35	1	142	9	3	6
龙山草民	4 900	1.5w	19	4	77	11	1	9
褚 ccx	95	14	21	3	205	7	0	10
心静如水 A	95	20	5	10	85	10	3	6
Isabellal	35	21	8	8	163	8	0	10

由此,可以大致推测出评论排序的参考指标优先级:评论字数＞被回复数＞点赞数＞用户活跃度/用户关注、粉丝数。

第三类是成熟型,指图文信息刚刚发布 60 分钟以上,评论数大于 100 条且增加速度趋于稳定,被点赞、回复的评论占比很高。同样随机抽样符合成熟型新闻要求的报道,为新华社的《江苏省委省政府调查组发布"丰县生育八孩女子"事件调查处理情况通报》,分析其评论参数权重,下表对其展示顺序前 20 条参考指标进行统计(见表 4-6)。

表 4-6 《"丰县生育八孩女子"事件调查处理情况通报》评论数据

用户 ID	关注数	粉丝数	评论字数	评论字数排名	点赞数	点赞数排名	被回复数	被回复数排名
Mr 孙宁	214	68w	148	1	1w	1	529	1
未知的思想领域	81	72	67	3	2 440	4	53	3
Hello 悦读时光	71	2.5w	80	2	2 274	5	49	5
用车那些事	54	300	49	4	143	20	0	10
搞网络运营的江湖哥	486	4w	25	8	7 576	2	157	2
大同 5139	20	2	32	5	240	17	9	13
幸运 88713	179	50	24	10	430	12	21	7
老吴说国企改革	169	4.7w	9	19	405	13	13	18
mmj139480329	226	17	10	18	608	10	24	6
红 hong 枫叶	573	11	27	7	164	19	4	17
若水两难	110	43	17	13	1 443	7	18	8
花花是寶猫	86	51	23	11	1 365	8	16	9
梨花黛雨 156	503	600	12	17	495	11	5	15
哈哈宝贝的外公	1 091	105	16	15	263	16	10	12
律师论法	889	1 277	17	13	267	15	11	11
雷珍鸿	19	80	15	16	212	18	5	15
环保小卫士 DF	23	9	30	6	1 731	6	6	14
张晓磊	65	130	8	20	4 497	3	52	4
薰微之恋	83	943	23	11	296	14	1	19
海哥的月亮湾	58	58	25	8	833	9	14	10

被回复数、点赞数、评论字数、用户活跃度/用户关注、粉丝

数都将被作为参考指标。评论排序策略可应用的数据指标更加丰富。并且通过上文表格可以看出，其排列的随机性较强，在评论区加入算法的技术变量，利用评论分词处理后，与文章标签做比对，算法筛选出用户更想看到的评论内容，根据评论得到的"赞"的个数以及评论者和阅读用户的相似程度，给评论赋予不同的排序权重。

从这些例子可以看出，今日头条评论排序不涉及单一评论发布时间展示顺序，更加侧重社交维度和用户维度。在社交维度上，用户评论时间、点赞数、被回复数甚至用户等级，将这些信息配以不同权重，最后换算出"热度"数据，并以此作为主要排序依据，因为这样的评论能够激发话题，启动用户之间的互动。在用户维度上，将用户活跃度高、关注量低且粉丝量少的用户评论排序在前面，抓住易流失用户，以隐形提升用户的忠诚度和体验感。这种强调社交和用户行为的技术设计，满足了用户自我表达和自我认同的需求，同时也使评论成为用户新闻信息消费反馈数据采集的宝藏。

二、评论成为发现、引导、组织和控制舆论的重要手段

智媒时代，用户在新闻信息消费时留下的评论不仅是就事论事，还会引申阐发至相关事件和其他领域，特别是对于视频内容的消费，激起用户内心情感时，既有了解他人感想的好奇心，又有希望获得共鸣和认同的强烈愿望，评论内容便成为公众舆论表达和了解舆情的重要渠道。很多新闻评论内容具有表态、引导、深化、监督的作用，与新闻信息相比，评论更加直接作用于公众"怎么想"。在这种情况下，较早提出代表性观点，能引发共鸣的评论就会在算法加持下对用户理解新闻信息起到锚定作用，李良荣、于帆则通过对新闻评论的量化分析提出了"舆论的前10定律"，认为前10评论的关注点、分歧度将影响之后至少100条评论，将其看作沉默的

螺旋的现象反应。①

由于参与新闻评论的用户质量参差不齐，对新闻信息的看法和立场也各不相同，一些奇谈怪论、激烈极端的言论在评论区受到追捧，会导致算法排序时将这些内容放在前面，使评论区的意见气候和情感表达出现故障。周葆华、钟媛就李文亮微博取样进行计算传播分析，提出新闻评论区成为"延展性情感空间"的观点。②郝敏以"全面二胎"事件为例，对网络讨论中的情绪表达展开研究，发现网民情绪呈现负向、低唤醒度的特征。③盛兴、郝永华就指出，网络跟帖中存在评论与新闻本末倒置的现象，因而造成"歪楼""二楼定律"等现象，且评论质量一般。④张梅贞、李珊珊对新浪新闻平台的热门新闻事件的网民跟帖评论展开实证研究，论证公共领域与公民表达理性程度，结果表明其理性表达较少，情绪表达较多。⑤李洁发现，网民评论对严肃新闻起到了一定消解作用，需要多加防范。⑥黄河、康宁基于"江歌案"的网民评论文本展开内容分析，发现其讨论存在明显的群体极化现象，评论者互相传染、彼此暗示，评论区极端态度扩散与固化。⑦

因此，在发挥积极作用的同时，也必须看到评论信息在消费和再生产中的负面影响，个体的意见在短时间里"发酵"成群体意见，而"钓鱼帖"和"挑衅者"经常会污染评论区的对话，围绕"评论区"

---

① 李良荣、于帆：《网络舆论中的"前10效应"——对网络舆论成因的一种解读》，《新闻记者》2013年第2期。
② 周葆华、钟媛：《"春天的花开秋天的风"：社交媒体、集体悼念与延展性情感空间——以李文亮微博评论（2020—2021）为例的计算传播分析》，《国际新闻界》2021年第43期。
③ 参见郝敏：《公共政策网络讨论中的议题指向和情绪表达——基于"全面二孩"政策微博评论的语义分析》，华中师范大学硕士学位论文，2018年。
④ 盛兴、郝永华：《论跟帖在网络新闻专题中的功能、问题及对策》，《东南传播》2012年第11期。
⑤ 张梅贞、李珊珊：《公共领域与公民的网络理性表达分析——基于新浪新闻网民跟帖评论的实证研究》，《新闻知识》2014年第10期。
⑥ 李洁：《论互联网在中国社会公共领域形成中的作用》，《今传媒》2011年第8期。
⑦ 黄河、康宁：《移动互联网环境下群体极化的特征和生发机制——基于"江歌案"移动端媒体文本和网民评论的内容分析》，《国际新闻界》2019年第41期。

而产生的各种博弈也日益凸显,乱象横生。

第一层乱象体现在个体心理定势导致的网民评论与新闻文本的偏差。网络新闻平台自由开放的特点吸引着网民的参与,但是从网民视角发出的评论往往带有"弱者"视角,强烈主观性的评论甚至会背离话题的初衷。2020年12月17日,凤凰网的报道《网上卖SCI论文百余篇枪手店主称论文买卖"不违法"》引发关注,而与新闻文本所揭露的灰色产业着重点不同,网民在评论区倾向于论文写手,将其行为归类于知识变现,认为记者抓住弱势群体开涮,部分网民甚至还发表了对记者的讽刺性言论,出现态度偏差。

第二层乱象体现在网民表达的情绪化引发的群体理性失衡。当"私人话题""谈话议题"演变为社会公共话题,个体行为汇集为社会性行为,利用网络的隐蔽性与虚拟性肆意发表缺乏理性言论,逐步发展为无节制的"口无遮拦"和"畅所欲言"的情绪宣泄。正如詹姆斯·斯通(James Stone)的群体极化理论所言:如果最初群体中个体情绪比较保守,经过群体的讨论后,决策就会保持,甚至更加保守;而如果个体情绪缺乏理性,那么所衍生出的群体决策就会趋于激进,即群体极化现象。

第三层乱象体现在全民娱乐化而消解严肃新闻。2022年2月12日晚,沈阳一辆公交车发生爆炸,导致人员伤亡,这类突发新闻引发了网络热议,随后沈阳公安发布警情通报。但是由于针对该事件的网民讨论受到了同期类似题材热门电视剧《开端》的影响,使得对于该严肃事件脱离了对爆炸原因、伤亡情况及救援措施的关注,而将其解读为"现实版《开端》""模仿犯罪"的娱乐化调侃,丢失了对于生命的基本尊重与敬畏。

因此,需要高度重视评论的舆论引导作用,从多个方面入手,创新技术管理手段,引导用户合理表达,使评论在舆论引导中发挥正面作用。就平台生态维护角度而言,评论区的内容生态维护依赖删帖与噱头评论难以维系,如郑州暴雨的报道:在看到相关评论可能会产生负面影响时，平台开始大量删帖，尽管大量负面言论被平台删除，而评论区整体的消极情绪仍高涨，并引发了更激烈的反抗，消极评论占比不断上升。因此，智能媒介平台要创新技术管理方式，科学管控，从根源约束用户，推动各平台的评论实名化，将网上言论置于可控范围内。在平台评论的规则制定上，可在发表评论前设置门槛，如"回答问题，表达态度"等，让发帖者付出成本；发表评论后，支持评论被"举报"，多次举报的内容，其发布人被提交至"网络社区法庭"，由管理员团队组成的审判团裁决是否封禁该用户。可借鉴国外的做法。Twitter 两位联合创始人伊万·威廉姆斯（Evan Williams）和比兹·斯通（Biz Stone）成立的"创业实验室"旗下的博客网站 Medium 制定了"好友注释"与"按段评论"的平台规则，落实了"集众人之智提高内容质量"的想法。① 珊瑚计划开发的开源评论系统 Talk，可以在每篇文章评论区的顶部设立一个开放性的提示，来引导有意义的讨论和切合话题的对话，给不当言论添加上下文语境、"自动排毒"屏蔽敏感词或对可疑性词语提示修改，来促进评论区的"健康成长"。

算法推荐主导下的新闻评论，由技术黑箱强制性介入价值判断，算法赋予评论排序的指标意义，过滤泡②不可见地控制信息的呈现，对评论内容呈现、新闻推送都是在用户并不知情的情况下经由算法选择得出的结果，使得评论影响强度受制于算法规则。因此，提高算法的透明度，警惕算法对评论区言论的操纵迫在眉睫。"算法推荐"内在的价值观及外在的分词体系是真正影响舆论生态的钥匙，对于"算法黑箱"的不公开、不透明等问题，有关部门需要跨界联动配合，推动指导构建能够反映主流意识、体现正能量的分词体系。2021 年 9 月，由九部委印发的《关于加强互联网信息服务算法综合治理的指导

---

① 申琰：《将网络评论引向更具建设性的方向——浅谈〈纽约时报〉等国外媒体管理利用读者评论资源》，《军事记者》2014 年第 8 期。
② ［美］伊莱·帕里泽：《过滤泡：互联网对我们的隐秘操纵》，方师师、杨媛译，中国人民大学出版社，2020 年，第 27 页。

意见》，从顶层指导上明确提出防范算法滥用风险，维护网络空间传播秩序，防范算法滥用带来意识形态和社会管理等方面的风险隐患，防止利用算法干扰社会舆论等行为，由上至下对算法影响舆论提出管控。

在技术革新开发上，除了依靠媒体自律来保障"算法推荐"之外，还需要建立智慧算法机制，从底层技术来管控算法价值观，将用户意见纳入个性化算法体系中。平台不光需要考虑个性化推送是否能够精准匹配到用户，还需要考虑到用户意见是否能够起到引领作用并形成正向的群体性意见，[①] 扩展公众意见为新的兴趣点，控制由个体意见形成的群体性舆论，利用算法更好地引导、服务于正确的舆论导向。

第三节 智媒时代新闻信息的供需矛盾

一、有效需求未能满足，受众信息搜寻成本剧增

多元化的新闻信息供给主体带来新闻信息供给量的指数式增长，但这却并没能够有效缓解受众的"信息饥渴"，满足其信息需求，反而为受众获取有价值的信息带来更多障碍，增加了信息获取成本。大量新闻信息供给主体的涌入和信息的多渠道重复分发造成了信息爆炸，信息的无限扩张远远超过了个人的信息接受能力。同时，由于信息渠道的有限性造成信息的零和博弈，大量重复、无效的信息干扰着受众的信息接收，造成信息时代下的信息获知悖论。有效信息未能抵达受众，未满足受众之需要，是新闻信息市场中信息资源分配低效率的体现。

供需矛盾的突出还体现在低质量的新闻信息供给难以满足受众的

[①] 陈品羽：《个性化推送对公众意见形成的影响研究——以网易新闻客户端为例》，天津体育学院硕士学位论文，2021年，第42页。

高质量信息需求。新闻信息供给门槛降低造成了大量的低质信息占据公共资源，受众在面对蜂拥而至的新闻信息时存在更多信息不对称的陷阱，虚假新闻、谣言旧闻、标题党等问题常常让受众陷于难以获取真实有用信息的泥潭中，在大量吸引眼球、哗众取宠的新闻信息中迷失自我，在反复搜索寻找中浪费时间精力。根据艾瑞咨询相关报告，新闻资讯用户对当前的新闻质量普遍感到不满（见图4-3）。

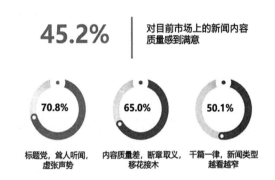

图4-3　用户对当前新闻内容的满意度及原因

来源：艾瑞咨询《2020年中国原创新闻创新案例研究报告》

二、高质量信息供给不足，低质量信息供给过度

新闻信息从事实中而来，需要进行二次加工从而形成新闻，原创性是新闻信息的内在要求。而真正有价值的原创新闻信息需要在人力、物力方面有较大的投入，像《新京报》的"我们视频"原创团队在三年内的投入超过上亿元，可见大规模的资金支持是生产原创新闻内容的基础保障。① 然而，庞大的资金投入不一定能够得到相应的报

---

① 《为什么会有越来越多传统媒体成了短视频"搬运工"？》（2020年11月11日），微信公众号"全媒派"，https://mp.weixin.qq.com/s/l3UzTUEOjtFcRW5IrDEGFw，最后浏览日期：2023年4月18日。

酬。一方面，由于新闻信息市场上存在着供给者和消费者两方信息不对称问题和新闻信息产品的普遍免费策略，原创新闻产品的价值容易被消费者所低估，也就难以被消费者所选择，从而在一定程度上使得原创信息供给者的积极性减弱，对于市场需求的感知迫使原创者必须承受市场不确定性带来的风险。另一方面，原创新闻信息极易被洗稿者所利用。在社交媒体上，有很多账号会专门选择优质的原创内容，对其进行所谓的技术处理——洗稿，通过改头换面的方式将其据为己有，在没有生产成本的前提下，只需要推广传播便很快成为"10w+"的爆款文章，获得了比原创者更高的收益，原创者出力不讨好，反而滋养了大量的新闻寄生虫。洗稿是否涉嫌剽窃取决于"洗"的技术尺度，把原创稿件洗至恰好不违法的地步，将对原创新闻信息的供给形成严重的负面影响。事实上，即使是平台真的发现了洗稿者，洗稿或抄袭所付出的成本也是极低的，这也推动洗稿行为层出不穷，导致新闻信息供给利益的混乱。2020 年 10 月份，四川大学学生新闻公众号"常识"指出自媒体"赫兹实验室"发布的《成都MC 浴室调查实录：约炮与猎奇，艾滋与群交，快感与人性》大量使用了"常识"在 18 年发布的《成都同志浴室：自由与自由的背面》内容，体现了如今原创者不仅需要时刻提防被抄袭，还要花费大量成本来反击，维权的公平性并非在法律而是在舆论中才有所体现，但抄袭者早已攫取了流量利益，并在大量"围观"中又博到了眼球。

除了洗稿，有的用户干脆利用人们对热点事件的情绪，迎合用户想法伪造虚假新闻信息，为获得流量完全没有底线。2022 年 4 月 19 日晚，抖音官方辟谣账号"抖音辟谣"发布视频，澄清近日在网络上疯传的"国足 0—12 输给马来西亚"为虚假讯息。同时，在今日头条的平台上，两大参与制作并传播相关内容的自媒体账号"胖周聊球""毛罗"遭到了封号处理。对于关注中国足球的球迷而言，这样极具煽动性的标题其实很容易辨别真伪。目前，国足并未参与任何赛事，而 0—12 的夸张性比分则是将广州队与泰山队两场亚冠小组赛的结果相加而得，不过，他们的对手一支是韩国球队，一支为马来西亚球队，与国字号球队并不沾边。但是，在鱼龙混杂的网络平台中，长期以来，这样的内容却不乏市场。据统计，以上两个头条号粉丝总量超过 100 万，在模式化的操作手法下，他们的内容经常获得较高的播放量。对此，记者采访了知情的自媒体从业者小路（化姓），他表示，遭到封禁的两人曾共同加盟同一 MCN 机构，平台封号的措施也给其他自媒体创作者敲响了警钟。

三、算法分发加剧新闻信息供给的"劣币驱逐良币"

多主体的新闻供给将传统的新闻生产拉下"神坛"，但开放式新闻生产带来了信息精准推送的难题，算法由此崛起。在算法推送的加持下，"渠道为王、技术为王"加剧了新闻信息的"劣币驱逐良币"问题，一大批新闻信息分发平台崛起并占据大量用户。根据艾媒 2019 年第一季度中国手机新闻客户端月活情况调查来看，月活量破亿量级和达到千万量级别的大都是仅仅进行信息分发的平台，如今日头条、新浪新闻、天天快报等（见图 4-4）。在新闻信息市场上，平台掌握着信息流通的主导权，但平台忽略了新闻信息的质量和新闻产品所具有的外部性，为吸引用户的注意力，单纯从利益最大化的角度来进行信息分发，导致有价值的好新闻越来越少，无意义的新闻信息却占据市场。

在智能化推荐的短视频传播平台中，一些用户为了吸引眼球常常采用极端的手法，以低贱恶俗的方式获取流量，甚至成为一些自媒体成功的宝典。2021 年 9 月 16 日，平台发布了《打击低俗和不良价值观内容和账号的公告》，对主播铁山靠进行封禁。抖音官方微博在平台直播期间，该主播长期存在以地方方言骂人吸引流量、以低俗内容恶意博眼球等行为，严重违反了平台公约，并漠视提醒和警告，屡次违反，因违反平台规定受到直播中断及以上处罚 102 次。与此同时，该主播的粉丝群体存在互踩互撕、控评等畸形"饭圈文化"现象,对网络生态环境造成了极大不良影响。据其此前在直播中自述,他幼年出生在农村家庭,此前曾在工厂里上班,也做过一些小买卖。后来接触直播后,在快手进行直播。铁山靠转战抖音后,他以家乡话作为自己的直播风格,开始了自己的视频创作、直播PK之路。2021年7月20日,抖音用户"导演郝平"发声,力斥铁山靠辱骂他人的行为,并表示这种行为是违法的,其形成的广泛的社会影响也是一种违法的行为。但在郝平发布视频后,一众铁山靠粉丝涌入其视频评论道:"我是嫩爹,你报警去吧。"在被斥责的同时,铁山靠并没有给出回应,而是转变了自己的视频风格。他开始发布与家乡助农相关的内容,希望以此来冲淡网络上的传言。但在8月28日凌晨,铁山靠在直播中表示,自己需要停播一段时间带老婆去治病。有网传消息称,铁山靠此举是因为低俗内容遭到了平台封杀。①

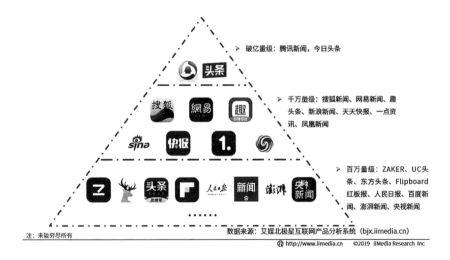

图 4-4　2019Q1 中国手机新闻客户端月活情况

来源:艾媒报告中心.艾媒报告｜2019Q1 中国手机新闻客户端市场监测报告

---

① 《网红、大 V,永久封禁!》(2021 年 9 月 19 日),澎湃,https://m.thepaper.cn/baijiahao_14581676,最后浏览日期:2023 年 4 月 18 日。

随着新闻信息市场的垂直化发展,头部博主占据了各个垂直领域的大部分流量,享受着流量红利,中部和尾部自媒体博主鲜有人问津。但拥有超级流量的头部博主的生产力是有限的,其难以进行有质量的稳定输出,而有质量的内容由于缺乏渠道却难以进入市场,导致垂直领域内的信息供给呈现普遍低质情况。此外,在智能媒体环境下,算法成为新闻信息的主要把关人和分发者。技术水平往往决定着哪些方面能够进入市场,哪些方面不能进入市场。然而,当下的算法技术过分依赖关键词的检索和提取,未能准确洞察并依据新闻信息内容的价值进行内容分发。机械的关键词匹配被"标题党"投机取巧,大量低质的新闻信息充斥着市场。并且在算法主导下,内容生产者往往会基于对算法的感知来调整内容生产。① 渠道支配着内容,改写了新闻信息供给的逻辑,过度迎合有缺陷的算法,加剧新闻信息市场中的"劣币驱逐良币"现象。

---

① 师文、陈昌凤:《驯化、人机传播与算法善用:2019 年智能媒体研究》,《新闻界》2020 年第 1 期。

第五章

智媒时代新闻信息供给失灵的表现

智媒时代新闻信息的供给失灵是市场失灵的一种表现，市场失灵最早是经济学里的概念，指的是仅依靠市场机制本身的作用，不能实现合理有效的资源配置。后来随着新闻领域的市场化，市场失灵被引入新闻信息行业。学者潘祥辉认为，新闻信息市场的失灵是"传播失灵"，其概念是指在信息传播中出现了信息扭曲或偏离真相的非理想状态，进而使信息资源配置无效化的状况。① 在新闻信息市场失灵主要表现的问题上，不同学者从不同视角作出了分析。王静以西方新闻界的"观点市场"为考察视角出发，认为观点市场失灵主要表现为：市场竞争不充分，服从利益原则以及外部性严重。② 潘祥辉通过研究2015年中国股灾事件中的媒体证券报道，指出传统媒体在新闻报道中的传播失灵表现为选择性报道、报道失实严重、助推谣言散播。③ 单翔、苏瑞娜指出在出版传媒业领域中，由于企业以商业利润为优先考虑，造成了公共物品供给的难题。④ 张治中以法律为考察视角、以负外部性为主展开讨论，指出网络思想市场失灵的主要表现为言论自由权的扩张对其他法益的侵犯。⑤ 总的来说，对于新闻信息的市场失灵表现充分说明，对新闻信息传播的研究脱离了单纯从新闻专业主义和新闻伦理法规的视角，显示了经济学视角下的新认识。然而，这些研究多是针对传统媒体，有的是讲传统媒体的出版业，有的是讲传统媒体的报纸，缺乏移动互联网时代的传播背景，特别是对社交媒体及

---

① 潘祥辉：《论传播失灵、政府失灵及市场失灵的三角关系——一种信息经济学的考察视角》，《现代传播》（中国传媒大学学报）2012年第34期。
② 王静：《"观点市场"市场失灵探析》，载《新闻学论集》，光明日报出版社，2011年，第176—187页。
③ 潘祥辉：《互联网时代证券报道的传播失灵与媒体责任浅析》，《传媒评论》2015年第8期。
④ 单翔、苏瑞娜：《企业家精神的纠偏效应：出版传媒业市场失灵新解》，《中国出版》2017年第17期。
⑤ 张治中：《网络思想市场的失灵与法律规制》，《当代传播》2017年第2期。

智能技术介入传播以后，新闻信息市场失灵有何新表现或新变化的研究还比较匮乏。因此，需要结合智能媒体环境的特点进一步考察新闻信息市场失灵的主要表现。

第一节　公共物品属性减弱

大多数传媒产品具有公共物品的特点，传媒产品的公共性决定了单单由市场来实现该产品的合理供给是不太现实的。任何一个生产者如果按照利润最大化进行内容生产时，都是以经济效益为主的，经济效益只瞄准市场需求，除非社会效益能够与经济效益相统一，否则很难会有企业或个人专门为社会效益而生产内容。事实上，社会效益和经济效益相统一并不容易，于是，很多对社会有利但并不具备商业利益的内容生产，就会被社交媒体生产者所忽略。

中国传媒产业经历了市场化的转型和改制后，新闻信息产品通常既具有私人物品的一些特性，如商业性、效益性等，同时又呈现了很明显的公共物品属性，如注重公共价值、共享性、正外部性等。因此，有学者认为，新闻信息产品应该属于一种介于纯公共物品和私人物品之间的"准公共物品"的范畴。[①] 然而，由于新闻信息会影响到人的意识和认知，具有精神产品的特点，如果过分强调市场机制的作用，必然会导致商业利益至上，新闻信息将会呈现私人物品属性膨胀、公共物品属性萎缩的现象。移动互联网时代，通过社交媒体生产和传播新闻信息，如果缺乏必要的规制，新闻信息就会被当成牟利的工具，其公共物品属性会大大萎缩。

互联网的发展，给媒介带来了新一轮的革新，人们进入了"万物皆媒"的时代。对于新闻来说，传统的生产运作模式被打破，多种媒

---

① 马锋：《新闻即"公共物品"——一种经济视域的分析路径》，《国际新闻界》2006年第8期。

介形态的产生伴随而来的是供给方的多元化。新闻信息的提供不再是传统媒体以"一对多"的模式传播，而是形成了"多对多"的"去中心化"的信息传播现状。大量的新闻信息供应方的加入使得新闻信息呈现海量式增长，其中由于专业性等限制，新闻信息市场上出现不少滥竽充数的新闻抑或只能称之为消息的内容。这种情况尤其体现在自媒体兴起阶段，层出不穷的自媒体出现，但在经营一段时间后发现并没有多少粉丝关注自己的账号，缺乏忠实的用户受众，一方面是因为其优质内容生产能力不足，对受众的把握不到位，难以形成多数受众关心的热点话题。另一方面，社交媒体账号主体的生产动机形形色色，且大多关注和自己相关的利益，这就导致了对新闻信息公共性的忽略。即使是有了一定用户基础的社交媒体账号，为了赢得市场竞争、获取利益，在新闻信息生产中会用夸大的标题和内容来博人眼球，赚取点击量而罔顾新闻职业伦理和社会道德，故意制造噱头、哗众取宠，为经济效益而牺牲社会效益，吃"人血馒头"的现象在市场内屡屡出现。有的自媒体甚至遭到全社会的抵制和批评，如"二更食堂""咪蒙"等社交媒体账号，最终都被永久封禁。在利益的裹挟下，新闻信息公共性减弱，劣质新闻的横行是新闻信息市场供给失灵的主要表现之一。而这种获得高点击率的低质量新闻通过平台算法的无分辨推送，进一步发酵，恶化新闻信息市场供给生态。

在互联网时代，尤其是进入移动互联网以来，新闻生产、分发的流程都有了极大的变革，过去的专业媒体生产向社会化生产快速转变。以"公民记者"为代表的 UGC 模式的出现让新闻生产主体变得更加多元化，但社交媒体平台的内容却没有因此呈现百花齐放的景象，反而受困于新闻信息同质化的问题。大多数自媒体为了争取流量，都在追蹭热点，鲜有人认真思考新闻信息到底应该服务于谁，应该生产什么样的内容。把新闻信息当成商品，就会把社交媒体平台和媒体人异化为商人，忽视新闻信息对全社会的公共利益；而过分关注新闻信息对生产者和传播者的私人利益，新闻信息市场在社交媒体环境下更容易被平台背后的技术和资本所控制，造成市场失灵现象。

以当前流行的新闻信息算法推荐为例，各个社交媒体平台的新闻信息如果没有外力的影响，算法推荐是从社会的福祉角度出发，以公共利益为首选目标；还是从企业盈利的角度出发，首选追求更大的商业利益呢？答案是显而易见的。一条新闻信息能否到达受众面前不再取决于新闻本身的质量和市场的需求，而取决于平台背后的算法逻辑。这样的分发机制必然会导致生产者在生产新闻时有意识地迎合算法的逻辑来获取更多的流量推荐，使得网络新闻信息市场进一步充斥着同类型、同趣味的内容，造成爆款文章的同质化，追逐明星琐碎小事，以低俗为亮点，通过标题党的方式蹭热点，甚至通过技术的方式洗稿制造伪原创。相反，算法无法考量的公共价值、社会效益、主题创新等则备受冷落，这种分发环境也挤压了其他类型新闻的空间，对新闻信息多样化形成严峻挑战。而受众看上去可以在网络的信息海洋中选择性地接受自己想要的新闻信息，但实际上也只能在算法技术过滤后的有限信息中进行选择。当然，技术的背后还是资本力量的控制，移动互联网结合大数据、云计算、人工智能等新兴技术构成了新媒体的发展奇观，平台背后的资本方借助新兴技术的虚拟性和不易察觉等特性，更加肆无忌惮地控制着新闻信息市场。公众有权获知企业的相关新闻，并对企业进行监督，但网络平台背后的资本为了自身利益常利用技术的便利，对新闻进行"技术审查"。如在"蒋凡事件"中，阿里巴巴的高层蒋凡由于利益输送和出轨等丑闻登上了微博热搜，其公司的股价受其影响下降。然而，由于阿里巴巴是新浪公司的第二大股东，有关"蒋凡"的热搜和评论很快就被删除，消失在公众面前。由此可见，在互联网时代，相较于受众，新闻企业机构对资本更加忠诚，因而有意地忽视部分受众的新闻信息需求。再加之算法等技术的影响，久而久之，受众得到的新闻信息会和自身真正需要的信息渐行渐远，极大地削弱新闻产品的公共价值属性。

社交媒体发展如火如荼，这些多由知识分子和普通公民组成的新闻信息供给者，本该最具公共性，但从腾讯、今日头条、百度等平台不断出台治理自媒体乱象的规定就不难看出，大大小小的自媒体账号，为了迎合算法争取流量，在标题设置、图片及视频的选择以及文字的措辞上大动脑筋。这种激烈的竞争出现了所谓的标题党、段子手等叫法，更为严重的是，一些自媒体不仅在形式上走极端，而且在内容选择上也常常剑走偏锋，将娱乐化、低俗化、极端化当成吸引眼球的法宝，甚至侵犯用户隐私，一切东西都敢恶炒恶搞，丧失了媒体应有的操守，把影响大众思想观念的传媒商品当成攫取商业利益的一般商品。为什么在市场的作用下，传媒业常常会罔顾公益内容，而过分追求商业利益呢？传媒业所谓的"公共利益至上"如何实现呢？

适度的娱乐化可以增强内容的趣味性和传播力，但过度的娱乐化往往意味着导向的缺失，尤其是对于严肃重大题材内容的娱乐化，会使人失去信仰，丧失民族的精神。近年来，综艺节目娱乐化已经引起了全社会的重视，以娱乐民众为己任，以争取更多广告收入为目标，成了一些传媒企业津津乐道的经营之道。这种过分重视商业信息生产，忽视公益内容生产的机制，也是市场失灵的表现，对于这种问题的处理，仅仅依靠一纸禁令，是很难起效的。防止过度娱乐化，需要的不仅仅是硬性的规定，更需要对传媒企业的经济利润进行市场调节，在超出正常经济利润的市场面前，总会有企业铤而走险、前赴后继，必须佐以经济手段进行调控，使过度娱乐化的内容生产成本上升，无法获得更多的经济利润，才能从根本上遏止资本追逐过度娱乐的冲动。

社交媒体因其社交属性，在新闻信息生产和消费的娱乐化、碎片化中，也无形地消解着新闻信息产品的公共属性。在社交媒体传播为主的时代，一切公众话语都逐渐以娱乐化的方式出现，并成为一种文化精神，使人难以辨别到底是新闻还是娱乐，新闻所谓的公共价值也就由此被消解。[①] 随着市场经济的深入，网络新闻媒体的市场化经营

---

① 殷乐：《新闻和娱乐之间：概念群的出现及变迁》，《新闻与传播研究》2017年第24期。

模式逐渐成长，其中以流量吸引广告变现一直以来都是各大平台的最主要经济来源。这种经营模式容易导致"受众中心论"的形成。社交媒体账号作为平台的寄生物，在新闻信息的生产中无可避免地会受到平台规则的影响，通过技术中介堂而皇之地去迎合受众的喜好，把技术反馈的受众数据当成圣旨，以技术神话的方式抛弃了引导舆论、明辨是非、成风化人的新闻职责，导致新闻信息的娱乐化和低俗化。

随着智媒技术的应用，社交媒体新闻信息与娱乐的界限愈发模糊，不仅社会、民生、生活等领域的新闻呈现娱乐化，政治、经济、灾难等严肃性的新闻也出现了娱乐化现象。如标题党横行，即使是新华社、《人民日报》等中央级媒体的网络平台账号也逃脱不了，时常采取"这项工作必须做！""这个视频被疯传"来吸引受众注意力，获取点击量。同时，作为内容生产主体之一的年轻人将吐槽文化、鬼畜文化等亚文化表达方式引入新闻信息生产中。虽然这在一定程度上消解了传统权威，对社会问题起到讽刺的作用，但过度的戏谑和反讽通常会导致信息娱乐化，瓦解了问题本应具有的严肃性，让人们沉溺于信息带来的快感，忘记了问题本身，极大削弱或丧失了新闻产品的公共物品属性。2020年初，《人民日报》点名批评的"马保国闹剧"就是由过度娱乐化造成的乱象。起初用户通过创作视频对马保国跳梁小丑的行为进行讽刺，表达对这种不良现象的批判。然而，随着网民不断的二次创作，原来的批判讽刺逐渐走向一场娱乐狂欢，价值观被瓦解，道德感被稀释，甚至有些商业机构把此类内容当成炒作良机来牟利。

哈贝马斯（Habermas）认为，公众可以在公共领域对公共权威及其政策和其他共同关心的问题作出批判，从而维护公众的总体利益和公共福祉。互联网的出现为人们提供了一个可能成为"公共领域"的平台，人们在这里可以对关注的公共事务作公开的陈述和讨论，正如民众对微博最初的期待——"围观改变中国"。然而，现在的社交媒体在娱乐化的道路上逐渐偏离了公共性，微博热搜大多都是名人花边新闻，整个市场充斥着娱乐化、浅薄化的信息，社交媒体成为民众娱乐、商家追求利益的场所，新闻信息的公共价值被抛诸脑后。可以说，公共价值的减弱和公共物品属性的萎缩是新闻信息供给失灵的重要表现之一。

第二节 外部性问题突出

李普曼（Lippmann）在分析受众对于现实环境认知时，提出了拟态环境的环境化，就是说受众把自己从媒介传播中认知到的环境当成了真实的环境。比如，一个经常观看血腥暴力内容的人，会觉得这个社会非常残暴，从而会感到不安全，甚至会有暴力倾向。传播学的研究也证实了此类问题的存在。青少年的模仿常常会让人难以预料，特别是近些年穿越题材影视剧的流行，导致不断有儿童因为模仿电视剧穿越而身亡的新闻见诸报端。传媒企业作为影响人们思想和精神状态的内容生产商，好的内容和坏的内容不仅会影响阅读观看者，而且会因为阅读观看该内容而把这种影响扩散出去，这就带来了外部性。

外部性指的是这样一种情况：买卖双方的经济交易会产生由双方之外的其他主体承担的成本或者收益。显然，外部性有好有坏，好的内容劝人向善，就会使善心善行由阅读者向外传播，该阅读者身边的人就会从中受益，这种情况称为外部收益；坏的内容让人萌生不良思想或者产生不良举动，对社会造成隐患甚至产生实质性的破坏行为，这种情况叫外部成本。

一、生产外部性

按照经济学的定义，当生产或消费对其他人造成附带的成本或效益时，外部性或外部效应就发生了，即成本或效益被施加于他人身上，然而施加这种影响的人不需要为此付出代价或因此取得报酬。新闻的反映与影响社会的能力决定了它的公共性，而同时它又是一个营利产业。具有双重性特质的新闻产业在外部性上表现明显。加拿大传播学学者莫斯可（Mosco）认为，传播是一种相当特殊的、十分强大的商品，它对社会意识的影响和塑造不是其他任何商品能够做到的。在传播学的范围内，可以看到已经有学者注意到外部性现象，提出了相关的传播学术语，如拟态环境等。而在经济市场中，竞争追求的是利益最大化。新闻所具备的强大外部性给新闻信息市场供给带来了一定影响。

如果社交媒体在生产或传播新闻信息时存在外部成本，因为企业本身没有承担其带来的外部成本，所以总的成本会下降，边际成本会低于实际生产所需要承担的成本，这就常常会表现为供给量多于实际应供给的数量且价格偏低。典型的例子表现为色情和暴力内容，这些内容不仅对阅读视听者的身心健康有潜在危害，而且对于整个社会亦有不良影响，但生产者利用此类内容大肆吸睛，达到自我营销和赚取流量的目的。可以说利益归给个人，而危害社会的成本由他人承担了。智能媒体时代，直播平台和自媒体违规账号屡禁不绝正是这个原因。这些互联网平台进入门槛低，通过发布刺激性信息获得大量用户关注，从而获得较高收益似乎非常轻松。于是便有各色各样的主播，为获得关注和打赏而毫无底线。

对 10 万＋的流量追逐，对亿万资本的渴求，使得很多自媒体人丧失了底线，将经济效益凌驾于社会效益之上，对其粉丝群体和社会受众造成了诸多负面影响。"咪蒙"利用人性弱点发布极具煽动性的文章，二更食堂的低俗炒作行为，违背了社会主义核心价值观导向，严重破坏了网络传播秩序，背离了舆论传播伦理和操守，社会影响恶劣。"咪蒙"的《嫖娼简史》《为了当学生会主席，我让女友去陪睡》《我爱你，所以让你去睡别人》等文章为了赚取关注，配上以性暗示为主的标题，语言低俗，内容也多为虚构，被很多网友定义为"毒心灵鸡汤",在社会上,尤其是广大青年群体中造成了不良影响。同样,二更食堂低俗炒作空姐遇害案也是为博眼球不顾职业素养的典型案例。公众号推送的文章对事件进行了不当描述,既没有新闻人的素养,也丧失了做人的底线。有网友评论说"逝者在他们眼里,不过是一个 10w+"。《人民日报》官方微博也评论称该文用语极其低俗,被斥为吃"人血馒头"毫不为过。

由于传媒商品的特殊性,供给方在获得商业利益的同时,其对整个社会带来的思想和意识方面的影响也非常大,而且因为无法即时衡量,常常会被忽略。商业利益被自媒体所攫取,而思想和意识方面的影响被社会所承受,因此,自媒体的社会责任意识和社会效益的考量显得重要。如果缺乏这方面的要求,自媒体当然会陷入追求商业利益而不顾社会后果的局面。为了流量,可以不要操守,可以忘记责任,因为前者是真金白银,而后者虚无缥缈,众多自媒体在竞争中会进一步加剧这一问题。

一些自媒体账号,为了更高的点击量,色情、谣言、暴力、极端言论等内容频繁出现,即使遭到警告也毫不在意。其背后都是因为存在超出正常经济的利润,吸引着他们不断生产违规内容。在没有进入壁垒的环境中,这种经济利润只要存在,就会有源源不断的生产者,必须通过合理的规制,提升生产不健康内容的边际成本,使其无利可图,才能遏止屡禁不绝的违规账号。

与外部成本刚好相反,当社交媒体新闻信息供给存在外部收益时,由于账号主体对社会带来的收益无法变现,也没有适当的补偿机制,会降低其生产具有公共价值的新闻信息的积极性。比如,对中华优秀传统文化和社会主义核心价值观的传播,不仅可以拓宽读者视野,提高阅读者人文素养和道德品质,而且能够对用户及其周围的其他社会成员形成积极的影响,从而提升整个社会的运行效率。

优质的社交媒体内容得不到较高的回报,这在新闻信息传播中并不少见。一些原创的精品内容生产成本较大,常常会被人洗稿,在和具有光环效应的大 V 发布的内容进行竞争时，并不会因为内容就占据优势。如果我们对外部收益的新闻信息不加以扶持或补偿，优质内容的供给就会越来越少。实现外部收益的内部化，单单靠市场是无法完成的，需要由更为完善的市场制度来矫正这个问题。令人欣慰的是，目前这个问题已经受到管理者的重视，一些平台也开始实行相关举措，着手解决外部收益的问题。如今日头条在头条号推出的"国风计划"，大力扶持传统文化优质内容，增设"国风"频道，并向创作者推出"传统文化素材库"。"国风计划"将引入更多与传统文化相关的垂直领域内容，包括国学经典、传统书画、传统工艺、传统曲艺、传统民俗等，并给予此类内容一定的流量倾斜。搭建、推出"传统文化素材库"，涵盖文物书画、珍稀民俗、濒临失传的传统工艺等图片、视音频素材，平台上创作者可根据素材进行编辑和二次创作。此举将鼓励更多社交媒体创作者生产传统文化优质内容，推动与传统文化相关内容的生产及传播。

二、消费外部性

消费者的外部性是数字媒介下市场失灵呈现的独特表现。消费者作为受众本不是新闻消息提供方，但是数字媒介环境下社交媒体的产生以及评论功能的出现，让受众在一定程度上不仅是信息传播接收者更是新闻信息传播过程的参与者。若受众恰巧是新闻事件的当事人或者是第一现场的目击者，他们在评论或跟帖散布的消息，有时更能引发其他受众的观众和反响。譬如，在微博上就会存在一些用户只看评论而忽视新闻本体内容。由于消费者本身的主观性，对信息的提供难免会存在偏颇和情绪化的情况，在传播过程中容易出现信息失真的现象，这是新闻不对称带来的生产领域特殊部分，也是最不容易把控还有容易出现变形的部分。

社交媒体的新闻信息的消费不同于传统媒体的信息消费，用户可以在消费后通过跟帖或评论的方式表达自己的感受，宣泄自己的情感，而恰好是这一部分内容，常常在把关和审核中被忽视，导致大量的低俗、情绪化的评论内容和对评论内容再评论内容的生成。新闻信息消费再生产是公民参与和表达意见的主要表现，同时也是导致新闻信息消费外部性出现的主要方面。社交媒体的评论、点赞和转发机制赋予用户对信息产品进行二次加工的权力，信息消费也成为信息产品固有的一部分。例如，用户在浏览信息时会习惯性地打开信息下方的评论页面，以获取他人对此信息内容的看法，并据此形成自己的态度。在自由的新闻信息市场下，部分"产消者"的情绪化突出、价值观取向偏差，以及消极信息和"熵"信息都附着在信息产品上，并随着信息产品进行大范围的传播。且社交媒体时代下的"强关系"和意见领袖的传播更有说服力，于是形成了"看新闻只看评论"的怪象。信息消费的外部性突出，不负责任的评论甚嚣尘上，甚至挤占了有价值的原始信息供给的生存空间。

在考察社交媒体新闻信息的消费外部性问题上，本书考察了微博、抖音、斗鱼等多个社交平台的评论内容，通过爬虫抓取和手工粘贴相结合的方式，分别选取了政府、企业、媒体和个人的四种类型，对共计12个账号的不同时期、不同内容的评论进行搜集和分析。其中，微博主要利用python进行抓取，共抓取了3 800条评论数据；抖音主要是采用手工粘贴的方式，对部分过多评论内容采用等距抽样的方式，共搜集评论420条、直播评论的采集主要利用socket模块，针对斗鱼直播平台设计爬虫程序，抓取直播间的弹幕评论共5 000条数据。所有采集的数据包括昵称、ID、评论内容三个维度。在机器采集的用户评论中，包含一部分的无效评论，主要表现为缺乏实质内容，或者评论随意粘贴的无意义内容，不能反映评论的情感信息。去除掉无效评论后，将抓取信息导入Excel，利用基于词典与机器学习组合的情感分析方法来分析评论的内容。情感分析语料库构建的过程主要利用Excel工具和Python语言完成。从研究的结果来看，约

36％的评论内容包含负面情绪信息，特别是一些网络不文明用语，诸如"卧槽""我草""尼玛"之类的词语出现较多。还有就是低俗现象比较明显，评论中存在大量的暧昧信息或者色情暗示。约18％的评论内容会采取攻击性语言或暴力语言，如"搞死""团灭""干他"之类，这类内容还会导致后续评论，甚至在评论中出现激烈的交锋。另外，约22％的评论内容属于个性化表达，这些观点的表达并不是站在公正或者仲裁者的角度，大多是站在作者自己立场上提出的奇怪见解，通过"假如是我会……""这女的应该……"之类的词语。只有24％左右的评论内容是较为积极和正面的，有较为正面的词语如"希望能够好起来""同情""努力"等，能够有正确的价值观和道德观。

社交媒体新闻信息在评论中出现的外部性问题，体现了新闻信息生产者以外的用户在供给失灵中扮演的作用。社交网络尽管有社交性的存在，但在作为信息传播的功能而非交友功能时，多数网民又会陷入围观、戏谑、调侃、发泄的狂欢中，在评论中肆意表达，严重污染了新闻舆论环境，在一些热点问题和社会舆论中起到了煽风点火和推波助澜的作用。新闻信息消费带来的外部性具有一定的迷惑性，它看似是普通的民意表达，实则是一部分活跃用户和情绪发泄用户的乐园，不能代表大多数人的意见。这种随意发布评论对人们的社会认知和网络舆论带来误导，还会对新闻事件或社交媒体账号主体带来精神或名誉伤害，需要以多种手段来规制产生外部成本的消费行为，遏止负能量信息。

第三节　市场结构的两极化

社交媒体环境下，新闻信息的供给失灵还表现为市场结构的两极化。一方面，各个垂直领域的头部大V几乎垄断了用户的全部注意力，大V的新闻信息生产和传播呈现寡头垄断的市场结构，无论是内容的生产质量、数量，还是传播的范围和效果收益都有绝对优势；

另一方面，无力成为大 V 就只能在另一个市场——完全竞争市场自由竞争，几乎没有进入门槛，生产者数量众多，但生产和传播的内容很难获得人们的广泛关注，所能俘获的注意力资源非常有限，在各个领域里都是几乎可以忽略的存在。

一、垂直领域的大 V 垄断

各垂直领域的大 V 凭借其自身差异化特征和对媒介环境适应性发展，兼具了群体传播的影响力和大众传播的覆盖力的传播优势，影响着广大受众的生活，成为互联网时代产业发展的促进力量。但大 V 们独占鳌头式的发展必然伴随着寡头垄断特性的显现。寡头垄断使社交媒体信息传播在特定方面具备了较高的门槛，社交媒体账号拥有了相应的定价权，哪些信息得到广泛传播，哪些信息无法传播，均受到商业利益的直接影响。

寡头垄断体现最明显的是电商直播领域。直播间的 GMV（Gross Merchandise Volume，指商品交易总额）最能体现主播的带货能力，也是主播价值等级划分的主要依据。2020 年，截至 12 月 21 日，全网 GMV 总榜前 1 000 主播累计带货 2 557 亿元；其中，总榜前 top20 主播累计带货 1 064.4 亿元，贡献了前 1 000 名里 41.7％的销售额。在这 20 位主播中，有 3 位主播年带货超百亿元，为淘宝的薇娅、李佳琦，快手的辛巴，这三人分别带货 310.9 亿元、218.6 亿元和 121.15 亿元，头部效应十分明显。2020 年，薇娅直播间卖火箭秒空、李佳琦"双 11"直播间敲锣，多位明星走进二人直播间，为其贡献不少热门话题，赚足观众眼球，加速破圈。辛巴家族则在快手 top5 里牢牢占据前四席位。其中，辛巴以 121.15 亿元 GMV 夺冠，另外三位家族成员 GMV 也在 30 亿以上。"双 11"期间，不仅辛巴以高达 14.54 亿元的销售额打破了他单场 12 亿元的带货记录，而且其家族成员也在 10 月 21 日至 11 月 11 日纷纷开播。团队最终以 88 亿元超额完成先前"保 60 亿元冲 80 亿元"的"双 11"目标。虽然辛巴在 2020 年的带货场次有所减少,但辛巴家族却飞速扩张,旗下徒弟十分活跃,试图在快手打造第一家族矩阵。①

此外,知识自媒体作为另一类大 V 影响效果明显的垂直领域,也有不少独角兽级别的行业代表。以罗振宇为代表的"得到"、吴晓波为代表的"吴晓波频道"和樊登为代表的"樊登读书会",纷纷在自媒体知识经济时代占领各自山头,成为细分领域的网红代表。这些社交媒体账号发布的新闻信息通常都会成为热点话题和内容,在自己的垂直领域具有较强的话语权。

2015 年,罗振宇带着《时间的朋友》横空出世。在 2015 年之前,跨年的直播更多的是各大卫视的"跨年晚会",以明星歌舞节目为主。罗振宇一反其道,打出了"知识跨年"新形态,凭借新颖的形式和硬核的演讲内容,形成了刷屏的效果,也占据了各大媒体的头条。罗振宇演讲的内容,被整理成各种版本:金句版、精华版、未删减版、PPT 版、音频回放版、视频回放版……在社交媒体不断传播,其影响力不亚于明星荟萃的跨年演唱会。罗振宇首创的跨年演讲迅速成为"得到"App 的流量入口。2016 年 5 月,"得到"App 上线,不到一年时间,总用户数就超过了 550 万人,日均活跃用户数超过 45 万人,成为知识付费 App 的领军者之一。同年 10 月,"得到"完成数亿人民币 B 轮融资,资方包括中国文化产业投资基金、启明创投、合一集团、真格基金、正心谷创新资本。两年后,"得到"用户超过 3 000 万,此后不断研发各种课程,还入局读书会、电子书、推出电子阅读器等,营收上亿。随着线上产品矩阵日益丰富,每个付费用户的客单价由 2017 年的 203.81 元提升至 2019 年的 231.93 元。②

---

① 《年度带货数据 | 300 名主播 GMV 破亿,薇娅比李佳琦多卖了 100 亿》(2020 年 12 月 25 日),站长之家,https://www.chinaz.com/2020/1225/1215351.shtml,最后浏览日期:2023 年 4 月 18 日。
② 《吴晓波,罗振宇,樊登知识自媒体大 V 的三国杀》(2019 年 4 月 4 日),https://www.163.com/dy/article/EBTDKH0905118VG3.html,网易,最后浏览日期:2019 年 4 月 4 日。

从商业记者到财经作家的吴晓波著有《大败局》《激荡三十年》《跌荡一百年》《浩荡两千年》《历代经济变革得失》等财经书籍。吴晓波在经济领域的观点，对中国年轻一代精英层有着较深的影响，正因为如此，他在经济领域有着较大的号召力。[1] 2019 年和 2020 年，吴晓波的年终秀门票定价分为 4 档：1980 元、2980 元、5880 元、12800 元，仅一张普通票 1980 元的价格已经几乎和明星演唱会持平。除了门票外，吴晓波年终秀的赞助商和品牌冠名有超过十家，其中不乏世界 500 强企业、互联网大厂等大公司。[2] 此外，在 2020 年度 10 大影响力导师的评选中（评选主要参考了导师的课程销售额、百度指数、微信指数等公开数据），吴晓波凭借其微信公众号"吴晓波频道"，作为知识大 V 荣登年终榜首。[3]

"樊登读书会"则顺应现今低分享门槛及高活跃人群直播平台越来越被用户广泛接受的趋势，在线上领域已经建立了全网超 8000 万的新媒体矩阵，成为抖音、快手双平台文化领域的大 IP。2020 年，"樊登读书会"获得了用户数量上的两次大的突破。1 月 11 日，"樊登读书会"用户量突破 3000 万，短短九个月，10 月 22 日用户再破 4000 万，实现了用户的指数型增长和体量级突破。2020 年 4 月 17 日，樊登读书知识进化论大型线下主题演讲活动搬到了线上，联合快手、人民阅读共同推出为期一周的特别版"知识进化论"演讲——知识 TALK 秀直播，在 7 天内邀请到苏芒、任泉、路一鸣等 7 位不同领域的知名人士为其站台。6 月 21 日，樊登于快手直播间开启"直播荐书"首秀，这场名为"只卖好书"的直播吸引了 200 余万人在线

---

[1] 《大 V 跨年演讲的生意经》（2021 年 1 月 1 日），新浪，https：//finance.sina.com.cn/tech/2021-01-01/doc-iiznctke9670235.shtml?r=0&tj=none&tr=1，最后浏览日期：2023 年 4 月 15 日。

[2] 《吴晓波，罗振宇，樊登知识自媒体大 V 的三国杀》（2019 年 4 月 4 日），网易，https：//www.163.com/dy/article/EBTDKH0905118VG3.html，最后浏览日期：2023 年 4 月 15 日。

[3] 《新知榜发布 2020 知识付费年终榜单：告别 2020，这 3 个字代表你的心声吗?》（2021 年 1 月 18 日），艾瑞网，https：//news.iresearch.cn/yx/2021/01/357397.shtml，最后浏览日期：2023 年 4 月 18 日。

观看,2个小时内书籍销售数量突破13万册。11月18日,樊登领衔多名教育领域内的专家,连续五个晚上进行"育儿路上有难题向TA们发问"的公益免费直播,总计曝光量高达1200万,一度冲上北京榜前30名,给#这就是新父母#微博话题带来超过1000万的阅读量和2.5万+的转发量。微信视频号也在年底发力。12月29日,樊登在微信樊登读书官方视频号进行首场直播,带来高热度课程"可复制的领导力",直播间观看人数过万。2020年樊登两次做客薇娅直播间,首次带来的《陪孩子终身成长》一书吸引了超460万粉丝同时在线,10万册书瞬间秒光。第二次做客,樊登带来了亲著的《樊登讲论语:学而》,与薇娅就现代人如何更好地读懂和运用《论语》中的智慧进行了深度对话,经过数次补货,7万余册的库存一扫而空。①

垂直领域的寡头大V们一方面对受众具有强大号召力和引导力,另一方面对自身所在领域也同样具有能够震撼或颠覆行业的影响力。作为行业头部的他们,在一定程度上代表着该领域的形象,因而一旦言行有误,那对整个行业所造成的伤害势必也是灾难级的。

电商直播在2020年迎来爆发式增长后,"翻车"却成了下半年带货的关键词。各头部主播为营造自身高流量带货价值,采用宣传虚假打折消息、发布浮夸带货战报、相互诋毁行业内部商誉等手段进行不正当竞争,从而扰乱市场秩序,误导消费者。闹得沸沸扬扬的"辛巴糖水燕窝事件"和"罗永浩假羊毛衫事件"如今基本尘埃落定。辛巴旗下广州和翊电子商务有限公司由于前期在微博上发声明坚决否认其燕窝存在质量问题,因而被罚90万元、三倍赔付。提供商品的品牌方广州融昱贸易有限公司,被罚款200万元。辛巴个人账号被封停60天。罗永浩态度较辛巴好得多,主动公开承认卖的"皮尔卡丹"羊毛衫是假羊毛并三倍赔付。两大著名售假事件虽然基本结束,但是

---

① 《"一战四新"樊登读书2020年度大盘点》(2021年2月8日),中国日报中文网,http://caijing.chinadaily.com.cn/a/202102/08/WS6020cf39a3101e7ce973f243.html,最后浏览日期:2023年7月3日。

对快手电商业务的冲击不容小觑。据招商证券报告,快手去年电商直播的GMV(成交总额)是400亿元—500亿元,辛巴及其家族去年电商直播的销售额达133亿元,约占到平台的五分之一强。两次事件大大冲击了快手电商的公信力,暴露其过去的积弊。同时,也揭露了电商直播行业内存在夸大其词、货不对板、售假贩假、流量造假、虚构交易等行业乱象,使得整个行业因此而形象受损。

垂直领域的大V在依靠粉丝、依附行业的同时,也与各社交流量平台存在着不可分割的互利共存关系。在当今算法推荐还不是完全成熟的情况下,平台推荐内容还是以用户的浏览数据作为主要的评判依据。为保证用户的活跃度,挖掘其潜在价值,大V成为各流量平台争夺的主要对象。同样,垂直领域的头部大V为维护其地位也需要平台对其进行流量倾斜和扶持保护。因此,大V和平台之间的共赢需求在一定程度上使得垄断地位得以巩固,进一步形成多个垂直领域信息传播的垄断。

例如,2017年3月,今日头条旗下的问答平台——悟空问答签约300位知乎大V,引起一阵骚动。但这对于知乎大V来说,并不是一次成功的逃离,很多大V发现,悟空问答并没有知乎的社区氛围,信息流式的分发机制让大V和新人作者相比并没有太多优势,也难以形成品牌价值,因而后续未有水花。而2019年初,知乎大V出走的行动再次上演。这次不是平台的挖角行为,而是大V们主动选择投奔微博。精品故事专栏大V兔撕鸡在专栏板块流量下降后联系知乎工作人员希望能够给予扶持,但在长期沟通未果的情况下,兔撕鸡召集300多位知乎KOL与其一同出走知乎,投奔微博。在兔撕鸡向微博抛出橄榄枝的第二天,微博问答发来一份大V扶持计划,承诺各垂直业务依据大V影响力给予相应的资源支持;如果在微博问答发文达到一定条数,微博也会给予一定的涨粉支持。

除了对问答领域的垂直大V有政策扶持,2021年3月9日,微博正式宣布推出电商服务商扶持策略,为优质服务商合作伙伴提供专属政策和权益。据悉，如涵、大眼互娱、惊喜网购、白金墙及拼量5家全网超头部MCN机构及互联网营销头部机构作为首批电商服务商，已与微博建立了深度合作。同时，微博将在时尚、美妆、美食、母婴、美女帅哥等多个领域，重磅推出"超V新星计划"，招募具有直播带货能力、兴趣度高的超V新星达人。超V新星达人将获得与官方服务商签约的独家电商带货合作机会，获得专业内容策划、带货招商运营等服务。① 为助力达人在短时间内快速成长，微博将为超V新星达人提供专享平台补贴、微博平台全领域千万流量曝光、专业团队独家服务的三大权益。此外，优质的服务商也将获得微博专属激励，根据服务商签约达人规模和后续达人服务质量，微博会提供多重流量扶持和官方背书。

抖音MCN机构的大V同样也有相应的扶持政策。其每月根据上月数据进行可获得资源等级评定，符合播放量、更新频率、视频质量要求的可获得相应的资源扶持。以抖音运动健身类政策资源包申请流程为例，S级账号的申请要求为至少有3个200万粉丝及以上的健身账号（站内/外站）；总体健身账号超过5个。对账号的运营要求：每个账号保持周更；每个账号需参与官方话题活动；所有内容需原创，有明确人设，内容与健身、跑步、瑜伽等高度相关；月末请进行当月梳理（每个账号投稿量、涨粉量、是否参与官方活动）。抖音资源包所提供的权益包括：5个账号扶持名额（百万粉以上不在扶持范围），扶持流量符合账号粉丝量；50万粉丝以上达人，或具有四大证、RYT等国际专业资质的账号，可以申请黄V认证；抖音官方线下沙龙邀请、参与及后期传播推广优先权。

加入抖音MCN后，平台会给入驻的MCN机构流量扶持、曝光度等等，加入抖音MCN可以提供持续输入创意的能力。MCN机构可以帮助用户策划话题关注性高的选题，解决抖音达人个人创作持续

---

① 《微博宣布电商服务商扶持策略 推出"超V新星计划"》（2021年3月9日），新浪，https://finance.sina.com.cn/tech/2021-03-09/doc-ikknscsh9925164.shtml，最后浏览日期：2023年4月18日。

力不足的问题，加入抖音 MCN 可以更好地帮助处理账号问题。比如，出现任何降权、违规、封号问题都可以通过 MCN 和官方取得联系，减少麻烦。抖音 MCN 机构入驻申请后权益：获得管理平台，可以查看旗下账号数据状态；旗下达人可以申请开通 5 分钟视频权限、直播、合集权限；享有申诉功能，可以帮助达人申诉限流、广告、搬运等问题；新加入 MCN 的达人可以参与一些流量扶持活动，平台直接给 dou＋流量扶持。比如，最近的快手大 V 入驻抖音，达人最高可获得每天 5 000 元 dou＋流量扶持，MCN 机构最高可获得 10 万元 dou＋扶持，每月都发布流量扶持包政策。①

二、自媒体市场完全竞争

　　自媒体从 2009 年微博上线开始进入大众视野，2012 年微信公众平台的问世让这个行业开始释放真正的红利。2014 年开始平台多元化全渠道推广，我国目前自媒体主要平台有微信公众号、头条号、微博、知乎、小红书、百家号、搜狐号、企业号等。据统计，自媒体行业从业人员逐年增加，预计 2020 年我国自媒体从业人数将超过 350 万人。此外，与自媒体相关的企业数量也正大幅增加，从 2014 年的 313 家增长至 2019 年的 2 747 家。② 从平台自媒体发展情况来看，各类自媒体号总注册数在 3 155 万左右，其中微信公众号注册数为 2 000 多万，占据近六成。从数据上来看，整个行业竞争十分激烈。而近两年直播和短视频的加入让自媒体内容进行更多元化的表达，媒介技术的迭代更新让信息的呈现和人们的需求也越来越垂直化。以电商直播行业为例，经历三年多的发展，自媒体主播在各个平台涌现，且根据品类可划分出服饰箱包、美妆护肤、家电数码、家居家装、图

---

① 《抖音对 mcn 机构的扶持》（2020 年 12 月 11 日），知乎，https：//zhuanlan.zhihu.com/p/336188490，最后浏览日期：2023 年 7 月 3 日。
② 观研天下：《2020 年中国自媒体行业分析报告-市场竞争现状与发展前景评估》，2019 年。

书影像、生鲜食品等各垂直领域的自媒体主播，形成了这个领域的长尾。但残酷的是，主播的马太效应明显，头部主播与肩部主播的差异很大，与腰部主播的差异更甚，呈现了"金字塔"结构分布。直播眼数据显示，肩部主播较少，因为在主播综合排名 top100 榜单中，虽然腰部主播的排名与头部主播相差无几，但是实力差距很大，虽有长尾但没有形成长尾效应，腰部主播的均观看人数只有 18.55 万，远低于粉丝数大于 500 万的头部主播的 248.87 万，其 ROI 为 0.5—1.3，也低于头部主播的 1.8—3。在淘宝直播平台，前 20% 的机构就占据了机构大盘 80% 的 GMV 和 75% 的流量。① 其中，位于"金字塔"顶部的主播薇娅、李佳琦以数亿差距遥遥领先，稳占榜单第一、第二名，两人总 GMV 超过 36 亿元，而淘宝直播 7 月前 30 位主播的总 GMV 约为 70.3 亿元，薇娅、李佳琦二人占比约为 51.68%。再看其他平台，抖音 7 月带货主播 top30 共创造了 11.53 亿元 GMV，这个数字仍然不及薇娅、李佳琦的个人 GMV 成绩（垂直领域大 V 寡头垄断）。② 长此以往将导致的直接后果便是：大者恒大，小者更小。腰尾部普通自媒体的生存空间被压缩，流量少、转化率低导致收入困难，恶性循环，最后在同类自媒体激烈的竞争下难以维系基本运营开支而关闭。

以占据全网自媒体数量近六成的微信公众号平台为例，《2019 年微信公众号文章数据报告》以 2019 年 10 月 25 日微信公众号样本库数据为调查样本，数据显示，10 月 25 日微信公众平台共产出 721 573 篇文章，其中原创文章 32 479 篇，仅占全部文章的 4.5%。且原创文章中，阅读数在 1 万以下的有 2.9 万篇，占当日全部原创文章的 91.12%。换句话说，当天阅读数超过 1 万的原创文章，只有不到 9%。而在当日阅读量一万以下的原创头条文章中，有 3 874 篇文

---

① 艾瑞咨询：《2020 年中国直播电商生态研究报告》，2020 年。
② 《〈直播电商主播 GMV 月榜〉6 月榜单发布：明星完败于老铁》（2020 年 7 月 15 日），百度，https://baijiahao.baidu.com/s?id=1672282559049270185&wfr=spider&for=pc，最后浏览日期：2023 年 7 月 3 日。

章被赞赏，占比31.95%。微信公众号的原创内容本就"势单力薄"，再加上得不到可观的回报收入，原创作者的积极性被进一步打击，平台充斥着大量转载、洗稿、低质量的文章。首先，最为典型的就是各大新闻网站和百度百家号，微博号文章、微信公众号平台广泛存在"小编体"文章，它有着一种固定的内容格式，以废话开头，不直接进入主题，并在此格式之下将核心词语反复陈述，没有任何回答或结论，信息量极低，文章质量低下。其次，自媒体"标题党"四处可见，其中有三观不正者，更有造谣者。微信公众平台上便有一个号称关注金融的公众号，其发布的文章标题"画风"基本上都是《今天，美国全军覆没了》《今晚，美国坠落，血流成河》之类。这些标题十分耸动甚至带有暴力色彩，真正打开页面后会发现，基本都是作者根据美国股市下跌自己生发的臆测。最后，洗稿现象频发于自媒体领域，在自媒体平台和监管层的双重打击之下仍然盛行，犹如顽疾。洗稿是介于抄袭和原创之间的行为，它将他人的原创内容的立意、创意、思想、素材、文字、论据、结论、结构等复制到自己的内容中，对外不注明来源，同时也会拥有原创属性。与抄袭直接复制不同，洗稿会让新内容与原内容有所不同，不同程度越高，洗得愈发干净。罗超频道曾总结洗稿"七大层次"：从机器替换式、直接修改式、多文拼凑式、跨平台洗稿、跨时空洗稿、部分引用式、思想复制式依次进阶。从替换部分文字到思路的抄袭，越往后，越难以辨认。这样的"再创作"成本小、收益高，成为很多平台自媒体的创作手段。一般自媒体背负着生存压力，在流量至上的商业驱动力量下，通过转载抄袭等方式在短时间内快速产出内容，以数量代替质量，或用博眼球的方式，有时甚至不惜造谣来换取关注和流量。

　　大多数普通自媒体的生命周期有限，以微信公众号平台自媒体为例，数据显示，自2012年公众号诞生至2018年，公众号数量注册增速明显放缓。63%的账号仍在活跃更新，26%的账号已处于停更状态，6%的账号已注销。如果以最后一篇文章发文时间作为注销时间来看，当时统计的结果是，注销账号的平均寿命不到一年，只有355天。① 文章《第一批自媒体人，已经开始卖号了》采访了一位有五年自媒体经验的从业者小七，在自媒体的红利期，小七手头有8个公众号、4个头条号、4个百家号，最大的公众号粉丝3万多，头条号粉丝超过7万，百家号粉丝也有近万。2018年她在成都老家结了婚，如今已经怀孕五个月，加上自媒体红利濒临耗尽，每月收益从八九千降至四五千，码字量却大大增加，苦心经营了五年的几个号，迫于现实不得不转手卖出。据小七说，近一两年，她身边有十几个自媒体人都已卖号转行，底层自媒体已别无出路。而正处在风口的短视频行业里也已经有了选择退出的人。抖音平台上一位叫多多的博主不久前注销了账号，她曾创造过3000万单条广告播放、ROI 1比8的带货视频、同一品牌连投十几万元广告费、3天涨50多万粉的高光时刻。流量、粉丝、热度、权重、推荐等正在成为自媒体从业者的焦虑来源，在没有任何机构扶持的情况下，平台规则变化和平台流量限制让普通自媒体的生存越来越艰难，偶尔的"爆红"就只能是昙花一现。2019年，一条因修理发际线而起的电视新闻，让长着"喜剧脸"的18岁浙江男孩吴正强意外成为网络狂欢的主角。之后半年里，小吴机会不断，代言、综艺邀约接踵而至，上了近20次微博热搜，刚开通的个人微博账号很快就获得了大量关注。但很快，这个"美丽新世界"就迅速抛弃了他，如今他的微博也成为他所在租房公司的宣传账号。大多数选择没有加入MCN机构而独自运营的普通自媒体，需要面对平台环境的变化莫测，对全职从业者来说，更要背负KPI的压力自负盈亏。有一定粉丝基础的博主可以选择卖号，但价钱不合适的情况下便只能选择继续创作内容或者停更。对更多的权重较低的博主来说，沉没成本低，可以直接选择停更，让账号在自媒体前仆后继的

---

① 《公众号6年，多少已停更》（2018年9月17日），虎嗅，https://m.huxiu.com/article/263134.html，最后浏览日期：2023年7月3日。

浪潮中自然湮没。

第四节 未成年人权益受损

一、过度参与挤占未成年人休闲和学习时间，危害身心健康发展

智媒时代，互联网已经从最初的技术应用、信息资源获取平台演变成一种大众信息传播媒介。青少年在利用智媒实现自我展示与表达的同时，也因为过度使用和不当使用而造成网络沉迷问题，出现人际关系恶化、时间管理混乱和身心健康受损等不良症状。近年来，微信、微博、抖音等个性化移动社交平台层出不穷，占据了人们生活中的重要位置。这些新兴社交媒体往往以创新吸睛的风格分享各类资讯，符合年轻消费群体追求时尚的心理，吸引众多年轻受众参与平台的个人动态分享。未成年人作为新时代的"数字居民"，其媒介素养相对较低，信息辨别能力不足，自控力较差，容易在碎片化的信息洪流中迷失自我，从而产生网络沉迷等问题。[①]

未成年人不正确的社交网络内容生产参与可能会给自身带来不利影响。在身体健康方面，长时间注视屏幕会对未成年人的视力发育造成损害；手机成瘾后每天处理过量网络信息，造成未成年人大脑的信息过载和日常作息的紊乱，影响未成年人的脑部及其他身体机能发育。在心理健康方面，导致未成年人日益沉浸于网络空间，逐渐脱离现实世界的沟通交流，长此以往会造成未成年人的孤独与不适感。同时，心智发育尚未完成的未成年人长期接触网络信息而缺乏科学引导，会对其世界观、人生观和价值观的形成产生不利影响。因此，如

---

① 季为民、沈杰主编：《青少年蓝皮书：中国未成年人互联网运用报告（2020）》，社会科学文献出版社，2020年，第123页。

何有效地帮助广大青少年网民认清互联网的利弊，正确合理地使用互联网，防止未成年人被社交网络裹挟，应是全社会密切关注的焦点问题。

二、主动让渡隐私权导致自身和他人受到权利侵犯

调查发现，未成年人在进行数据搜索、App 注册、内容生产等网络活动过程中，会公布性别、年龄、QQ 或微信号、姓名，甚至个人照片、学校、电话号等信息，这些信息极易被个别别有用心的人或者不法团体利用，造成未成年人隐私的泄露。例如，近年报道中披露，"福利姬"逐渐异化为涉青少年非法色情产业。所谓的"福利姬"是指通过互联网售卖大尺度照片、视频，甚至提供线下色情服务以牟利的人。而当前部分"福利姬"中介会主动在网上找未成年女性为拍摄对象，以金钱为诱饵，诱导未成年人参与非法内容生产。一些未成年人缺乏辨识能力又受到金钱的诱惑，逐渐成为"软色情"或线下色情服务的提供者，甚至这种主动让渡自身隐私权的行为有愈演愈烈的趋势。此外，在现实生活中，由于未成年人缺乏一定的法律和安全意识而侵犯到他人隐私的现象也时有发生。例如，2018 年 6 月 19 日，抖音平台发生的"小学生在家发抖音妈妈洗澡被直播事件"。该条视频在被下线的两天后突然被大规模传播，仅在手机百度上，视频的播放量就高达 89 万次，给当事家庭造成了极大伤害。除了侵犯到家人隐私，未成年人之间也存在同样的潜在风险，"女孩镜子前录抖音拍到后面妹子换衣服""12 岁女孩被殴打脱裤子拍视频，打人者均系未成年人"等恶性新闻事件也不断被爆出。

未成年人在社交媒体平台内容生产过程中隐私权侵犯问题频发的原因有二。一方面，不同于以往互联网在未成年群体中主要充当娱乐休闲的角色，当前，在线课程、网络资料等进一步丰富了未成年人获取学习资源、提高学习效率的手段和方式，互联网在未成年人学习生

活中扮演的角色发生了变化，家长和未成年人对网络的认识发生了改观，未成年人使用网络的自主性和频率进一步提升，导致其隐私泄露的风险也加大；另一方面，虽然大部分未成年人在网络交往中，能够保持谨慎态度，但是未成年人心智发育还不完全，对个人隐私的保护意识、对不良信息的分辨能力、对外界威胁的承受能力还很弱。尤其处于叛逆期的未成年人，自尊心强，在遇到困难时不能及时与父母朋友沟通，使得问题不能及时得到解决，会进一步放大隐私泄露的危害性。[1] 但无论未成年人是被侵犯对象还是主动的侵权者，该类事件背后折射出的未成年人法律意识和自我保护意识淡薄、平台内容审核机制存在漏洞等问题值得反思。

三、恶性膨胀的网红文化和另类的吸粉手段造成未成年人价值观扭曲

移动社交进入富媒体时代，不同于以往依靠传统的文字和图片，现在的"网红"可以在社交软件中上传视频分享自己的日常生活，或者是通过视频直播的方式与网友进行互动，成为新媒体时代诞生于微博、抖音以及各类直播平台的3.0版网红。尽管目前网红文化呈现繁荣发展的态势，但伴随业内竞争加剧，潜在风险也在不断提升，甚至出现了恶性膨胀现象。

由于市场的准入门槛较低，网络直播、短视频平台在内容生产和审查上缺乏规范，不少内容生产者受利益驱使，在直播平台和短视频平台上传所谓的"劲爆内容"，利用旁门左道的方式来吸引注意力即"吸粉"，达到获取流量实现变现的目的。有一些行为已经突破道德底线，敢冒天下之大不韪，甚至有妖魔化倾向。而未成年人缺乏一定的辨识能力，在内容生产过程中会跟风模仿一些另类畸形的"吸粉"手

---

[1] 季为民、沈杰主编：《青少年蓝皮书：中国未成年人互联网运用报告（2020）》，社会科学文献出版社，2020年，第126页。

段,挑战道德底线,从而给自己和他人带来伤害,影响社会公共安全。例如,"广西钦州 2 小孩为拍视频逼停动车 30 分钟""湖北 15 岁男生遭校园暴力致死!只因借手机拍视频遭拒起冲突""菏泽 5 名未成年人喝酒喝到派出所门口拍视频炫耀被拘留""初一学生直播同伴女孩跳楼,两小时后女孩坠亡""母亲去世,女孩儿抖音求赞""全网最小二胎妈妈"。纵观这些无底线的网络行为,虽然内容和形式不一,但其目的很明确,就是以猎奇、裸露博取点击率,进而转化为收益。这本是一种畸形的营销模式,但在眼球经济下,它却"升华"成一个受人追捧的社会现象。因此,对于这些明显存在违法行为的内容生产如果不加以制止,让其在潜移默化中影响着未成年人,这将可能致使未成年人模仿相关行为,产生思想偏激倾向,造成价值观的扭曲。盲目竞争导致的无序发展更加会给未成年人的精神文化建设带来种种恶果。

四、网络对骂从虚拟社区倒灌进未成年人的现实交往当中

以随意"问候"亲人生死、无意义对骂狂欢的"祖安文化",正在青少年网络文化中流行开来。"祖安"一词源于某网游同名服务区,该区游戏玩家以爱说脏话、擅长骂人著称,"祖安"逐渐演变成讲脏话骂人的代名词,后又依托 B 站等亚文化网络平台"出圈"。在社交网络上,有不少未成年人以"祖安男孩""祖安女孩"自居,他们在社交媒体的娱乐、游戏、直播栏目,进行对骂、互撕,还寻求"创新、犀利、朗朗上口"。

江苏省南京市某初中的一名学生曾告诉《光明日报》记者:"班里很多同学平时交流时都互相用脏话,在班级微信群里有的人也会一连发送几十条污言秽语。"有的学生不以为意:"我们同学都觉得没什么,如果不会说,显得我很不合群,说脏话说得有新意也是一种'酷'。而且我是在网上发的,又没有在现实中真的骂人。"

中青网记者也在采访中发现，有的学生在现实中仍会扮演"好学生""乖孩子"的角色，但在网络世界中则更倾向于"快意恩仇"，"有人骂了我，我就要骂回来，而且要骂得更狠"，用更高超的"骂技"给对手"破防"也渐渐有了某种炫技的意味，甚至会产生"骂人骂赢了很有成就感"，往往陷入"以暴制暴"的语言循环。① 中国社会科学院社会学研究所组织编写的《社会蓝皮书：2019 年中国社会形势分析与预测》中的数据显示，28.89％的青少年在上网过程中遇到过暴力辱骂。其中，暴力辱骂以"网络嘲笑和讽刺"及"辱骂或者用带有侮辱性的词语"居多。68.48％的青少年遭遇暴力辱骂信息的场景是社交软件，其次是网络社区，比例为 55.3％；而在短视频和新闻留言上遇到暴力辱骂信息的比例分别为 30.66％和 30.16％。

在"祖安文化"的语境下，未成年人对各类低俗、粗暴的语言暴力习以为常。而一些网络平台和大 V 对此问题又缺乏正确引导，将"祖安文化"美化为一种正常的情绪宣泄方式和网民的"黑色幽默"，使未成年人对语言暴力和网络暴力的形式和特征无法形成正确判断。同时，"祖安文化"的影响扩散到线下，也让未成年人将谩骂、暴力与低俗语言和行为看作日常生活中的正常行为，并在生活中加以实践，如无及时有效的引导极易导致未成年人的道德观念被扭曲和异化，他们不仅缺少对暴力行为的正确认识，也容易滋生更多的网络和线下暴力行为。而一些未成年人经常访问的网络平台和网络意见领袖在其中推波助澜、以丑为美，打着"宣扬个性"的幌子为"祖安文化"辩护，更导致未成年人对是非的判断受到严重的不良影响。②

---

① 《"祖安文化"，网络语言中的"隐秘角落"》（2020 年 9 月 14 日），新华网，http：//www.xinhuanet.com/politics/2020-09/14/c_1126488276.htm，最后浏览日期：2023 年 4 月 18 日。
② 季为民：《谨防网络低俗文化对未成年人的危害》，《人民论坛》2021 年第 8 期。

第六章

智媒时代新闻信息供给失灵的原因

市场失灵对新闻信息市场来说具有其特殊性。一方面，新闻信息是精神文化产品，其价值和影响与一般物品不同；另一方面，新闻信息产品具有公共物品属性，其商业性和公共性是内在共生的。田秋生认为，新闻信息市场的失灵在于市场机制无法确保大众媒介始终以专业负责的公共传播者身份存在，也就不可能为受众提供多元化的信息产品来满足不同群体受众的信息需求。同时，他还立足于经济学理论，指出新闻产品本身和产品交易方式的特殊性都会进一步加剧市场失灵。① 从社交媒体新闻供给失灵的成因来看，有两个层面的分析：一是新闻信息的供给主体，二是传媒业市场环境。

第一节　新闻信息的供给主体

一、政府部门

基于新媒体传播范围广、传播互动性强等一系列特征，近十年来，政府部门不断加快政务新媒体体系建设，政务新媒体在政务信息公开、了解民情民意、强化舆论引导等方面承担愈发重要的职责，但在这个过程中亦出现了一系列问题。

第一，政务新媒体内容的原创性、生动性、互动性存在一定欠缺。纵观大部分政府部门的政务微博可以看到，平台上大部分的内容是对原来报纸或是门户网站信息简单加工后的直接挪用，或是从其他账号平台直接转载而来，呈现的形式以文字为主，大多为充斥着官

---

① 田秋生：《新闻产品生产和分配的市场失灵》，《当代传播》2011年第2期。

话、套话的素材稿，缺少对关键信息的凸显和对图片、视频等元素的使用。除此之外，许多地方的政务新媒体平台内容缺乏特色，存在脸谱化倾向。其信息发布往往存在一套僵化的范式，即在满足当地政务信息、政府新闻发布的基础上会进行一些诸如热点话题、心灵鸡汤等软性内容的传播。然而，这些内容早已充斥于信息量巨大的社交媒体场域中，相关流量早已被头部自媒体垄断，发布这些同质化的内容并不能提升平台的竞争力，反而形成更多的无效传播。

第二，政府部门的各平台渠道之间定位不清晰，缺乏有效的整体布局。很多地方政府机关在创建了各大社交媒体平台之后不能很好地把握不同平台之间的定位和功能区别，没能很好了解自身用户在不同平台的信息获取需求，很多时候只能将同一条消息在不同渠道之间反复传播，造成生产与传播资源的浪费和效率低下。

第三，急剧扩张的政务媒体平台数量伴随的是政府机关因资金、技术、人力等各种限制无法完成平台日常运营的现状，"睡眠号""僵尸号"泛滥。北京市政府在2019年第四季度的调查结果显示，10.8%的政务新媒体超过2周不更新（其中8%为微博，10%为微信、10.7%为头条号），个别账号甚至超过1年不更新。[①]"僵尸号"的存在不仅无法承担政务媒体在信息传递、扩宽政务服务渠道等方面的一系列职责，同时也在损害政府自身的形象以及公信力建设。

而纵观政务新媒体的新闻信息生产和传播机制，可以发现这些问题的成因主要为以下三个方面。

首先，在政府部门对宏观政策的号召下，各级各部门在政务社交媒体的建设上对社交媒体运营认识不足，导致社交媒体缺乏运营人员和持续的内容生产能力，原创能力不足，对媒体发布缺乏长期考虑。一系列政策文件的推出逐步将政务新媒体建设不断上升至新的高度，

---

① 北京市政务服务管理局：《关于2019年第四季度全市政府网站与政府系统政务新媒体检查情况的通报》（2020年1月22日），北京市人民政府，https://www.beijing.gov.cn/zhengce/zhengcefagui/202001/t20200122_1620629.html，最后浏览日期：2023年6月15日。

打造政务融媒体矩阵一度成为热潮。有的地方政府部门在搭建平台的过程中没有考虑自身在资金、人才、技术等要素上的限制，一味追求"大而全"的传播格局，致使大量政务类社交媒体发布的新闻信息缺乏新闻专业性、内容琐碎，无法吸引忠实的用户。

其次，相关从业人员专业素质不足。一方面，相关主管部门领导多为传统新闻宣传出身，其对互联网技术下塑造的新型传播格局、新型媒介平台传播特性往往缺乏科学、客观的认识，更多时候是选择与其他部门相互参考，或是"随大流"，故而无法对政务新媒体的发展布局提出专业化的设想。而对于具体从业人员而言，多数政府部门并未彻底落实和实施政务社交媒体专人专岗制度，有的是将其社交媒体外包给第三方运营，有的是外聘专门的人员来负责新媒体账号的运营和后期管理工作。这导致政府部门的社交媒体运营缺乏权威性和专业性，在新闻信息传播中成了典型的工作传声筒，失去了新闻的专业性和竞争力。

最后，运维机制中相关竞争、激励措施的欠缺。在内容传播效果并不纳入个人工作绩效的体制下，从业人员作为新闻信息生产主体的主观能动性并没有得到充分调动，导致从业人员在内容生产过程中只需完成相应的指标，而不注重对生产内容做进一步提升与创新。

二、企业团体

随着社交媒体的不断普及和运用，企业开始重视自身融媒体体系打造。企业自媒体在企业生产经营中承担着品牌推广营销、公开企业信息及动态、塑造及维护企业品牌形象等一系列功能，但企业在以追求自身商业利益为主要目的进行传播的过程中亦出现一系列问题，其中最突出的是劣质新闻信息传播显著，负外部性严重。一方面，许多企业号上传播的内容往往与企业自身经营活动无关，反而充斥着大量围绕两性关系、都市情感、明星人物等话题的煽情、低俗、猎奇等信息内容，且"标题党"横行。这些内容的传播往往隐含功利主义、拜金主义等不良思想，部分甚至涉嫌违法违规，损害新闻当事人的隐私权、名誉权。另一方面，企业在利用社交媒体对流行热点话题与事件进行营销的过程中，为了营造噱头吸引公众关注，无视公序良俗和道德底线。2019年4月19日，杜蕾斯和喜茶联合发起"419不眠夜"活动话题，杜蕾斯在其官方微博平台发布的海报文案中肆意"玩梗"，内含色情信息，随后喜茶官方同样以露骨的带有色情意味的评论予以回应，遭到网民一致声讨，随后官方双双道歉。这些劣质的信息在一定程度上侵蚀着主流核心价值观，同时也污染着新闻信息环境。

企业社交媒体新闻信息的供给失灵主要由以下两方面原因造成。一方面，企业在信息供给过程中唯商业利益为导向，缺乏社会责任意识。自媒体的迅猛发展让不少商家看到其在降低广告营销成本、塑造品牌形象上的广阔前景。在这样的背景下，一大波企业蜂拥而上，开设微信、微博、抖音等平台账号。在现实情况中，企业的新闻信息标准与媒体的新闻信息标准完全不同，他们更关注和自己的产品或品牌相关的内容，而不是关心和大众及社会利益相关的内容，而且在企业看来，社交媒体要传播企业和品牌，就必须要有流量做支撑，这将推动企业，在进行信息供给的过程中遵循的是"流量为王"的生产逻辑，不会考虑所谓新闻信息的专业品质和效益，只要能够吸引眼球，就认为是有价值或者有效果，这种判定标准与媒体的新闻价值观是不符的。除此之外，企业在运营自媒体的过程中往往带有很强烈的投机思维，在投入和产出上倾向于低投入高产出，对生产成本的压缩客观上也助推了伪原创、低质量新闻内容的传播。另一方面，无论是政府监管部门还是社交媒体平台，当下相关管理条例中缺失专门针对企业自媒体传播内容失范的管制条例，而是将企业自媒体和其他自媒体等同管理，而对于其平台内容失范的现象同样疏于管制，缺乏重视。与个人自媒体不同，企业自媒体往往具有更多的粉丝和更强的传播力，在新闻信息供给中，企业发布的不良信息有时还会带来较高的收益

（比如对用户注意力资源的攫取）。企业享有信息传播带来的经济收益，但却未能够承担由此引起的社会成本，比如对公共资源的占用、对用户认知的误导，这种现象需要引起政府监管部门的重视，要通过更为丰富的规制手段予以管控。

三、媒体机构

在媒体融合趋势下，当下的新闻机构已经广泛使用社交媒体进行新闻信息传播。但在这个媒体转型的过程中，媒体的信息报道同样存在不同程度的制约和失范。

其一，内容深度稀缺。纵观各大主流媒体的官方社交平台，尤其是短视频平台，可以看到，其内容以各公共领域的即时性新闻和软新闻为主，而往往体现媒体专业特色、内容深度的调查性报道极少。而在某些视频内容制作水平上往往较为粗糙，滥用背景音乐，耸人听闻的标题与新闻客观性要求背道而驰。

其二，在新闻时效性和新闻质量的把控中存在失衡，致使虚假新闻、反转新闻屡见不鲜。社交媒体时代下，为了追求新闻时效，新闻机构在新闻信息发布之时不注重新闻事实的核查，形成"呈现事实而不是真相"的报道思维，不仅致使自身公信力受损，同时亦对新闻当事人形象、社会舆论引导等方面产生一系列不良影响。

其三，同质化信息泛滥，内容呈现生动性欠缺。这一点在地方主流媒体身上体现得更明显。众多主流媒体的"两微一端"中充斥着大量活动以及政府官方政策的新闻通稿，在这些信息的传递中，媒体的报道缺乏原创性和生动性，没能考虑受众的需求对内容进行整合优化，以降低受众解析信息的难度。而这些同质化的信息在各大平台反复传播，亦加深了受众的审美疲劳。

媒体在社交平台上传播的新闻，内容深度的欠缺背后受到客观因素和主观因素的制约。一方面，网络新媒体的出现对传统媒体的生产经营模式带来了极大冲击，骤降的广告收入使得传统媒体进一步缩小或裁撤生产成本较高的深度报道团队，继续影响了深度内容的新闻生产。同时，许多诸如微博、抖音等社交平台传播跨媒介，注重"短平快"的传播特征亦与深度报道的内容特性难以兼容。但另一方面，相关新闻从业人员基于对平台流量的追逐，并未能充分发挥自身的主观能动性，对高质量的新闻内容的再加工和生产进行更多创新性的探索，而是为了吸取更多的关注度、互动量和粉丝数，倾向于传播浅层次的、感官刺激性强的即时新闻和软新闻，进而造成深度内容无法与媒介平台很好地融合。

而虚假新闻、反转新闻的产生的背后同样是从业人员为了抢占平台流量，而未对信息来源进行事实验证所导致。除此之外，新闻机构的社交媒体信息发布机制不健全，对新媒体内容的审核把关往往没有一个标准的流程，社交媒体的信息发布相对随意，亦助推了虚假新闻、反转新闻的产生。

新闻通稿的滥用，内容生产原创性、生动性的欠缺，主要源自事业体制下对新闻生产与内容创新的制约以及媒体人员新媒体传播能力的不足。一方面，现行的传统媒体管理体制并未将平台内容的传播效果与个人的工作绩效相挂钩，致使相关从业人员形成传播惰性，对内容的二次加工、创新意识薄弱。另一方面，相关从业人员专业素质不足，这不仅体现在对传播内容缺乏了解，同时也表现在融媒体传播能力的不足，致使其无法对复杂、晦涩的信息进行二次加工，将其以受众容易接受的形式予以呈现。

四、个人

在移动互联网技术不断推广和普及的趋势下，每个个体都被赋予了向社会喊话的"麦克风"，个人表达自由以及传播影响力迅速放大的同时，亦衍生了一系列问题。

首先是谣言乱象的产生。据清博研究院《造假风暴和大数据异常分析报告》显示，2016年抽检的近万个疑似造假账号中，自媒体占比近88%，尤其是营销、公关类公众号成为重灾区。[①] 出于吸引公众注意力和获取经济利益的需要，不少自媒体账号在各种公共事件上肆意传播各类谣言，误导公众认知，造成政府公信力消耗、市场经济秩序破坏、企业利益伤害等一系列影响。在缺乏有效遏制的情况下，利用自媒体造谣甚至出现公司化运作趋势，形成"以谣产利"的产业模式。

其次是自媒体内容传播低俗化、娱乐化的倾向。一方面，不少自媒体创作者吸引用户眼球、攫取背后的流量红利，在社交媒体上大肆传播与主流核心价值观相违背的内容，其中包括低俗恶搞、淫秽色情、暴力、炫富等；另一方面，在泛娱乐化倾向的冲击下，不少自媒体创作者在各类重大公共事件讨论中罔顾理性和法律，在平台上发表各类嘲讽、煽情等娱乐化的表达，消解新闻严肃性，歪曲社会公知与价值观。比如新冠肺炎疫情中出现的新闻语言"饭圈化"，美国大选等政治事件中的恶意玩梗等等。

最后是抄袭现象盛行，著作权侵权问题显著。据《2019年度内容行业版权报告》统计，2019年，微信公众平台疑似内容侵权量达到将近60万次，其中77.8%的侵权行为来自公众号内部，另外在诸如搜狐号、头条号等内容资讯平台亦存在广泛的侵权现象。[②] 在内容版权意识的淡薄、侵权"性价比"高、维权困难等一系列因素的促使下，自媒体传播领域洗稿现象屡禁不止，侵蚀内容生态。

自媒体乱象的形成并非一朝一夕，其背后往往是自媒体创作者、内容平台及政府和立法共同作用下的结果。从自媒体创作者层

---

① 《官方评自媒体乱象：让"没底线"的谣言无法蛊惑人心》（2018年10月25日），网易，https://3g.163.com/news/article/DUV2D4300001899N.html?clickfrom=baidu_adapt，最后浏览日期：2023年4月18日。

② 维权骑士、鲸版权：《2019年度内容行业版权报告》，2019年。

面上看，一方面，在资本力量的介入下，个人在进行新闻信息生产中过度遵循"流量为王"的价值导向，媒介素养的缺失引发了一系列传播失范。在自媒体时代下，拥有流量便意味着拥有金钱和话语权力，而在众声喧哗的网络舆论场中，客观和理性的声音往往容易被淹没，而夸张、煽情、耸人听闻的感性表达能够吸引公众的注意力。在这样的背景下，不少自媒体创作者过分追求个人利益，不惜挑战公序良俗和法律、道德底线，导致虚假、低俗新闻信息不断产生。另一方面，自媒体准入门槛低、模糊个人与公共空间边界的特性，让大多数个人在新闻信息供给中缺乏足够的公共意识和舆论导向意识，缺乏传播自律，无形中加剧了新闻信息供给过程中负外部性的产生。

从内容平台上看，"把关人"的责任缺失和算法推荐机制中隐性的"推动"，加剧了自媒体乱象的形成。作为内容生产、发布和传播的载体，各大平台通过提供新闻信息聚合服务获取了高额的经济效益，但对平台违规内容审核、过滤机制建设缺乏足够重视，没能很好地将新闻信息供给的负外部性内部化，致使自媒体乱象没能得到很好的治理。此外，作为企业性质的自媒体平台，其提供的算法的逻辑都是为了吸引更多的用户和注意力，带有强烈的商业性考虑。在这种内容推荐机制下，那些夸张化、低俗化、娱乐化的新闻信息往往能得到更广泛的传播，而那些传递良好价值观的高质量内容则无法触达更多受众。这种基于流量经济的算法机制亦在无形中塑造着自媒体创作者的内容生产逻辑，导致内容传播失范。

而在政府和立法层面上，传统的政府规制存在一定的滞后性，"效力"减弱和不健全的监管法规政策降低了内容创作者的违规成本。传统媒体时代，专业化的媒体组织垄断新闻生产，政府往往通过媒介准入、人员、财政指导对媒体进行管制，进而达到调控信息流通和舆论导向的效果，但社交媒体时代，每个人都被赋予新闻信息供给的权利，且表达渠道更为通畅及多样化，政府的规制存在"失效"和"失控"现象。① 当下，针对自媒体的规范条例不够健全和细致，致使诸如内容侵权等问题无法可依、无从规制，客观上亦为自媒体乱象提供滋生的土壤。

五、未成年人

（一）家长将时间监管作为重点而忽视对未成年人的内容生产把关

未成年人的父母及其他监护人，在未成年人成长过程中发挥着极为重要的教育和引导作用。父母长辈的行为言语不仅会对未成年人产生影响，而且可能引起未成年人学习、模仿。在社交媒体平台上内容生产乱象的出现，并不能完全归咎于未成年用户的主动行为。其中，父母的监督缺位、利益至上的教育观念和法律意识淡薄等因素，应对未成年人内容生产乱象的产生负有不可推卸的责任。

法律规定，作为未成年人的监护人，家长有义务对未成年人的思想、行为进行正确的教育、引导和管理，预防和制止未成年人的不良行为。在家庭网络监管中，存在父母管理孩子上网的意愿与能力不匹配等问题，能够真正为未成年人有效提供网络帮助的家长数量有限。29.7%的家长从来没有教过孩子上网的知识或技能，48.8%的家长有时会教，仅有15.3%的家长能够经常教孩子上网的知识或技能。② 此外，调查中还发现，家长更关注对上网时长的管理，84.2%的家长都对上网时间作出规定，57.7%的家长对上网内容有所规定。但针对未成年人在社交媒体上的内容生产行为，却很少有父母对其进行有效把关。并且还有四成以上未成年人表示家长会在朋友圈发自己的照

---

① 陈海峰：《智能传播时代自媒体治理的四大困局及出路》，《中华文化与传播研究》2020年第1期。
② 季为民、沈杰主编：《青少年蓝皮书：中国未成年人互联网运用报告（2020）》，社会科学文献出版社，2020年，第144页。

片。① 这些行为不仅显示了父母对孩子使用媒介的监管疏忽，同时暴露了家长自身的媒介素养和风险意识的淡薄。如果不迅速采取措施予以规范管理，预计今后将会有更多生产乱象造成的社会事件。

（二）学校未能保护学生免受智能媒体影响

教育部科学技术与信息化司在发布的《2020年12月教育信息化和网络安全工作月报》中提到，我国学校联网攻坚行动圆满完成，全国中小学（含教学点）互联网接入率达100%，未联网学校实现动态清零，出口带宽100 M以上的学校比例达99.92%，98.35%的中小学拥有多媒体教室，数量达到429万间，其中83.16%的学校实现多媒体教学设备全覆盖。② 但调查显示，自学及同伴学习是未成年人获得网络技能和网络知识的主要来源，学校的网络素质课程尚不能完全契合未成年人网络运用的需求。③ 很多的网络素养课程存在流于形式、枯燥乏味、过于抽象等问题，推进未成年人网络素养教育的问题存在多处短板。"女主播擅自进小学课堂摆拍"事件就是学校管理不当导致，引发广泛关注，并造成了不良社会影响。此外，部分教师群体的媒介素养也存在短板。抖音上存在一部分教师在工作期间组织学生拍短视频的现象，其拍摄内容涉及幼儿园课堂教学和课间娱乐等，视频文案也存在一定歧义，令人感到不适。④ 而当事幼师们却认为，录制视频是一种教学和娱乐方式，自己也没有通过拍摄上传视频获得经济利益。实际上，这种未经未成年人家长同意，擅自将出镜视频上传至社交媒体平台实则是对未成年人肖像权的侵犯。学校是未成年人

---

① 季为民、沈杰主编：《青少年蓝皮书：中国未成年人互联网运用报告（2020）》，社会科学文献出版社，2020年，第148—149页。
② 《全国中小学（含教学点）互联网接入率达100%，未联网学校实现动态清零！》（2021年2月1日），中国教育和科研计算机网，https://www.edu.cn/info/focus/gzyb/202102/t20210201_2074243.shtml，最后浏览日期：2023年4月18日。
③ 季为民、沈杰主编：《青少年蓝皮书：中国未成年人互联网运用报告（2020）》，社会科学文献出版社，2020年，第148—149页。
④ 钟煜豪：《有幼师在抖音上传学生短视频，抖音：接家长投诉核实后会删除》（2017年11月25日），澎湃，https://www.thepaper.cn/newsDetail_forward_1879714，最后浏览日期：2023年4月28日。

社会化过程中的重要力量。因此，重视未成年人的网络素养教育，强化教育职责，加强教师队伍网络素养培训提升，是当前学校教育部门有待提升的关键问题。

（三）网络社交媒体平台范围广，出现监管真空地带

根据第47次《中国互联网络发展状况统计报告》显示，截至2020年12月，我国网络空间中有网站443万个、网页3 155亿个，市场上能监测到的App多达345万款。然而，从法律体系而言，目前我国还没有出台能够覆盖网络空间所有主体的专门性法律，更多的是单项的管理规定和协会性质的公约，如《互联网IP地址备案管理办法》《中国互联网网络版权自律公约》。

对于未成年人的网络保护技术措施还不够理想，一些网络视频平台推出的青少年模式或儿童模式使用率不高。有些直播平台关闭打赏功能等提示只是做个样子，多数网络视频平台通过密码进入和退出，并未真正严格执行未成年人的实名认证程序。如果监护人不能尽到监护责任，未成年人就可以通过密码解锁进入"成年模式"。[①] 中国消费者协会2019年发布的《青少年近视现状与网游消费体验报告》显示，一些强制实名游戏产品未启用未成年人登录时段监护机制；在17款强制实名游戏的产品中有5款未启用防沉迷监护机制，其中2款游戏在持续游戏3个半小时未出现健康时长提醒。同时，在使用12岁以下未成年人身份登录进行测试时，仅有10款在当日游戏时长累计1小时后出现了强制退出；使用13—17岁未成年人身份登录测试时，也只有10款出现了健康时长提醒及累计游戏时长达2小时时被强制退出。调查还发现，当前相当比例的未成年人不使用安全杀毒软件、不设置级别较高的安全密码，较少与同伴交流网络安全信息，对与自身密切相关的法律法规知之甚少。这说明，未成年人的网络安全知识教育欠缺，运用网络安全技术自我保护的能力和意识均需提

---

① 季为民、沈杰主编：《青少年蓝皮书：中国未成年人互联网运用报告（2020）》，社会科学文献出版社，2020年，第148页。

升，而网络社交平台的范围之广也出现大量的监管真空地带。

第二节 新闻信息的公共性

公共产品是社会生活特定方面的特定性质，与私人性质相对立。公共产品是公有的而不是私有的。公共产品具有非竞争性和非排他性的特征。非竞争性意味着一个人对某种商品的消费并不妨碍他人对该商品的消费；非排他性是指不能阻止未为某一物品付款的个人享受该物品的利益。

公共性指的是新闻产品的公共价值，它不同于私人信息，是进入公共领域的产品，必须注意其对公共价值的维护。新闻信息具有明显的公共性质。第一，新闻信息是一种公开共享的信息。新闻信息的公开性决定了对所有触达人群均有影响力，且容易被人们视为大众的普遍价值观。第二，新闻信息与全体社会成员普遍相关，是社会成员普遍参与的活动，其生产和传播并不针对特定的私人。经济学意义上，公共产品必然是具有公共性的，与社会成员普遍利益相关程度越高，其公共性也就越强。[①] 基于其上述的公共属性，新闻信息产品的用户市场广阔，生产成本较低，并且在新媒体发展势头正旺的背景下，新闻信息产品传播数量大的话，可以给新闻生产者带来巨大的商业利益。在利益的驱使下，许多专业的与非专业的新闻生产者开始为迎合受众口味而生产质量低下的新闻信息产品。新闻信息产品由市场进行主导，导致低质量的新闻信息产品泛滥，高质量的新闻信息产品数量减少。

以近几年的虚假新闻泛滥问题为例。2017 年虚假新闻处于沉寂状态，2018 年起开始泛滥，由于其造成的社会影响恶劣，2018 年 10

---

① 宋建武、徐艺心：《论信息的公共性》，《新闻与写作》2017 年第 7 期。

月，国家网信办会同有关部门对自媒体账号存在的虚假报道等问题进行了整治与处理。2019年虚假新闻数量减少，典型性也不如2018年，但是2019年某些虚假新闻案例的产生仍然让人觉得匪夷所思。

2019年5月20日，包括今日头条、UC浏览器、搜狐新闻、凤凰新闻、网易新闻在内的多家新闻门户网站和新闻聚合平台，都以"新华社最新消息"的名义，向用户推送了《中美贸易战停火！止战！》的消息。事实上，这则新闻是2018年的旧闻，其中涉及的网络平台均盗用新华社名义发布虚假信息。仅相隔两天，南阳报业传媒微博发布《水氢发动机在南阳下线，市委书记点赞！》称："水氢发动机在我市正式下线啦，这意味着车载水可以实时制取氢气，车辆只需加水即可行驶。"这一新闻听起来仿佛诞生了新的能源获取方式，但是新闻的事实是：试验车不是只加水就能反应，还加了铝合金，两者相互反应才能够产生新的动能。

对上述案例进行分析，可以发现其成因仍然是往年虚假新闻研究报告中多次指出的。首先是专业媒体在生存压力下专业理念愈加淡薄。原本专业媒体在新闻信息生产主体多元的时代中应当承担更多的社会责任，为新闻信息的真实性保驾护航，但迫于生存压力只能与其同步发展，非但没有起到把关作用，某些权威媒体在某些事件中甚至成为"元凶"。其次是惩罚机制的缺位降低了假新闻的生产成本。我国关于新闻方面的法律约束力不强，新闻媒体在发布不实消息后，基本上会进行通报处理或查封，并没有严格的立法来规范新闻生产者的行为。因此，许多新闻生产者罔顾新闻真实性，捏造虚假新闻获取相关利益。最后是多元主体促进了假新闻的快速传播。[1] 新闻信息产品具有公共属性，边际成本低，传播范围基本不受限制，再加上目前新闻生产者多元，传受主体界限的模糊甚至消失，使虚假新闻得到更广

---

[1] 年度虚假新闻研究课题组：《2019年虚假新闻研究报告》，《新闻记者》2020年第1期。

泛的传播。虚假新闻的泛滥导致了新闻媒体的社会责任缺失，为吸引眼球获取经济利益的低质量新闻信息泛滥，人们真正的新闻信息需求得不到满足，新闻信息市场失灵。

第三节　新闻信息的外部性

所谓外部性，意指一个人或一个厂商的活动对其他人或其他厂商的外部影响，或称溢出效应，这种效应是在有关各方不发生交换的意义上，价格体系受到的影响是外来的，存在没有经济报偿的交易。①简单来说就是，未参与交易的第三方在交易双方的交易行为中支付了成本或获得了收益，但该成本或收益并不计算在直接交易内。将经济学概念的外部性引申至新闻信息市场可以理解为，新闻信息生产者和直接的新闻信息消费者之间进行传受活动时，未直接参与的第三方受到其交易行为中的影响，该影响即为新闻信息产品的外部性，同时该影响或为正向，或为负向，即为正外部性与负外部性。

对新闻信息产品外部性的研究可以从新闻生产与新闻消费两方面分别分析；同时，新闻生产与新闻消费中均存在正外部性与负外部性。

新闻生产的外部性主要体现在新闻生产者在生产新闻信息产品时所蕴含的自我倾向。新闻专业主义强调专业新闻生产者在新闻生产时应当遵循客观真实准确的原则，但是人在成长过程中的情感价值观都是无法去除的，因此新闻生产中的客观真实都只能是尽量趋近，而无法完全达到，这就导致新闻生产者在新闻创作中存在自我倾向。在追求流量的新媒体时代，还有很多非专业化的新闻信息生产者会有意地加入自我倾向以吸引受众眼球，引导舆论。

---

① 刘辉：《市场失灵理论及其发展》，《当代经济研究》1999 年第 8 期。

先来谈新闻信息产品生产中的正外部性。以疫情期间对医护人员的新闻报道为例，2019年年末到2020年初，世界经历了一场大考。在与新冠肺炎疫情作斗争的过程中，医护人员成为冲在一线的中坚力量，新闻媒体对医护人员的报道数量众多。电视新闻、网络新闻关于医护人员的报道让广大受众了解到疫情期间医护人员的工作内容与艰苦程度，各地方台也对疫情期间派往武汉疫区的本地医护人员进行了追踪报道，对其感人事迹与无畏精神进行歌颂与赞扬。以山西省晋城市为例，2020年1月26日上午，晋城市首支医疗救援队正式出发，奔赴湖北省武汉市援助阻击疫情第一线，首支救援队共6名医生。随后，晋城市又派出多支医疗队前往湖北省武汉市抗击疫情。每派出一支救援队，晋城市当地媒体就会对其进行追踪报道，包括其出发、到达及疫区生活工作状况，号召全市人民学习一线医护人员的奉献精神。在这样的社会风气下，许多新闻信息受众受到影响与鼓舞，对一线医护人员表示由衷的感谢与敬佩。因此，在3月23日，首批医护人员回到晋城时，马路边自发形成了欢迎队伍，其中包括新闻信息直接消费者，也包括被新闻报道营造的良好社会风气影响的第三者，自发地参与欢迎队伍。同时期，中国各地欢迎"战士"回家的新闻频出，营造了良好的社会风气，这体现了新闻生产中的正外部性。

但是新闻信息生产者在新闻信息产品中表露严重的自我倾向也产生了相应的负外部性。张宏伟在《新闻产品的外部性及其治理》一文中提到，新闻产品生产的负外部性主要表现在媒体审判、新闻侵权、媒体内容庸俗化等方面。[①] 著名的药家鑫案就是一个典型的例子。从药家鑫一案到他被判处死刑，公众从未停止过对此事的讨论，媒体也从未停止过对此事的报道。在药家鑫案的审判过程中，媒体一直在积极地宣传和报道，尤其是由于媒体没有实地调查报告，其中关于药家鑫是"富二代""官二代"的猜测不断涌现。这一行为在媒体和公众

---

① 张宏伟：《新闻产品的外部性及其治理》，《中国出版》2012年第22期。

之间产生一个恶性循环：媒体的报道在无意识中催化了公众的愤怒，而这种愤怒又进一步提供了媒体报道的材料。因此，媒体所创造的"拟态环境"对受众产生了更为深刻的影响，影响了司法审判的正常进行。新闻媒体在司法报道中掺杂过多的自我倾向，将会引导社会舆论，对事件参与方形成舆论压力，从而影响司法的公正与独立。还有许多媒体报道将未成年人画面直接播放，侵犯其隐私权等等均为新闻生产中的负外部性。

新闻信息产品消费阶段也存在正外部性与负外部性。这主要体现在新闻信息消费者方面，新闻信息消费者接收新闻信息后，发表自己的言论或观点，甚至做出实际行动，对第三方产生影响。同样还以疫情期间对医护人员的报道为例。在关于医护人员的报道后总跟着很多读者的评论，不知道是从哪里开始很多评论下跟着的不仅仅是对医护人员的赞扬，还出现了非常多商家对抗疫人员的特殊服务，例如免费就餐等。在这类评论的影响下，全国上下开始出现了对抗疫人员的特殊服务，不仅商家，还有明星、富豪等都通过自己的实际行动对医护人员表达自己的敬意。不难看出，这是新闻消费中所表现出来的正外部性。

新闻消费中当然也有负外部性的存在。2018年8月20日，四川省德阳市的安医生和丈夫一起去游泳。泳池里的两个13岁男孩的一些行为"可能冒犯了"安医生。安医生要求他们道歉，男孩拒绝了，并向她吐口水。安医生的丈夫冲过去把男孩推到水里。男孩的家人打电话到洗手间殴打安医生。双方最终报警，医生的丈夫当场向孩子道歉。2018年8月21日，男孩家人与安医生夫妇所在单位发生冲突，要求领导开除安医生。安医生变得很沮丧。后来，经过网络媒体的传播，很多评论跟随新闻报道，不知道真相的人在报道后发表批判安医生的言论，许多人纷纷效仿，并因负面评论而批评安医生，这名女医生随后被人肉搜索。2018年8月25日，安医生迫于压力自杀，经抢救后死亡。

正外部性新闻能够给社会带来正确的舆论引导，消除受众的不确定性。往往这类新闻需要一定的时间、物质的支撑,而现实的市场环境却是被碎片化的、免费的新闻充斥,观众的注意力分散在碎片化表达上,追求收益的广告也不投资在这类有深度有见地的新闻信息上。缺乏一定的市场激励机制,使得正外部性新闻生产动力不足,与生产成本低的低质量新闻相比,进一步失去市场份额。目前,深度报道面临的就是这种困境,记者蛰伏时间长、产出数量低,尽管有受众存在但还是面临着低迷景象,迫使不少深度报道新闻记者"出走"。这是商业逻辑下市场失灵对新闻信息专业供给者产生的影响。

该事件中的安医生的结局本不应该是死亡,即使媒体对该事件的报道并没有太大偏颇,整体仍然是比较客观公正的,但是由于某些受众对于事件的看法被发表在新闻事件的评论下面,很多缺乏自我思考的受众受到这些负面评论的影响,不经过思考后也在评论区或者转发时发布对安医生不利的、负面的评论,安医生对这些评论无法忍受,之后选择了自杀。这是新闻信息产品在消费阶段负外部性的体现。

第四节 新闻信息生产和传播中的垄断

垄断指在生产集中和资本集中高度发展的基础上,一个或少数几个大企业对相应产品生产和销售的联合控制。垄断直接涉及市场运行的结果,正是市场本身的运行,产生了资源的集中,从而产生了垄断。①

一、生产垄断

在传统媒体时代,从事新闻生产的都是具有一定资质的专业媒

---

① 刘辉:《市场失灵理论及其发展》,《当代经济研究》1999 年第 8 期。

体，新闻信息的采集、生产和分发都集中在少数几个专业的媒体机构中，使传统媒体时代的新闻生产呈现一种由少数主导的精英化生产模式。随着这种精英化生产的加剧，传媒业的垄断与集中趋势也会不断增加，处于支配地位的媒体公司还通过跨行业经营在其他行业中占据重要地位。垄断形成的强大市场规模和经济势力使得新闻生产牢牢掌握在少数几个媒体机构中，对新闻生产影响很大。首先，使新闻信息内容的多样性减少，内容同质化趋势加重。当一家传媒集团下辖多家媒体机构时，常常会对同一新闻素材重复开发利用，造成同一新闻信息反复被报道。同时，为了节省新闻采集成本，媒体集团往往会减少自采机构转而购买新闻内容提供商的新闻，由此造成新闻来源的多样性削弱而同质化信息增加。其次，传统媒体的垄断会造成新闻生产内容的质量降低。当一家或几家传媒公司获得垄断地位时，为了利用市场优势追求更大的利润，往往会迎合广告商和受众的需求，新闻生产偏向娱乐化和低质化，高品质的内容减少，新闻产品的公共性减弱。此外，在垄断市场下由于缺乏竞争者，媒体很有可能成为其所有者的宣传工具，服务于垄断阶级的利益，而公众的真正新闻产品需求得不到保障。

社交媒体时代，互联网的发展和技术的进步使得原来掌握于少数媒体手中的新闻生产权力逐渐分散，打破了传统媒体垄断的市场格局，越来越多新兴的生产主体加入新闻产品生产市场中，在传媒市场中形成了"传统媒体＋新媒体或数字媒体"的市场结构，使得传媒业由原来的精英化生产转向社会化生产，多主体参与有利于新闻产品的多样化，但在这种"人人皆媒体"的社会化生产下，也给新闻信息市场带来了新的困境，即市场机制运行下的平台垄断和分发渠道垄断。

一方面，在数字媒介时代，新闻信息的平台和分发渠道主要在于网络和某几个互联网信息内容提供商，例如今日头条、腾讯新闻等。对于今日头条、腾讯新闻这种内容分发平台来说，他们并不具备新闻的采编权限,不是专业的新闻生产机构,只是内容的"搬运工"。为了帮助平台获取尽可能多的用户和流量,往往陷入新闻信息来源陷阱和速度陷阱,为了追求流量和速度,不注重对新闻真实性的核实,导致虚假新闻和反转新闻不断出现。比如 2016 年,一则关于"上海女逃离江西农村"的报道成为新闻热点,《华西都市报》、新浪江西等诸多媒体在微博上转载该报道。此后,腾讯新闻等国内各大媒体也争相报道,但江西网信办证实后发现这是一则假新闻,是一女子为了引起关注而在某论坛上杜撰的假消息。在新媒体信息市场中,这种现象时有发生,造成了新闻信息市场的混乱。

另一方面,是各个大 V 垄断了各个垂直领域的流量。这一现象在短视频平台表现非常突出,例如视频直播领域的李佳琦和薇娅、做美食文化传播而火遍全球的李子柒。尽管社交媒体让"人人都有麦克风",但在实际运用和实践中,每个人的"麦克风响亮度"不尽相同,有的可以影响全世界,有的则只能影响到有限的几个人。那些拥有大量粉丝而成为某一领域"意见领袖"的大 V,同样也是新闻舆论的引导者,但这些人在发表自己的见解和看法时,如果出现了失误,后果将是十分严重的。特别是一些自媒体人由于缺乏新闻专业背景,在新闻信息供给时舆论导向意识不强,在自身利益的驱动下未能对所发布的新闻信息质量做好全面的把关,把获得高流量作为目标,导致各种假新闻、标题党、抄袭洗稿等现象泛滥。

二、传播垄断

智媒时代新闻信息传播的垄断集中体现为互联网平台的垄断。由于互联网平台积累的用户和数据规模优势,使之具备了开发和利用算法实现智能传播的条件,数据、技术、资本在其中相互反哺,使平台在新闻信息传播中获得了得天独厚的垄断力量,传统媒体难以与之竞争。波斯曼认为,技术垄断是对技术的神化,抵御信息泛滥的防御机制崩溃之后,社会遭遇的后果就是技术垄断。① 自媒体运用算法推荐,其背景正是对信息泛滥的技术控制,企图形成信息供需流动的新秩序。这种技术的运用让算法把关占据了核心地位,算法把关机制将把关由选择机制转变为选择分配机制,把关不再仅仅是能不能通过的选择问题,对通过的信息分配何种程度的媒介资源成为重点。它通过计算机采集的数据来呈现用户需求,再根据需求数据来决定把关力度的强弱。相较于传统把关而言,算法把关更具弹性,市场需求越旺盛,就给予越多的媒介资源,这看起来似乎更适应信息生产和消费的市场规律。但算法把关的规则与传统媒体的把关有很大不同。以头条号为例,算法把关首先是审核和消重,之后进入推荐环节,在推荐时,机器会分批次推荐给对发布信息可能感兴趣的用户,这批用户产生的阅读数据,将对信息下一次的推荐起到决定性作用。这些数据包括点击率、收藏数、评论数、转发数、读完率、页面停留时间等,其中,点击率占的权重最高。这种把关机制忽略了原本隐藏于把关环节中的文化价值、社会责任以及组织声誉等,原本基于作者和编辑主观判断的市场需求,则交由计算机的数据分析来完成。由于信息需求的不确定性和引致性,长期以来,信息的生产通常是由供给方来决定的,供给方也通常占据信息优势地位,引领着信息消费。而算法则是通过展示需求数据来影响信息生产,它不再是引导需求,而是按照需求指导生产,这就颠覆了既有的信息生产模式,使其越来越倾向于抛弃人的主观性,而依赖于数据的客观性。

尽管算法披着科学的外衣,但其技术规则仍然是由人来设计的,这就决定了算法不可能完全客观中立。在影响算法规则上,至少有几个因素得到了研究者的证实,一是设计者,二是获益者,三是政府或管理者。② 这些因素影响了算法规则,用户却并不关心,似乎规则天

---

① [美]尼尔·波斯曼:《技术垄断:文化向技术投降》,何道宽译,北京大学出版社,2007年,第42页。
② Binns R. "Algorithmic accountability and public reason," *Philosophy & Technology*, 2017, 31 (4): 1-14.

生就是公正的。这正是技术垄断的主要特征,人们通常盲从技术、崇拜技术,放大了人作为机器和机器作为人的比方,而且到了超越理性的程度。①用户把算法当作科学的技术,就会陷入技术无意识之中,逐渐去适应算法而不是让算法来适应自己。当算法被接纳为一种制度时,信息生产者的决定也将取决于算法,因为算法既可以使符合规则的信息传播得更为广泛,也可以限制和束缚不符合规则的信息的传播范围和速度。作者必然会想方设法争宠于算法,更加关注算法规则所看重的方面,两者在追求相同目标时会形成共振效应。共振是物理学术语,通常指机械系统所受激励的频率与该系统的某阶固有频率相接近时,系统振幅显著增大的现象。共振超出一定频率,会带来超乎意料的破坏力。借用"共振"一词,能够更形象地解释自媒体作者在把关中是如何主动迎合算法把关、放大算法把关的缺陷,从而导致自媒体把关失灵的问题。

目前,算法把关主要包括两种规则:一种是基于内容的推荐,一种是基于协同过滤的推荐。两种规则在对信息作出判断时都会提取主题和关键词,同时结合点击率等数据判断用户兴趣,而对于内容的质量和价值导向,并不能作出判断。匡文波等认为,"由于目前自然语言处理的局限,系统对文章内容含义无法做到深入理解,只能从其特有高频关键词层面进行标签层面的相似度匹配,这样只会产生出肤浅层面的话题、标签推荐而已"。②而这种肤浅的话题和标签,恰恰成了决定信息传播力的技术规则,对这种规则的迎合将会导致自媒体创作者过分注重信息的包装,忽视信息的价值导向和内容质量。

算法把关垄断对新闻信息生产和传播的影响集中体现在两个方面:一是信息包装过度,二是价值标准异化。信息包装的概念最早由

---

① [美]尼尔·波斯曼:《技术垄断:文化向技术投降》,何道宽译,北京大学出版社,2007年,第68页。
② 匡文波、陈小龙:《新闻推荐算法:问题及优化策略》,《新闻与写作》2018年第4期。

美国学者华莱士·切夫（Wallace Chafe）提出，他认为信息包装是信息本身以及信息如何经"包装"后传达至言语双方，每一个句子都能被编码成一个逻辑式和一个信息包装式。① 通过信息包装，可以预设或激活交流对象的心智空间，进而提高传播效果。在日常交流中，信息包装几乎不可避免。但信息过度包装则是指，在信息传播前，对语言文字进行超出正常程度的修饰和加工，以至于形式大于内容，反而影响了正常的传播效果，带来夸张、误导等问题。由于在算法把关中机器无法对信息的意义和价值作出更多解读，标题和图片的识别首当其冲，采用何种关键词、语气、语态等来拟定标题，对于提升算法推荐量至关重要。这将促使自媒体创作者精心设计标题，算法对于信息形式的认可，将进一步推动作者过分雕琢和修饰语言文字，形成大量的标题党。

为了考察这一问题，本书依托今日头条与高校合作举办的头条学院，从中选择了 236 名头条号作者的文章作为样本。这些头条号文章涵盖了文化、娱乐、教育、财经、科技、体育、汽车、电影、美食等多个领域，从这些头条号发布的文章中共随机选取了 512 篇双标题文章，由作者从后台提供双标题文章的推荐数据，按照推荐量大小进行分类，将高推荐量文章分配为 A 组，低推荐量文章分配为 B 组，对 A 组和 B 组做独立样本的 T 检验，判断算法把关对内容相同而标题不同的文章在选择和分发中是否有明显差异。

从表 6-1 的结果可知，T 检验值为 8.925，Sig 值小于 0.05，表明两组推荐量呈现明显差异，相同内容仅仅因为标题的差别就造成均值差距超过 10 倍的推荐量，充分说明算法对于信息的价值和意义的理解远远小于对标题和关键词的理解，在算法规则中，标题是影响文章推荐量的重要指标。为了进一步了解标题包装与算法推荐的对应关系，本书从修辞、句式、热点关联三个方面对比了双标题文章中推荐

---

① Chafe W. L. "Meaning in language," *American Anthropologist*，2010，67（5）：23-36.

表 6-1 双标题推荐量的独立样本 T 检验

		方差方程的 Levene 检验		均值方程的 t 检验					差分的 95% 置信区间	
		F	Sig.	T	df	Sig.(双侧)	均值差值	标准误差值	下限	上限
推荐量	假设方差相等	178.1	0.00	8.925	1 022	0.000	56 831.59	6 367.978	44 335.8	69 327.4
	假设方差不相等			8.925	515.5	0.000	56 831.59	6 367.978	44 321.2	69 341.9

量较高的标题组与推荐量较低的标题组的差异（见表6-2）。结果发现，高推荐量标题组与低推荐量标题组在信息包装上也存在明显差异，高推荐量标题组采用了更多的夸张用语，标题中使用数字的比例明显高于低推荐量标题组，在句式中更多采用问句的方式，普遍存在故弄玄虚或误导的问题，蹭热点甚至文不对题的现象也多于低推荐量标题组。这一结果证实了算法对于信息包装有更高的认可度。

表6-2 不同推荐量标题的信息包装对比

		高推荐量标题	低推荐量标题
修辞	有夸张或数字（%）	69.1	47.7
	无夸张或数字（%）	30.9	52.3
句式	采用问句、故弄玄虚（%）	54.7	46.1
	不采用问句（%）	45.3	53.9
热点关联	结合热点（%）	62.1	54.3
	不结合热点（%）	37.9	45.7

算法促进作者过分的信息包装，可能会带来重形式而轻内容的问题，这将导致作者在自媒体内容生产中价值标准异化。为探究这一问题，我们通过问卷星和线下问卷共对543名自媒体作者进行了调查，剔除无效问卷38份，共获得有效问题505份。在"你认为自媒体新闻信息生产中最耗费脑力的活动"中，约39%的受访者选择了拟定标题，居于第一位（见图6-1）。进一步地，在"你认为优质标题的标准"选项中，概括文章内容、表达中心思想等传统标准受到冷落，约34%的受访者的首选是赢得算法推荐（见图6-2）。这一数据充分说明了自媒体作者有着向算法靠拢的主动性和自觉性。

自媒体生产者与平台算法的共振，带来了出人意料的效果，除了

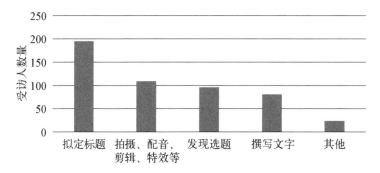

图 6-1 自媒体人认为新闻信息生产最耗费脑力的活动

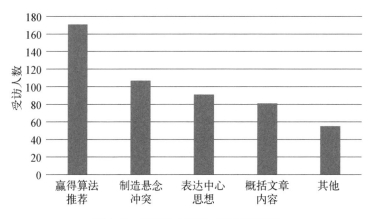

图 6-2 自媒体人认为优质标题特点

标题外,内容评价标准也受到很大影响。从问卷统计数据来看,受访者内容评价标准中前四大因素分别是阅读量、真实性、价值观、原创性。其中阅读量占据了明显的优势,约 46.98% 的人选择了该选项;其次是真实性,达到 26.52%;再次是价值观,占 15.24%;最后是原创性,占 9.24%;其他因素占 2.02%(见图 6-3)。

为了进一步明确算法把关对不同身份角色的影响差异,本书抽取了 32 名头条号作者进行深度访谈,将他们分别置于作者和读者的角色中对自媒体信息进行评价,评价的标准包括阅读数据、内容质量、价值导向。结果发现,当受访者以读者身份评价自媒体信息时,44.6% 的人把内容质量排在第一位,价值导向居于第二位,阅读数据被排在最后。与之形成鲜明对比的是,当受访者作为作者身份来评价

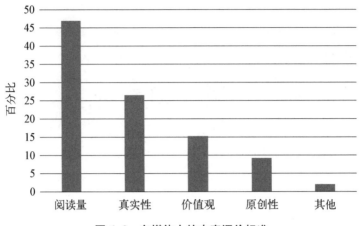

图 6-3 自媒体人的内容评价标准

自己账号中的信息时,41.5%的人认为阅读数据排在第一位,内容质量排在第二位,价值导向居于最后(见表 6-3)。这种身份切换造成的截然不同的评价标准,说明自媒体生产者在信息生产中受算法把关影响很大,作者和自媒体平台因在追求数据和流量上的共同目标产生共振效应,不自觉地将算法把关的规则作为信息生产的标准,忽视价值导向和内容质量。但作为用户而言,反而能够看到以点击率衡量信息优劣的不足之处。最后,当自媒体作者被问及自己创作的内容受算法推荐较少时,是坚持原有的创作还是根据算法需要作出改变,52%的人选择了后者,这进一步证实了算法对作者的影响以及作者主动迎合算法的现状。对算法把关的迎合,导致了自媒体信息生产价值标准异化,无形中放大了算法把关内在的缺陷。

表 6-3 身份与自媒体信息评价

	排 序	评价指标	百 分 比
读者	1	内容质量	44.6
	2	价值导向	29.1
	3	阅读数据	25.5

续　表

	排　序	评价指标	百　分　比
作者	1	阅读数据	41.5
	2	内容质量	37.4
	3	价值导向	23.1

由自由竞争发展到垄断是市场规律的必然结果，新闻信息市场属于市场主体的范畴，自然会出现日趋垄断和集中的状况。在西方传媒业，市场的垄断由来已久，中小型媒体在竞争中逐渐消亡，大型媒体对其进行兼并和收购，最终出现了大型跨国传媒集团。而在中国，由于受到社会体制的影响，传媒的集团化多由政府掌控推动，新闻信息生产也在政府的规制之下，就连自媒体的内容生产也要得到政府的牌照、资质等行政允许，中国新闻信息市场的垄断更接近于政府垄断。

在移动互联网时代下，有人认为技术将麦克风下放到每个用户，打破了新闻市场的垄断。但实际上，由于互联网的特性，平台资源已经不再稀缺，真正的稀缺资源仍是受众的注意力。因此，得到绝大多数受众注意力的媒体处于实际上的垄断地位，而这些媒体的背后是资本、知识和权力。微博上粉丝多的大V是现实生活中就掌握社会话语权的各界名流，短视频平台点赞量多的自媒体背后大多都有着一个完整的专业团队负责运作，普通人上传的内容除了有限的熟人外，基本上无人问津。由此可见，新闻信息市场的完全竞争只存在于理论上，现实仍是少部分媒体和人对市场进行着垄断。

而市场垄断对新闻信息生产有着严重的影响，会造成市场资源配置的低效率。首先，新闻企业机构在自身利益最大化的驱动下，会选择降低成本，而高质量的新闻产品由于生产成本大却无法从外界获得相应的收益，必然会被垄断者所舍弃，形成劣币驱逐良币的现象。其次，占据垄断地位的新闻机构可能会进行信息的自我审查，即屏蔽掉那些对企业和权力主体等自身不利却被受众需要的新闻产品，如"蒋凡事件"。最后，由于垄断的存在，受众可能会受到媒体自身风格喜好和技术特性的限制，减少对新闻产品的选择。同样以今日头条为例，由于算法的存在，今日头条的用户在接收信息时往往会收到同一类型的同质化新闻信息，处于信息茧房之中。总之，当新闻信息市场被少数企业控制时，市场能提供给受众的信息选择自然会减少，且媒体有可能为自身的经济利益或者政治利益，有偿沉默，让社会公众尤其是弱势人群得不到应有的新闻信息服务，使新闻信息市场失灵的现象加剧。

第五节　信息不对称

信息不对称指的是，信息的分布对于买方和卖方来说不平衡，或者是买方了解的信息比卖方多，或者是卖方了解的信息比买方多。总之，双方对信息的了解程度不同，也会造成市场失灵。

一、生产环节的信息不对称

发生信息不对称时，当受众看到一则与自己的认知不协调的新闻，会质疑这些新闻和结论都是怎么来的，多次出现这样的新闻，受众就会不相信该媒体发布的内容。反过来，对于社交媒体运营者来说，用户到底需要什么样的新闻，也只有用户自己知道，生产者肯定没有用户清楚自己更需要什么样的新闻，在这种情况下，用户想看的新闻信息与实际看到的新闻信息之间就会有偏差。举个例子来说，新闻信息生产者在生产新闻信息时所获取信息的渠道、采访的过程、对受访者的选择以及最后的把关，这些只有生产者知道，受众是不知道的，这就是信息不对称。

新闻生产环节的信息不对称主要体现在两个方面：一是新闻生产者不知道用户需要什么内容，二是新闻生产者自以为用户需要某些信息。这两种情况的信息不对称都会造成新闻信息市场的无效供给。

传统媒体时代，新闻生产的主动权掌握在少数媒体手中，新闻信息市场呈现一种卖方市场的状态，媒体在不知道受众需求的情况下往往按照自己的意愿给受众提供新闻，从而形成李普曼所说的"拟态环境"。媒体的新闻传播活动所形成的信息环境只是对客观环境的镜子式再现，绝大多数人只能根据新闻供给机构去了解媒体想让受众了解的世界，受众的认知行为受到影响，从而使新闻信息市场的供给和需求不能匹配。社交媒体环境下，不同的供给主体由于掌握信息的数量和质量差异较大，加上对用户的理解更多建立在平台所呈现的相关数据上，生产者一方面会根据自己的特长和能力来寻找相应的领域，另一方面在生产内容和风格上，会根据新闻信息的市场表现来逐步稳定或强化。但这些是否真的是用户所需要的，仍然存在较大的不确定性，尤其是一些平台的激励措施，如点击量、转发量等，会对生产者形成指导，让其以为这便是市场最需要的信息。

在市场机制下，社交媒体的一端连接着用户，另一端连接着生产者，此外，还有一个重要的角色就是广告商。生产新闻信息需要同时服务于观看的用户和出资的广告商，因此，新闻信息是一种双重交易的商品。作为一种商品而言，新闻信息的直接消费者虽然是用户，但其最终的成本却需要依赖广告商的支付，而广告商与用户之间也存在着信息不对称，广告商拥有更多的资源和话语权来影响新闻产品的生产和分发。① 在广告商的压力下，新闻信息的生产和传播可能会出现一系列的偏向，比如屏蔽某些对广告商不利的信息、减少争议性议题的报道、娱乐性和诱导性内容的增加、忽视不具备购买能力的消费者的需求等。在这种信息不对称的情形下，无效的信息供给增加，而受

---

① 田秋生：《新闻产品生产和分配的市场失灵》，《当代传播》2011年第2期。

众的真正信息需求得不到很好的满足。

二、传播环节造成的信息不对称

与生产环节不同的是，传播环节带来的信息不对称目前主要由算法造成的。算法推荐技术的出现与应用在一定程度上缓解了新闻生产环节的信息不对称问题，但却在分发环节产生了新的不对称问题。常常会有一些用户收到莫名其妙的信息，平台媒体所宣称的"千人千面"原本是让信息传播更加精准化，但算法本身所固有的缺陷，反而会带来算法投机、劣币驱逐良币的现象，一些通过伪原创、打擦边球来博取吸引力的内容不断出现，对算法分发形成负面影响。

随着新闻生产社会化的不断发展，新闻生产主体和分发渠道更加多元，自媒体、社交媒体的普及更是带来海量信息的迸发，与此相伴，对这些庞大信息的管理与分发也成为新的问题。在此背景下，各式各样的算法技术都存在着巨大的市场机会。算法推荐技术在社交媒体平台的使用，推动了更精确地获取用户数据以及指导信息的生产和分发，显示了技术创新对新闻产品生产和分发效率提升的强大助推作用，在新闻信息市场广受欢迎。比如今日头条、一点资讯等资讯平台，通过算法对用户的数据痕迹分析，很快就能找到与用户数据匹配度高的新闻资讯，并进行有针对性的投放，实现精准推荐。优酷推出的"鱼脑""鲸观"等多款技术产品为策划、生产、营销等内容产业全链路环节提供了多样的技术支持。"鱼脑"只需半小时，就能提前一年预测内容生命周期的各个环节，比如流量、明星、话题、事件等，《长安十二时辰》的男主演之一雷佳音就是通过"鱼脑"平台对剧本的 AI 分析以及潜在主演多维度数据对比选出来的。[①] 算法推荐

[①] 《优酷推出"鱼脑"、"鲸观"等平台，全链路技术赋能内容产业》（2018 年 4 月 20 日），百家号，https://baijiahao.baidu.com/s?id=15982574739243889131&wfr=spider&for=pc，最后浏览日期：2020 年 11 月 25 日。

技术的广泛运用，有利于解决信息生产者不知道生产什么的问题，一定程度上缓解了信息不对称带来的信息的无效供给的问题。

然而，过度依赖算法推荐技术也会带来新闻信息市场的无序，出现算法偏见、信息茧房、信息成瘾、内容质量低下等问题，最终仍然无法实现信息资源的有效配置，从而造成新闻信息市场的失灵。"算法的介入，使得媒体与用户关系从以往的传者主导、受众被动接收的线性关系，转为'媒体-算法-用户'三者之间复杂互动的循环关系。"① 在未获得用户偏好前，算法是根据大数据筛选的"热门"讯息来进行推送的，然而，这就导致算法容易被虚假流量欺骗，在实际运作中忽视了所谓"热门"中的伪数据，从而对推荐内容的价值评估产生偏差。谣言的传播就是一个很好的印证，谣言由于在某种程度上迎合了用户心底深层次的想法，更易于得到传播，而算法推荐进一步助推了谣言的传播。比如，新冠肺炎疫情期间关于"双黄连能治愈病毒"的谣言广泛传播，引发人们对双黄连的哄抢，就体现了算法推荐中出现的偏差。在媒介注意力经济的诱惑下，各种"标题党"信息大量出现，用户往往会被这类信息吸引而被"骗"入内容界面，但这样得到的用户反馈也存在偏差。因为在这种情况下，用户点击的内容并不一定是用户真正感兴趣的内容，长此以往，算法反而会忽视用户真正需要的内容，并在错误的用户反馈中加剧算法推荐的偏见循环。

此外，算法是在信息泛滥的大背景下发展起来的，其实质是对信息泛滥实施的一种技术控制。算法推荐表面上属于客观中立的技术范畴，作为一种垄断性的技术，当算法控制信息生产和分配时，其底层逻辑仍然是将商业媒体的盈利手段，通过将用户的数据售卖给广告商而获利。因此，所谓的算法中立论，其实是难以实现的。在数据红利下，算法的推荐最终并不是为了让用户得到更好的满足，而是广告主和平台的盈利工具，而在利益的导向下，留给用户的更多是"信息茧

---

① 章震、周嘉琳：《新闻算法研究：议题综述与本土化展望》，《新闻与写作》2017 年第 11 期。

房"争议中的愈加自缚,以及在各种劣质信息的泛滥中无所适从。

信息的不对称也与技术崇拜有关。在技术崇拜思想的主导下,用户更关注的是如何在技术中获取自己想要的收益,而不是对技术的规则和运作机制进行批判和思考。而随着技术的发展,人工智能所涉及的行业门类越来越多,技术也变得异常复杂难懂,人们既没有能力也没有兴趣去搞清楚技术或算法的运行规则和工作原理,甚至对互联网平台企业如何收割和使用自己提供的数据也丧失了必要的敏感性,人们已经接受了通过提供数据来获得免费技术使用权的交易法则,至于技术背后的资本力量会如何使用这些数据,人们并不太关心。技术崇拜使人们对算法的不透明性视而不见,平台通过算法黑箱改造既有的社会关系,塑造出一个又一个衡量市场的新指标,新闻信息生产者在市场中追随技术,又会加剧信息不对称。因此,表面上虽然算法推荐更适合新闻信息市场的生产和消费规律,但实际上却在实际应用过程中带来了算法代表的工具理性取代人的价值理性的后果,使新闻产品的社会文化价值被削弱和消解,而其根本原因还是在于信息的不对称。

第七章

智媒时代新闻信息规制的发展实践

随着网民和新闻信息数量的飞速增长，网络失序现象屡见不鲜。智媒时代新闻信息生产和传播的蓬勃发展也带来各式各样前所未有的问题，对新闻信息的规制提出严峻挑战。新技术环境下的新闻信息规制面临着诸多不确定性，如何对海量网络信息进行监管？既要保障公民表达自由的权利，又要规范网络信息秩序。监管部门和社会各方只能在实践中不断摸索，在探索中前行。本章将对智媒时代新闻信息规制的发展实践进行梳理，分析总结我国规制实践中的经验和教训，梳理其他国家在新闻信息规制方面的经验，为提出相关规制措施及优化建议提供借鉴。

第一节 智媒时代我国新闻信息规制的实践梳理

一、智媒时代我国互联网新闻信息方面的法规建设

（一）立法建设

智媒时代新闻信息的规制伴随着行业的发展实践逐步丰富。从法规建设来看，我国从引入互联网初期到 2004 年，基本处于对网络信息管理的探索期；2010 年前后，智能化技术开始进入应用阶段，新闻信息的生产、经营管理、传播等环节都出现了一些新问题，既有的法律法规及其他规制文件在很多新业态与新问题中难以寻求有效依据，有法可依成为新闻信息规制迫在眉睫的问题。党的十八大以来，我国网络社会治理全局性、根本性立法开始启动，党的十八大报告明确将"加强网络社会管理、推进网络依法规范有序运行"内容写入党

的规范性文件。2016 年，《中华人民共和国网络安全法》的出台，标志着高阶位法律开始发挥基础性作用。《中华人民共和国网络安全法》对于确立国家网络安全基本管理制度具有里程碑式的重要意义，具体表现为六个方面：一是服务于国家网络安全战略和网络强国战略；二是助力网络空间治理，护航"互联网＋"；三是构建我国首部网络空间管辖基本法；四是提供维护国家网络主权的法律依据；五是有利于在网络空间领域贯彻落实依法治国精神；六是为网络参与者提供普遍法律准则和依据。

2021 年，《中华人民共和国数据安全法》和《中华人民共和国个人信息保护法》相继出台，我国在网络与信息安全领域的法律法规体系得到了进一步的完善。前者作为数据领域的基础性法律，主要围绕数据处理活动展开；后者则从自然人个人信息的角度出发，给个人信息上了一把"法律安全锁"，成为中国第一部专门规范个人信息保护的法律，对我国公民的个人信息权益保护以及各组织的数据隐私合规实务都将产生直接和深远的影响。公民个人信息保护进入正轨，网络暴力、网络谣言、网络欺诈等"毒瘤"生存的空间将被大大挤压。

经过多年的探索实践，我国对互联网新闻信息内容的规制初步形成了涵盖法律、行政法规、司法解释、规章及规范性文件等在内的一套法律体系。其中又衔接各部门法，形成行政、民事、刑事部门的综合性监管体系。民事法律规范侧重解决网络侵权纠纷。刑事法律规范重在惩治网络诽谤、赌博、传播淫秽信息等网络犯罪。相对而言，行政法规、规章及文件数量尤其庞大，因此该体系以调整行政法律关系为主，侧重行政监管，以行政处罚为主要管控手段，对监管内容、方式、责任均有涉及。

（二）行政规章

在涉及新闻信息内容规制的法规中，呈现规定较散且涉及主体较多的特点。2010 年至 2022 年 1 月，出台的与新闻信息相关的部门规章有 13 个（见表 7-1）。一方面，具体监管内容的条文呈零星状散布于各部法律法规之中，很多规定在不同规章中均有其监管依据的表述，但执法部门和主体却并不相同。为了规范执法，2017年5月出台的《互联网信息内容管理行政执法程序规定》是一部国家网信办专门针对网络信息内容制定的程序性部门规章。其中明确了网络信息内容的监管主体与范围，建立了行政执法督查制度，提出了加强执法队伍建设，确立了整套管辖、立案、调查取证、听证、约谈、处罚决定、送达、执行结案的办案程序，为网络信息内容执法领域提供了依据。网络信息内容执法依据与程序的建立，标志着我国互联网信息内容监管将进入一个更加规范、更加符合法治精神的新阶段。

表7-1　2010年以来出台的与新闻信息相关的部门规章

序号	出台时间	规章名称
1	2011年2月17日	《互联网文化管理暂行规定》
2	2011年12月29日	《规范互联网信息服务市场秩序若干规定》
3	2013年7月16日	《电信和互联网用户个人信息保护规定》
4	2016年2月4日	《网络出版服务管理规定》
5	2017年5月2日	《互联网信息内容管理行政执法程序规定》
6	2017年5月2日	《互联网新闻信息服务管理规定》
7	2017年8月24日	《互联网域名管理办法》
8	2019年1月10日	《区块链信息服务管理规定》
9	2019年8月22日	《儿童个人信息网络保护规定》
10	2019年12月15日	《网络信息内容生态治理规定》
11	2021年8月16日	《汽车数据安全管理若干规定（试行）》
12	2021年12月28日	《网络安全审查办法》
13	2021年12月31日	《互联网信息服务算法推荐管理规定》

另一方面，有相当一部分法规规章针对性地指向了专门监管对象，列举重点、特殊行业的管制内容，如《区块链信息服务管理规定》《儿童个人信息网络保护规定》等。《儿童个人信息网络保护规定》是我国第一部专门针对儿童个人信息保护的部门规章。我国虽有《未成年人保护法》，但缺少互联网时代儿童个人信息保护规定。《儿童个人信息网络保护规定》则填补了互联网时代儿童个人信息保护的法律空白。在《网络安全法》和《未成年人保护法》基础上制定的《儿童个人信息网络保护规定》，结合青少年防沉迷系统的全面推行，能够更好地保护儿童的健康成长，维护儿童在网络空间的合法权益，为儿童个人信息提供全生命周期的保护。该规定明确了任何组织和个人不得制作、发布、传播侵害儿童个人信息安全的信息，确定了儿童个人信息网络保护的具体原则，以及网信部门和其他有关部门的监管职责。该规定在以下六个方面都直指未成年人在新闻信息生产和传播中的乱象本质。一是要求网络运营者制定专门的儿童个人信息保护规则和用户协议，并需要网络运营者指定专人来负责儿童个人信息保护工作；二是明确了在征求同意过程中，应当同时提供拒绝选项；三是要求在存储儿童个人信息时，应当采用加密等措施；四是规定网络运营者应当把控内部管理流程，严格设定内部信息访问权限和儿童个人信息知悉范围；五是要求委托第三方处理儿童个人信息时，应当进行安全评估，确定委托范围和相应权利责任；六是对删除权、数据泄露通知等制度作了细致要求。同时，该规定首次系统地规定了儿童个人信息网络保护的要求，相较于14周岁以上的未成年人和成年人，其各项要求均更加严格，有利于更有效地保护儿童在网络空间的合法权益。

《儿童个人信息网络保护规定》作为《网络安全法》的配套规章，推进了法律法规的落实落地。如第二十五条规定，"网络运营者落实儿童个人信息安全管理责任不到位，存在较大安全风险或者发生安全事件的，由网信部门依法进行约谈，网络运营者应当按照约谈要求及时采取措施,进行整改,消除隐患"。这是《网络安全法》第五十六条内容的升级版。一方面,将监管的主体从"省级以上人民政府有关部门"直接提升至"国家互联网信息办公室",监管主体层级大幅提升,显示了国家对于儿童个人信息安全的重视;另一方面,网络运营者对约谈的反馈更严格,从"应当按照要求采取措施,进行整改,消除隐患"提升至"应当按照约谈要求及时采取措施,进行整改,消除隐患",新增了对网络运营者反馈的及时性要求,这将有利于全社会信用制度的建设。《儿童个人信息网络保护规定》进一步充实了我国儿童个人信息网络保护的法律依据,标志着我国儿童个人信息保护工作进入一个新的阶段。

2016年至今,可以说是我国对互联网新闻信息规制的快速推进期。一方面,在实践中,随着新问题出现而需要修订补充的规定得以快速修订,其中最具代表性的是2017年新修订的《互联网新闻信息服务管理规定》和2019年修订出台的《中华人民共和国政府信息公开条例》。在修订法律规制的同时,辅以相关的更细致的配套措施,如出台相关文件加强对互联网信息服务从业人员的规范以及对新技术新应用的评估管理等,法律规制呈递进状态。2014年以来出台的与新闻信息相关的规范性文件多达19个(见表7-2)。

表7-2 近些年出台的与新闻信息相关的规范性文件

序号	施行时间	文件名称
1	2014年8月7日	即时通信工具公众信息服务发展管理暂行规定
2	2015年3月1日	互联网危险物品信息发布管理规定
3	2015年3月1日	互联网用户账号名称管理规定
4	2015年6月1日	互联网新闻信息服务单位约谈工作规定
5	2016年8月1日	移动互联网应用程序信息服务管理规定

续　表

序　号	施行时间	文　件　名　称
6	2016年8月1日	互联网信息搜索服务管理规定
7	2016年12月1日	互联网直播服务管理规定
8	2017年6月1日	互联网新闻信息服务许可管理实施细则
9	2017年10月1日	互联网跟帖评论服务管理规定
10	2017年10月1日	互联网论坛社区服务管理规定
11	2017年10月8日	互联网群组信息服务管理规定
12	2017年12月1日	互联网新闻信息服务单位内容管理从业人员管理办法
13	2017年12月1日	互联网新闻信息服务新技术新应用安全评估管理规定
14	2018年3月20日	微博客信息服务管理规定
15	2019年9月1日	云计算服务安全评估办法
16	2020年1月1日	关于印发《网络音视频信息服务管理规定》的通知
17	2021年2月22日	互联网用户公众账号信息服务管理规定
18	2021年5月1日	关于印发《常见类型移动互联网应用程序必要个人信息范围规定》的通知
19	2022年1月28日	国家互联网信息办公室关于开展境内金融信息服务报备工作的通知

另一方面，这一时期直播、短视频等形式的智媒平台成为新闻信息传播的重要途径，在包括媒体、政府部门、名人明星等各类主体广泛参与的直播平台和短视频平台，新闻信息的生产和传播无论在媒介形式上还是在传播方式上都更加丰富，用户在互动和评论中也不断制造热点事件和热点话题，成为新闻事件的发酵场。2017年开始，国家对社交媒体平台新闻信息的管理更趋于细致，如《网络安全法》和

《互联网新闻信息服务管理规定》对新闻信息的划分更为细致，并对应了相应的责任义务。同时，围绕从业人员、技术手段、行政执法等维度，国家相继出台了相关规章制度，对网络传播的信息内容、范围等进行限定，使整个体系更加完善细致。为迅速响应此类问题的发展新动向，政策性文件在规制中也发挥着重要作用。2021年，七部委印发的《关于加强网络直播规范管理工作的指导意见》，准确把握网络直播行业特点规律和发展趋势，对平台、主播、用户等各方的责任予以划分说明，明确指出网络直播平台应将社会效益放在首位，严禁为未满16周岁的未成年人提供网络主播账号注册服务，建立直播账号分类分级规范管理制度，这一系列具体规定和要求直指网络直播行业出现的突出问题、难点问题、痛点问题，为科学规范行业运行规则，构建良好产业生态，营造积极健康、内容丰富、正能量充沛的网络直播空间提供了制度保障。

二、智媒时代我国新闻信息规制发展中的变化

（一）规制主体的变化

我国对于新闻信息的规制，通常以政府主导的立法规制和行政管理规制为主，以行业自治为辅。立法规制层面，以全国人民代表大会及其常委会、国务院、国务院相关业务部门（如国家互联网信息办公室、广播电视总局等）、地方政府相关部门为主。行政管理层面，以国家和地方的宣传部门、广电部门、国家互联网信息办公室为主。2014年以来，国务院授权重新组建的国家互联网信息办公室负责全国互联网信息内容管理工作，并负责监督管理执法。绝大部分与互联网新闻信息的管理有关的规章制度，都出自国家互联网信息办公室。国家网信办与地方各级网信办依照属地管理原则成为网络信息内容的专门监管机构。但因为整个网络信息内容的执法权限设置过于宽泛，加之地方网信机构建设滞后，所以在2016年的《关于进一步深化文

化市场综合执法改革的意见》中指出：中央宣传部、中央网信办、文化部与新闻出版广电总局负责统筹推进文化市场综合执法改革，中央网信办统筹协调互联网信息内容的执法工作。该意见确立起了国家网信办的监管核心地位，同时，有公安、新闻出版广电、文化等诸多部门配合其监管执法工作，"1＋N"主体确立并由其行使监管职能。2017年的《互联网信息内容管理行政执法程序规定》，再次将整个网络信息内容的监管权限以立法形式明确赋予国家互联网信息办公室和地方各级互联网信息办公室。近些年来，智媒技术的发展与媒介融合，使新闻信息的生产主体和发布载体不断丰富，地方政府、行业协会、互联网平台等均开始逐渐发挥作用，越来越多的相关地方政府部门出台地方性规范性文件、政策等，在国家出台相关法规的基础上，配套出台相应细则，使新闻信息的规制在实践中更具可操作性和适用性。如上海市政府部门出台了《即时通信工具公众信息服务发展管理暂行规定》《互联网新闻信息服务管理许可实施细节》《关于促进上海网络视听产业发展的实施办法》，中国互联网协会发布的《用户个人信息收集使用自律公约》等规定或自律公约。

在行业协会方面，2021年12月15日，中国网络视听节目服务协会发布的《网络短视频内容审核标准细则（2021）》（简称《细则》）最具代表性。新版《细则》在2019版基础上进行了全面修订，它的发布表明了智媒时代行业协会在信息规制中越来越重要。一般而言，行业协会制定的细则属于自律公约。但此次发布《细则》的行业协会会员基数较大，包括业内许多主流企业，这意味着《细则》在业内认可度较高，具有一定的法律效力。作为行业协会制定的行业标准，虽然不具有法律强制力，但是对于协会会员具有自律性质的约束力。且协会的成员为国内高知名度企业，现有会员单位700余家，协会成员均认可同意和落实这一标准，一旦违反，协会可以进行行业自律性质的处罚。因此，也可以把《细则》理解成在《著作权法》中，在短视频领域实施的大家认可的通行标准，从这个角度来看，具有一定的法律效力。

智媒时代，平台已经成为新闻信息的生产和传播的基础设施，在新闻信息的规制方面也开始发挥主体作用。2021年9月15日，国家互联网信息办公室发布《关于进一步压实网站平台信息内容主体责任的意见》，首次系统提出网站平台履行信息内容管理主体责任的工作要求，主要包含10个方面具体内容。没有采编资质的时政号、地域号，公众账号名称和运营主体业务不匹配的公众号及虚假公众号等都将受到严格监管。平台在互联网新闻信息规制中的作用日益重要，以字节跳动为例，其旗下包括今日头条、抖音、西瓜视频等新闻信息传播平台，字节跳动有动力和积极性维护良好的平台生态环境，为此专门成立了平台责任研究中心，承担网络平台的主体责任，提升自律意识。今日头条作为新闻资讯类平台，有专门的《今日头条社区规范》，对新闻信息的生产和传播有较为严格的规定。针对MCN机构出现的新问题，今日头条出台《今日头条MCN机构管理规范》，管理MCN机构账号在平台上的相关行为，同时不定期开展一些专项整治活动，重点对存在网络诈骗、内容低俗、网络暴力等问题的相关账号主体进行处理，并向全社会公布处理结果，起到了较好的警示效果。

(二) 规制对象的变化

与以往新闻信息规制的对象集中于媒体机构、个体网民等主体不同，进入智媒时代以来，各种媒体平台的蓬勃发展，新闻信息内容的瞬息万变、形式的多种多样对规制本身提出了更高的要求，新闻信息的规制对象更多地落在了平台这一主体上。2017年5月发布的《互联网新闻信息服务管理规定》第五条规定，"通过互联网站、应用程序、论坛、博客、微博客、公共账号、即时通信工具、网络直播等形式向社会公众提供互联网新闻信息服务，应当取得互联网新闻信息服务许可，禁止未经许可或超越许可范围开展互联网新闻信息服务活动"。《互联网新闻信息服务许可管理实施细则》明确："互联网新闻信息服务，包括互联网新闻信息采编发布服务、转载服务、传播平台服务。其中，采编发布服务，是指对新闻信息进行采集、编辑、制作并发布的服务；转载服务，是指选择、编辑并发布其他主体已发布新闻信息的服务；传播平台服务，是指为用户传播新闻信息提供平台的服务。"

规制平台的措施重在压实平台的主体责任，同时也以平台为抓手对平台用户进行有效监管。国家互联网信息办公室于2021年1月22日发布新修订的《互联网用户公众账号信息服务管理规定》（简称《新规》），自2021年2月22日起施行。《新规》认为，在新形势、新技术、新形态催生新要求、新问题、新生态等时代发展背景下，由公众账号信息服务平台、公众账号生产运营者、用户、有关政府部门等构成的信息服务生态结构，推动信息服务呈现专业化生产、组织化传播、商业化运营的新局面，围绕新生态亟须建设多元参与、协同共治的治理模式。当前，信息流、算法推荐、群圈分享、平台分发等网络传播新技术广泛应用，促进公众账号信息服务专业化、精准化和产业化。但是，技术是一把双刃剑，在推进服务提质增效的同时，催生了网络水军、恶意营销、敲诈勒索、盗版侵权等新的顽疾毒瘤，严重影响舆论生态、扰乱传播秩序、破坏网络文明。需要聚焦新问题，贯彻新理念，采用新手段，全面提升网络空间治理体系和治理能力。

在这一阶段，国家也对社会管理提出了更高的要求，要求平台企业充分发挥自治功能，相关行业协会发挥监督规制作用。微博微信等社交媒体平台相继出台了《微信公众平台服务协议》《腾讯服务协议》《腾讯微信软件许可及服务协议》《微信公共平台运营规范》《微博用户服务使用协议》《微博社区公约》《微博社区管理规定》《微博社区委员会制度》《微博商业行为规范办法》等。相关政府部门经常通过专项行动或行政约谈的方式来对各类平台或账号主体进行监管执法，针对平台的相关负责人、管理者进行约洽商谈。例如，今日头条因涉黄、低俗、无许可从事互联网新闻信息业务等原因被网信、广电等部门约谈多次，责令要求整改。

(三) 规制内容的变化

智媒时代新闻信息的规制不仅涉及内容的规范问题，更多开始转向对智能化技术的规制，算法推荐逐渐侵入我们的生活，影响着我们生活的方方面面；同时，也滋生了"大数据杀熟""流量造假""过度推荐"及"操纵榜单"等损害公众利益、破坏正当竞争、扰乱社会秩序的行为，特别是算法偏见、算法伦理等问题，成为新出台的各类规制文件的重点内容。2021年8月27日，国家网信办发布了关于《互联网信息服务算法推荐管理规定（征求意见稿）》（简称《算法规定草案》）公开征求意见的通知，意在有针对性地对算法推荐领域的乱象进行监管，并全面规范各类算法推荐活动。根据《算法规定草案》，不得根据消费者的偏好、交易习惯等特征，利用算法在交易价格等交易条件上实行不合理的差别待遇等违法行为。算法推荐具有一定隐蔽性，常常使得公众在无形之中被"算计"。因此，《算法规定草案》对算法进行了区分，特别强调了"具有舆论属性或者社会动员能力的算法推荐服务提供者"（特殊算法推荐服务提供者）应当通过相关备案系统填报相关信息，进行备案，并在其对外提供服务的平台的显著位置标明其备案编号并提供公示信息链接。同时，在增加算法推荐的公开透明度、保障用户知情权方面作出了一系列规定。

2019年12月15日公布的《网络信息内容生态治理规定》对网络信息内容服务平台采用个性化算法推荐技术推送信息作了明确规定，提出建立健全人工干预和用户自主选择机制。此外，《网络信息内容生态治理规定》关注到了深度造假和虚拟仿真技术应用中可能产生的风险，如第23条规定，"网络信息内容服务使用者和网络信息内容生产者、网络信息内容服务平台不得利用深度学习、虚拟现实等新技术新应用从事法律、行政法规禁止的活动"。而这一时期恰恰出现了人工智能换脸、语音模拟、人脸合成、视频生成等新技术新应用，处在监管的空白区域。受众刻意利用深度学习等智能技术伪造或合成高度逼真且真假难辨的图片、音视频来进行虚假信息的传播，这一现象迫切需要有相应的规章制度。

2021年2月9日,国家互联网信息办公室、全国"扫黄打非"工作小组办公室等七部委联合发布《关于加强网络直播规范管理工作的指导意见》,强调网络直播平台要建立健全直播账号分类分级规范管理制度、直播打赏服务管理规则和直播带货管理制度,要针对不同类别级别的网络主播账号在单场受赏总额、直播热度等方面合理设限,要对单个虚拟消费品、单次打赏额度合理设置上限,对单日打赏额度累计触发相应阈值的用户进行消费提醒,必要时设置打赏冷静期和延时到账期。

2021年9月17日,国家网信办等九部门联合印发《关于加强互联网信息服务算法综合治理的指导意见》。该意见提出,坚持以习近平新时代中国特色社会主义思想特别是习近平总书记关于网络强国的重要思想为指导,利用三年左右时间,制定完善互联网信息服务算法安全治理政策法规,算法安全治理的主体权责明确,治理结构高效运行,形成有法可依、多元协同、多方参与的治理机制;创新性地构建形成算法安全风险监测、算法安全评估、科技伦理审查、算法备案管理和涉算法违法违规行为处置等多维一体的监管体系;算法导向正确、正能量充沛,算法应用公平公正、公开透明,算法发展安全可控、自主创新,有效防范算法滥用带来的风险隐患。

除了算法外,对数据的规制也是近年来规制内容的重点。仅2021年以来,有关数据方面的法律法规就有4部,其中《中华人民共和国个人信息保护法》和《中华人民共和国数据安全法》最具代表性。自2020年6月28日以来,《数据安全法》经历了三次审议与修改,确定于2021年9月1日正式施行。该法明确了数据管理者和运营者的数据保护责任,指明了数据保护的工作方向,对整个信息安全产业都带来了积极的影响,全面消除了数据管理者和运营者在数据安全建设中的盲区,使数据安全建设有法可依。同时,该法要求建立统一规范、互联互通、安全可控的机制,利用数据安全运营,为提升数据要素在传媒业发展中发挥作用提供法律保障。

2021年8月20日,《中华人民共和国个人信息保护法》(简称《个人信息保护法》)正式通过,并于2021年11月1日正式施行。《个人信息保护法》的诞生,标志着在我国网络数据法律体系中继《网络安全法》《数据安全法》之后,具有重要意义的一块拼图终于落定。不同于《网络安全法》侧重于网络空间综合治理,《数据安全法》作为数据领域的基础性法律主要围绕数据处理活动展开,《个人信息保护法》从自然人个人信息的角度出发,给个人信息上了一把"法律安全锁",成为中国第一部专门规范个人信息保护的法律,对我国公民的个人信息权益保护以及各组织的数据隐私合规实务都将产生直接和深远的影响。

三、智媒时代我国新闻信息规制趋势

(一)相关法规逐步细化完善

智媒时代,我国在新闻信息相关领域的法律法规不断出台,尤其是国家互联网信息办公室负责全国互联网信息内容管理工作以来,部门规章、规范性文件和政策文件接连出台,相隔时间也较短,逐步细化了各项管理规定,从用户账户名称管理、技术评估、从业人员规范等到细分类目的信息如论坛社区、群组信息、信息搜索服务、微博客信息、App信息服务等,事无巨细均出台了相关规定,有的还就其发展出现的新问题发布补充规定。2016年,就直播中出现的一系列问题,出台了《互联网直播服务管理规定》,2021年,国家互联网信息办公室牵头联合七个部委发布了关于印发《关于加强网络直播规范管理工作的指导意见》的通知,针对网络直播行业存在的主体责任缺失、内容生态不良、主播良莠不齐、充值打赏失范、商业营销混乱、青少年权益遭受侵害等问题,作了明确的规定。2016年,面对移动应用程序在使用中出现的问题,国家互联网信息办公室出台了《移互联网应用程序信息服务管理规定》。随后在实践中出现了运营商以用户协议默认的方式，采集用户不必要的信息的问题。为此，2021年，国家互联网信息办公室、工业和信息化部、公安部、国家市场监督管理总局联合制定了《常见类型移动互联网应用程序必要个人信息范围规定》，明确移动互联网应用程序（App）运营者不得因用户不同意收集非必要个人信息，而拒绝用户使用 App 基本功能服务。此外，就互联网新闻信息服务中出现的问题，国家互联网信息办公室根据《中华人民共和国行政许可法》《互联网新闻信息服务管理规定》，于 2017 年出台了《互联网新闻信息服务许可管理细则》，进一步明确了新闻信息服务的概念和范围，在实践中有了统一的操作标准。

总体上来看，法规的完善既有对已有问题规制不到位的补充，也有对新现象和新问题的回应。例如，2019 年出台的《网络音视频信息服务管理规定》第十条，特别规定了网络音视频信息服务提供者基于深度学习、虚拟现实等新技术新应用上线具有媒体属性或者社会动员功能的音视频信息服务，或者调整增设相关功能的，应当按照国家有关规定开展安全评估。2021 年出台的《互联网用户公众账号信息服务管理规定》，专门就公众账号信息服务平台和公众账号生产运营者的权利、义务和责任作出详细规定，明确将买卖囤积公众账号、操纵多个公众账号、制造虚假流量等问题列为违规行为，使对平台的管理和平台对用户的管理都实现了有法可依。

（二）多元化的规制体系逐步建立

由于传统媒体的分业规制模式，形成了"条块分割""多头管理"的管理格局。在网络媒体的扩张和网民规模持续增加的过程中，分头管理的弊端日益凸显，党和政府试图通过设置领导小组、协调小组和主管机构整合等手段解决这一问题，尤其是随着国家互联网办公室的设立和中央网络安全和信息化委员会的成立，网络媒体管理权限得到了较大程度的集中。智媒时代，新闻信息的生产和传播无处不在，新问题层出不穷，单靠一个部门来管理互联网新闻信息内容显然力有不速。多元化规制是智媒时代新闻信息规制的必然趋势。2019年,国家互联网信息办公室专门就此发布了《网络信息内容生态治理规定》(2019年5号令)。该规定特别指出,网络信息内容生态治理,是指政府、企业、社会、网民等主体,以培育和践行社会主义核心价值观为根本,以网络信息内容为主要治理对象,以建立健全网络综合治理体系、营造清朗的网络空间、建设良好的网络生态为目标,开展的弘扬正能量、处置违法和不良信息等相关活动。近些年,立法机关、政府部门、行业组织和市场主体各尽其责、各施所长,形成协同治理的合作伙伴关系,包括法律规制、行政规制、行业组织自律和市场主体自我规制在内的全方位、多元化、协作式规制体系逐步建立。

在立法机关方面,2016年出台了《中华人民共和国网络安全法》,2021年先后出台了《中华人民共和国个人信息保护法》和《中华人民共和国数据安全法》。这几部法律奠定了智媒时代新闻信息在安全合规运行方面的制度基础。

在政府部门的管理上,有研究认为,我国网络媒体管理实践偏爱行政手段,其他政策手段运用不充分。频繁采用"堵""封""删""查"等简单粗暴的强制措施,很难适应变化万千的网络媒体和层出不穷的网络传播问题。[①] 事实上,由于立法过程相对较长,为了最快应对技术革新带来的种种问题,行政手段的确是反应最为迅速的规制手段,而且有些所谓的新问题也具有一定的时限性,随着技术的迭代更新也会退出历史舞台,先以行政手段管住,再动员其他规制主体加入,实现疏堵并举、引导向善也是当前经济成本最低的做法。在执法方面,约谈制度实施细则进一步完善。从我国网信系统约谈制度的实施情况可知,约谈某一平台的网信办一般是地方网信办,不一定是该平台总部所在地的网信办,而约谈中只对重大违法问题由中央网信办单独或联合属地互联网信息办公室实施约谈作出说明,并未对一般情

---

① 参见李科:《中国网络媒体政策研究》,华东师范大学博士学位论文,2019。

况下如何明确应当实施约谈的是哪一地方网信办给出规定,这对约谈的实施造成了障碍。因此,约谈制度实施细则的进一步完善已是未来趋势,通过明确各级网信办在约谈制度实施时的管辖范围,避免出现管理漏洞或重复管理的问题。在实际的治理实践中,由于平台与政府两类治理主体之间的层次并不明确,容易引发管理权限不明的问题。根据《即时通信工具公众信息服务发展管理暂行规定》条款,违反平台规则的行为由平台管理,违法行为则由政府管理。但在实际中,不论是违法还是违反平台协议,政府往往通过平台对相关账号进行处理,且单一账号的违法行为很难及时被发现。以行为主体作为区分治理层次已被逐渐采纳,即某一账号的违法违规行为,由平台直接出面,若为违法行为,及时向有关部门报告,而平台的违法行为,则由政府进行管理。

在行业组织方面,一个很重要的工作就是标准化体系建设。2019年全国信息安全标准化技术委员会发布的《人工智能安全标准化白皮书》指出,"人工智能给全社会带来不容忽视的风险挑战,主要面临算法偏见、算法黑箱、算法缺陷、数据安全、隐私保护、软硬件安全、滥用、伦理道德等安全隐患"。为了防范这些安全隐患,白皮书提出应重视完善人工智能安全标准体系、尽快建立人工智能高安全风险预警机制等工作建议。

从行业自律和平台自治的角度来看,智媒时代各个行业协会和市场主体的作用凸显,很多实践中出现的问题,行业协会和大型企业最有发言权。2021年11月,为贯彻落实国家网信办等九部委联合印发的《关于加强互联网信息服务算法综合治理的指导意见》,积极承担互联网信息服务算法治理社会责任,加强互联网信息服务行业自律,推动行业健康有序发展,中国网络社会组织联合会联合105家会员单位以及相关企业共同发起《互联网信息服务算法应用自律公约》,发起单位为中国网络社会组织联合会,联合发起单位包括中国互联网发展基金会、中国网络安全协会、中国互联网协会、中国信息协会、人民网、新华网、央视网、阿里巴巴、腾讯、百度、京东等105家会员单位及相关企业。此外，2022年1月25日，中国互联网协会发布了《移动互联网环境下促进个人数据有序流动、合规共享自律公约》，甫一发布便有33家电信和互联网企业加入。这些都说明了行业协会和市场主体在规制体系中正发挥重要作用。

《网络信息内容生态治理规定》提出，网络信息内容服务平台应当建立网络信息内容生态治理机制，制定本平台网络信息内容生态治理细则，健全用户注册、账号管理、信息发布审核、跟帖评论审核、版面页面生态管理、实时巡查、应急处置及网络谣言、黑色产业链信息处置等制度。目前，腾讯、今日头条、百度、微博等主要的新闻资讯平台都建立了内容生产的规范制度，设立网络信息内容生态治理负责人，配备与业务范围和服务规模相适应的专业人员。

（三）突出对技术和数据的规制

在人工智能算法中，数据与算法的关系极为密切，以至于"数据喂养着人工智能"成为一个基本的共识。因此，近些年对于数据和算法的规制比较丰富。首先，明确数据获取规则。随着人工智能学习的不断深入，智能新闻对个人数据信息的监视与收集也更加无孔不入，导致"全景监狱"状态，严重威胁公众个人信息与隐私。在这方面，亟须加强立法保护、强化采集标准，明确信息数据获取规则，限制其"自由裁量权"，构建隐私权的事前保护法律制度。其次，在智能新闻数据收集方面，完善数据的收集与保护机制必须先对数据库中的现有数据"摸清家底"，将不同类型的数据进行分类，通过区分敏感数据、公共数据和脱敏数据等确立不同的数据保护原则。目前，智能新闻平台大多采取"数据脱敏"技术，但保护标准不严格，个人数据未经脱敏流出或内部对隐私数据进行滥用，难以全面保护个人隐私。因此，有必要建立"数据脱敏"的审查制度，增添允许个人可以主动删除自身隐私信息的授权制度等，全面系统地规范人工智能平台的"数据脱敏"行为。

大数据、人工智能和算法等新技术的介入，可以对社交媒体平台上的新闻信息进行监测、分析、预警，成本低、效率高；同时，也可以降低完全的人工管理带来的人为因素干预，使治理更客观、公正。目前，如微博、抖音等社交媒体平台都利用大数据工具，对平台内的新闻信息内容进行实时监测，对违规违法内容进行及时处理。利用灵活多变的技术工具大幅度提升了网络监管效能，使人们对技术规制充满期待，成熟的技术可以在一定程度上代替规则。互联网领域提出"代码即法律"（Code Is Law）的理念，代码具有预防功能，可以事先阻断违法行为，而法律的救济功能只能在事后进行。这有利于将被动式监管转变为主动式监管。

第二节　智媒时代新闻信息规制的国际经验

一、美国：多管齐下

目前，在世界上最受欢迎的 12 个社交媒体平台中，有 10 个隶属于美国，主要受到美国政府监督管理。毫无疑问，在智能媒体新闻信息规制方面，美国有丰富的经验，其对智能媒体的监管也逐步形成了自己的特色，主要通过政策规范、立法管理、技术监控、行业自律等手段推动新闻信息生产和传播的健康运行。

（一）政府政策引导，加强行政规范

美国对新闻信息的规制对象主要是各个社交平台，美国联邦政府机构和各州围绕社交媒体的规范使用，出台了大量政策和指导性文件，包括美国军队在内，也系统地颁布了相应的社交媒体手册，围绕军人在社交媒体的使用条件与使用方法作了详细规定。《美国陆军社交媒体手册》规定了军人使用社交媒体所要注意的保密事项："不要

暴露有关你自己的敏感信息，例如记事表和发生事件的地点；地理标签是会把你的位置暴露给网络中其他人的一种特征，要考虑把智能手机和数码相机的 GPS 功能关闭等。"美国国防部则规定军人使用社交媒体时必须遵守《统一军事司法法典》，禁止评论任何违背法典以及士兵准则的内容。①

在社交媒体的使用中，美国政府机构格外重视公共伦理和用户隐私问题，多数政策性文件都有涉及社交媒体语言规范与公民隐私的条款。如美国联邦总务管理局（GSA）出台的 GSA 社交媒体政策、GSA 社交媒体评论政策等，对用户使用攻击性语言或粗俗语言作出规定；纽约市的《纽约社交媒体客户使用政策》禁止轻视任何民族、种族、年龄的进攻评论，禁止针对宗教、性别、残疾状况等方面的人身攻击，同时，禁止使用任何淫秽、威胁或骚扰性语言。在隐私保护方面，美国联邦贸易委员会（FTC）对 Facebook、Twitter 等启动长达 20 年的独立审查，每年由独立第三方进行安全评估；并规定社交网络公司"不得就其维护和保护非公开消费者信息之安全、隐私和机密程度，误导消费者"。

美国对新闻信息的规制政策中有很大一部分涉及国家安全问题，早在奥巴马在任期间，美国国土安全部就设立社交网络监控中心，专门监控 Facebook、Twitter 等社交媒体信息。政府一直担心这些互联网媒体巨头在政治大选和公众舆论中操纵信息。美国政府移民事务等部门还将社交媒体上的信息作为批准移民和入籍申请的参考，海关部门也要求外国入境游客提供个体的社交媒体账号。

（二）制定法律法规，完善立法管理

美国的立法、司法、行政三大领域以及联邦、各州两个层次对社交媒体部署全方位的监管。美国曾陆续颁布超过 130 项互联网管理方面的法律法规，被认为是拥有互联网法律最多和最重视互联网管理的

---

① 卢永春、雷雷、徐一：《美国政府社交媒体及其管理制度研究》，《电子政务》2017 年第 1 期。

国家之一。

　　智媒时代，智能技术的应用是决定传媒业发展的关键，算法自应用于传媒行业以来，极大地促进了新闻信息的生产和传播效率；同时，算法偏见和算法黑箱等问题一直被人诟病。美国在对于智能技术的监管方面出台了许多相应的法律法规。以算法透明性为例，2017年，美国计算机协会公共政策委员会发布了《关于算法透明性和可问责性的声明》，希望使用算法决策的系统和机构在外部问责方式下，对算法的过程和特定的决策提供解释。2017年12月，美国纽约市议会通过了《算法问责法案》，根据此法案将成立一个由自动化决策系统专家和受自动化决策系统影响的公民组织代表组成的工作组，专门监督市政机构使用的自动决策算法的公平性、可问责性和透明性。2021年，美国参议院出台了《算法正义和互联网平台透明度法案》，提出了一系列措施确保平台在算法使用过程中履行审核和透明度义务。从协会到市议会再到参议院，各个层级、不同性质的部门组织在算法规制中逐步完善了立法管理。

　　在未成年人保护方面，美国各州会根据自己的需要先行先试，着眼于本地实际情况，通过立法实践探索，随后再上升至联邦层面立法。美国的加利福尼亚州作为全球主要社交网站和互联网公司的总部汇集地，是YouTube、Facebook、Instagram、Twitter、Snapchat以及TikTok的美国总部所在地。因而，加利福尼亚州的互联网立法也一直走在美国各州的前列，该州的立法特别关注未成年人保护，2022年刚刚通过了《加州年龄相符设计法》（California Age-Appropriate Design Code Act，AB2273）。该法案对社交网站和互联网平台应当如何保护未成年人作出了明确规定，要求应用和网站开发者必须为18岁以下的未成年用户安装"数字围栏"，分析自己的服务可能对未成年用户带来的危害，采取主动措施保护他们的个人信息以及网络浏览数据。

　　在知识产权保护方面，美国法院认定社交媒体对著作权、商标权、专利权三种主要知识产权承担间接侵权责任。值得注意的是，在个人数据和隐私保护方面，目前美国国内还处于无法可依的状态。不过，美国也有一些正在审议中的相关法案，包括：《数据泄漏预防和赔偿法案》《请勿追踪儿童法案》《安全数据法案》《社交媒体隐私保护和消费者权利法案》《信息透明度与个人数据控制法案》等。

（三）通过技术手段，加强对社交媒体监管

在技术监管方面，美国主要有三种方式，一是以数据库为主要手段的技术规制。2019年8月，美国联邦调查局（FBI）计划从Twitter、Instagram和Facebook等社交平台收集数据，以防范潜在的安全风险。FBI正在向第三方供应商寻求社交媒体早期警报工具，以预防枪击、不当舆论等恶性事件。美国的情报部门和Allied Associates International（AAI）合作开发的一款名为Socio Spyder的特制监视软件，可以从社交网站中提取数据进行分析，并自动配置收集相关的帖子、Tweets、视频以及聊天记录，生成可供检索和绘制趋势图的数据库。① 二是以身份验证为主要手段的技术规制。2011年，美国提出了网络身份证国家战略，用以建设可信的网络身份标识生态系统。2012年，美国政府出资2 450万美元，由政府部门牵头研发网络身份验证系统。这种系统和中国网络实名认证的"前台自愿后台实名"要求不同，当用户登录Facebook、Twitter等网上账号时，用户不再使用前台昵称和密码结合的方式，而是使用统一的"网络身份证"。三是以算法为主要手段的技术规制。像Facebook、Twitter这样的社交媒体平台，新闻信息推送的动态算法是基于用户社交互动反馈的协同过滤机制，并内嵌了一套推送价值观，旨在向用户提供"有意义"的新闻信息。每个平台都有自己的审核要求和审核标准，那些明显偏离和违背公众价值标准的内容通常会被过滤掉。

---

① 蔡梦虹：《美国社交媒体监管措施及对我国的启示》，《传媒》2016年第19期。

（四）倡导行业自律和自我约束

美国的互联网行业有较为成熟的行业组织对本行业的不道德行为予以约束，通过行业自律的方式管控社交媒体的信息传播，包括社交媒体在内的互联网行业自律规范已经较为完善，行业组织还建立了行业仲裁与惩罚机制，形成了丰富的自律组织，有效地维护了国家网络空间信息安全和公众利益。行业组织制定的社交媒体使用指南成为各行业用户自我约束和职业行为约束的重要规则，有效地引导和制约着具有不同职业属性的用户使用社交媒体的行为。如果社交媒体运营者或者平台运营商出现违规，行业组织会向其施加压力，迫使其改正行为，甚至采取严厉措施使违规者付出代价。

美国的行业自律组织通过自律机制和行业规范对新媒介环境下国际新闻传播的法律规制进行补充，利用技术弥补媒介环境下国际新闻传播中的漏洞。媒体行业与政府是共生的，二者相互依赖，相互加强，政府依靠媒体宣传自己的政治思想，媒体需要政府为其提供新闻来源。[①]

此外，大的企业会有内部的约束机制。2020 年 5 月，脸书宣布成立脸书监督委员会，这是平台通过自我约束的方式来实现内部监管。脸书监督委员会由来自世界各地的 40 名成员组成，他们来自政界、民间社会组织、媒体和大学。脸书的 CEO 扎克伯格认为，监管可以为禁止的内容设定基线，并要求公司建立系统，将有害内容保持在最低限度，它是一种预防性的自我监管形式，即脸书加强其内部治理程序，但这只能作为外部监管的补充而非替代。

传媒企业自律是确保新闻信息质量提升的关键，美联社、BBC、路透社等都对员工制订了如何使用社交媒体的守则。媒体有核实新闻是否准确真实的义务，一旦出现任何问题，媒体需要承担相应的侵权

[①] 李慧：《新媒介环境下国际新闻自由滥用的法律规制》，山东大学硕士学位论文，2021，第 15 页。

责任。① 以美联社为例，社交媒体守则严禁员工在社交媒体上转发未经证实的传闻。规定要求在确保社交媒体信息的真实性之前，员工不得对相关信息进行转发，即使其他记者或者新闻机构已经进行了相关报道。而当员工转发未经证实的消息时，要将该信息当作直接引语处理，并配上评论和来源。

二、欧盟：积极推动立法

由于欧盟国家缺乏有影响力的全球化传媒企业，对于全球性媒介平台的新闻信息规制，欧盟委员会特别注重安全性，通过不断地推动立法，尽最大努力在参与全球竞争时维护欧盟的信息主权和技术主权。2011年，欧盟委员会与21家社交网络公司签署了《欧盟更安全的社交网络准则》，并就社交网站对每条规范的执行情况进行独立评估，以期防止网络犯罪和保护未成年人。2017年9月，欧盟委员会针对社交媒体（Facebook、Google、Twitter及微软）公布了自我管理指导原则，加强对恐怖主义、种族主义、煽动暴力仇恨等不当内容的把关，要求在线平台更积极预防、监测及移除仇恨、暴力及恐怖主义相关内容，如果自我把关不力，欧盟将立法强制执行。2018年，欧盟委员会发布了《反对虚假信息行为准则》，旨在进一步加强互联网企业对平台内容的自我审查，从源头打击网络谣言。欧盟委员会对美国社交媒体巨头的规制还特别注意其对政治活动的影响和干预，如《反对虚假信息行为准则》专门要求Facebook、Google、Twitter在欧盟委员会大选前每个月进行评估，并提交评估报告。

2018年5月，欧盟议会通过的《通用数据保护条例》开始在欧盟委员会各国正式生效。《通用数据保护条例》提高了个人数据保护的直接约束力和适用性，被称为"史上最严格的个人数据保护法案"，

---

① 孟禹熙：《社交媒体现状及监管对策》，《新闻战线》2015年第11期。

旨在保护个人数据权利与促进内部市场发展的双重性，通过协调"数据主体人格性的保护"与"数据控制者和处理者对数据权利的商业利用"之间的关系，试图同时保护数据主体对数据的支配权、数据控制者和处理者对数据的使用权与收益权，以及国家或联盟的数据主权。《通用数据保护条例》为国家和地区开展社交媒体平台治理立法起到了一定示范效用。由于这一欧盟法规被认为是全球隐私监管的最高标准与准则，加之域外效力的延伸，该条例已然成为欧盟向其他国家或地区输出的数据合规监管工具。这一情况不仅对保护欧盟境内的数据主权具有显著益处，而且在相关领域的国际话语权争夺中也占据了主导地位，成为欧盟软实力扩张的范例。①

2019 年，欧盟颁布了《统一数字市场版权与相关权利指令》，通过立法鼓励社交媒体采用过滤措施。网络服务在向公众提供其用户上传的受版权保护的作品时，如果未获得权利持有者的授权，这些行为将被视为未经授权。在此种情况下，该服务提供商将承担主要责任，而不是次要责任，改变了避风港规则下的责任承担方式。

2020 年 7 月，欧盟委员会发布《视听媒体服务指令》修正案指导方针。根据修正案，社交媒体首次被纳入监管范围，这意味着欧盟对社交媒体的监管力度明显加强。欧盟委员会表示，网络社交媒体平台应履行与传统媒体相同的责任和义务，确保未成年人不会接触到暴力、仇恨和恐怖主义等有害内容，确保儿童节目的广告和植入营销适当。

2022 年 7 月，欧洲议会以压倒性多数分别通过了《数字服务法》和《数字市场法》。虽然这两项法案还需要经过欧洲理事会的批准，并经欧洲议会议长、欧洲理事会主席签署后方能生效，但以上两项法案在欧洲议会的投票结果已经充分显示了欧盟对互联网巨头新闻信息垄断带来的各类问题的担忧和不满。《数字服务法》规定，在欧盟经

---

① 刘昶、金之玥：《个人信息保护与平台权力制约：传播学视角下的欧洲经验》，《现代出版》2021 年第 6 期。

营的大型门户网站和社交媒体公司必须加强对非法内容的审查和对用户数据的保护，及时删除非法和有害的在线内容，包括仇恨言论、虚假信息和假货交易信息等。《数字市场法》规定，提供社交网络、搜索引擎等"核心平台服务"的科技巨头被认定为"看门人"企业，在开放性、广告投放、用户权益等方面需接受严格的市场监管，不能利用市场支配地位打压竞争对手，也不能未经用户许可强行安装软件或推送广告。

虽然欧盟本身不是一个国家，但从欧盟对智媒时代的新闻信息规制来看，它的运转方式和规则类似于国家的方式。对于互联网科技巨头在欧洲的市场垄断问题，欧盟各个国家需要共同应对，因此，仅仅靠政策和规章既不可持续，又可能会导致国际纠纷，基于这一背景，欧盟不断地起草出台各类法案，在规范数字市场秩序、规制智媒信息传播方面走在世界前列。

三、其他国家或地区

(一) 英国：自律协议发挥重要作用

英国政府不从事网络内容的直接监管，其行业自律协议在净化社交媒体信息方面发挥着中流砥柱的作用。英国的社交媒体平台监管涵盖在电信业务的程序性管理之中，不涉及内容，主要由通信管理局（Ofcom）进行管制；同时，在内容的管制上，主要通过行业自律展开，英国四大网络服务供应商都已经建立起信息过滤系统。[①]

网络观察基金组织（IWF）作为英国最大的自律机构，其主要工作内容之一是管控儿童色情信息，并建立了分类明确的儿童色情信息等级划分标准。另一类被严格管制的内容是关涉非法的恐怖活动和极端暴力活动、仇恨的信息、图片、视频。除自律外，英国也注重专门

---

① 参见张钰莹:《多方博弈中的社交媒体平台治理——以脸书（Facebook）为例》，上海社会科学院硕士学位论文，2019。

的立法。2017年，英国数字、文化媒体和体育部发布《新的数据保护法案：我们的改革》，以强化数字经济时代的个人数据保护，取代实施了近20年的《1998年数据保护法》。从内容上来看，新的法案计划进一步强化了对个人的保护，将给予公民更多的个人信息控制权。此外，英国政府正在考虑通过一项法案，向Facebook、Twitter征收网络安全税，来应对网络平台上日渐增多的不良信息，及其对未成年造成的危害。

（二）德国：从强调自律到强化立法

长期以来，德国政府对于网络信息内容的监管主要依赖互联网行业的自律，政府很少采取直接监管的方式来约束信息传播。但随着社交媒体的不断发展，仇恨、恐怖、极端言论充斥德国的社交媒体，平台自律效果有限，原有监管手段乏力，催生了要求政府加强社交媒体网站监管的强烈社会需求。2015年开始的难民危机、顺势崛起的德国另类选择党，动摇了德国《基本法》确立的主流价值观和社会认同感，新纳粹等极端言论在德国日益盛行。因此，网络平台自律为主的监管模式和单薄的执法力量难以实现对网络社交媒体平台信息内容的有力管控。2015年12月，德国联邦司法部发起了一项"打击网络极端言论"的行动。在联邦司法部的领导下，各个部门以及网络平台企业被联合起来，针对网络上发布的极端仇外言论以及宣扬暴力的信息进行清理，但这一行动并未达到预期效果。德国青少年保护网于2016年4月至5月对Google、Facebook、Twitter三大网络平台履行封锁或删除义务进行评估，其评估结果并不能令人满意。因此，德国联邦议会于2017年6月通过了《改进社交网络中的法律执行的法案》（又称《网络执行法》）。该法案在很大程度上改变了德国政府对网络信息内容的监管方式——不再单纯依赖行业自律，而是通过监管与行政处罚，明确、强化了社交网络平台删除或屏蔽某些刑事违法内容的义务。

针对极端言论和虚假新闻信息的问题，2018年1月，德国开始实施《社交媒体管理法》。该法律的推行使德国成为世界上第一个立法管理社交媒体不当言论的国家，对脸书、推特、照片墙等在德国国内存在业务的社交媒体平台中的在线言论给出了严格的规范要求。该法案加大了对网络违法言论的打击力度，不仅追究违法个人刑事责任，而且大大提高了平台监管不力惩处力度，所有符合规定的社交平台必须在接到用户举报 24 小时之内删除明显具有违法性质的内容、锁定用户名，并对其进行存档。对于违法性质不明确的举报内容，须在 7 日内删除或者锁定账号，并与司法部协商进行延缓处理。

（三）俄罗斯：以行政监管为主

俄罗斯是世界各国中最早对网络活动进行监管与规制的国家之一。俄罗斯负责网络信息监管的政府部门包括内务部、国防部及通信和大众传媒部，社交媒体平台也在这些机构的监管范畴内。[①] 在管理方式上，以行政监管为主，反应迅速。此外，俄罗斯还通过直接参股等形式加强对国际新兴媒体的监控，也间接保证了俄罗斯政权对社交媒体的控制。俄罗斯社交媒体管理具有较为明显的国家主导的特点，主要特征为：社交媒体管理理念上国家元首个人色彩明显；管理理念上国家利益优于个人隐私考量；管理手段上行政命令多于法律法规；管理主体中国家独大而社交网站的独立性和自主性较弱。在俄罗斯，包括社交媒体在内的媒体被定位为国家信息战的武器，国家利益高于一切。

由于智媒时代信息传播瞬息万变，新问题又层出不穷，而法律具有渐进性和滞后性，要及时解决这些问题就不得不借助于行政命令的方式。俄罗斯在新闻信息的规制方面会更多采用行政命令，体现了明显的即时性和强硬性。为了使行政监管更为有效，俄罗斯不断完善社交媒体管理的机构设置，增加对包括境外社交媒体在内的

[①] 贾乐蓉、阿娜斯塔西娅·舒霍列茨卡娅：《从"社交媒体上的政治"到"有关社交媒体的政治"——2012 年以来俄罗斯关于社交媒体的政策调整及效果评估》，《国际新闻界》2018 年第 5 期。

社交媒体的监控,以加强对反政府力量的钳制。一旦发现危险字眼,即通过行政命令予以警告,并对境外社交媒体施压,保证政令畅通无阻。①

(四)新加坡:发挥政府主导作用

新加坡强调政府对新媒介环境下网络监管的主导作用,采用"政府严格审查"模式,政府通过制定行业准则和媒体运行规则来控制互联网内容,实现政府对新媒介下国际新闻媒体的监管。与此同时,新加坡政府强调信息技术的重要性,积极利用网络技术实现监管创新。新加坡政府要求国家新闻媒体在日常工作和长期产业发展中必须培养协调不同文化和信仰的能力,通过限制传媒公司的所有权和控制权来防止国际新闻自由滥用,以管控传媒公司股权的方式对新闻自由实行隐形控制。新加坡政府规定传媒公司在具备政府规定的资质后,需要获得经营许可权,方可进行传媒经营活动。新加坡政府制定并颁布的《报章与印务馆法令》,开启了多重股权结构。该法令历经多次修订,在股权控制方面规定外国人拥有的股份不能超过全部股份的一半,同时也对接受外国资金作了规定。新加坡推行的多重股权结构模式,既保障了自由经济和新闻自由,保障了企业追求更多的利润,同时也保证了传媒在政府的指导下正常、稳健的发展。②

新加坡政府一直积极主导网络信息安全发展,并且在促进网络信息安全防护教育方面不遗余力。在网络信息安全立法方面,新加坡制订了《国内安全法》《个人信息保护法》《垃圾邮件控制法》《网络行为法》《广播法》《互联网操作规则》等,内容涉及网络安全、垃圾邮件管控和个人信息保护等方面。在日常管理方面,新加坡不仅设立网络信息安全局(CSA),重点研究国家网络信息安全策略,推动和监管网络信息安全产业,而且出台法律渠道维护网络社会健康稳定发

---

① 党生翠:《俄罗斯社交媒体研究:发展与管理》,《国外社会科学》2017年第4期。
② 李慧:《新媒介环境下国际新闻自由滥用的法律规制》,山东大学硕士学位论文,2021,第16页。

展。新加坡的法律对网站"禁止内容"提供了明确而具体的判断标准。为了保护个人信息不被盗用,法律要求机构或个人在收集、使用或披露个人资料时必须征得同意,必须为个人提供可以接触或修改其信息的渠道,禁止手机软件等应用服务平台向个人发送市场推广类短信。凡是在新加坡提供网络服务的供应商以及注册设立网站的政党、社会团体、组织以及网络媒体,需要向新加坡广播电视局进行登记注册,并随时接受政府部门的检查,如不遵守相关规定,将面临罚款或被吊销执照等处罚。新加坡对涉及国家安全的网络信息内容进行严格管制,对私下访问者施以严酷的惩处。为了防止敌对势力在网络上散布不良信息,新加坡政府还积极鼓励网络服务供应商开发推广"家庭上网系统",协助政府过滤掉用户看到的不良网络内容。为了防止不法之徒利用网络从事各种违法犯罪活动,新加坡法律规定,凡是在网站上申请邮箱或聊天账号时,用户必须填写详细的姓名、住址、职业、身份证号等资料信息,各个网站负责核实,并对上网聊天和发送电子邮件的用户真实资料进行备案,确保无误后才提供邮箱或账号。在国际合作方面,新加坡加强与美国网络安全公司 FireEye 以及波音公司之间的合作,并在新加坡成立对抗国际网络犯罪枢纽的国际刑警全球大厦。①

纵览以上国家近年来对新闻信息的规制实践,可以总结为以下五条经验:第一,树立开放、包容的互联网监管理念。不同于传统领域的监管,智媒环境下新闻信息内容的规制建立在尊重互联网特点与规律的基础上,协调网络参与各方的利益。支持和包容网络发展是以上国家较为一致的共识。第二,保障信息内容安全,打击网络犯罪,明确监管立法红线。信息内容安全与网络犯罪是网络监管的底线,不存在突破底线的表达自由,尤其是涉及国家安全时,政府要能够快速反应、及时监管。第三,强化立法,确保对全球媒介和跨国公司的有效

---

① 张志华、蔡蓉英、张凌轲:《主要发达国家网络信息安全战略评析与启示》,《现代情报》2017 年第 1 期。

监管。当前的新闻信息传播渠道主要控制在互联网科技企业手中，这些平台巨头拥有强大的政治资源和经济资源，单个国家和地区很难对其实行有效监管，必须通过立法方式确保监管的权威性和公正性，获得国际社会的认同，方能对平台巨头形成威慑。第四，既要运用传统行政工具（如行政许可），更要重视技术监管工具。相较于法律工具的滞后性而言，技术工具更灵活多变，能够显著提升监管效能，西方国家的实践均表明了这一点。第五，选取适合本国发展的监管模式。自我规制贯彻柔性治理理念，监管模型灵活，可最大限度保障表达自由的权利。政府主导的监管模型更为稳固，政府部门形成监管合力，保障国家利益、社会公共利益立竿见影，更为有力。但由于各个国家国情不同，如何在自我规制与政府规制之间寻求合适的平衡点应当立足实践、不断探索，不能生搬硬套。

第八章

智媒时代新闻信息的规制建议

政府规制是基于市场失灵而采取的一系列旨在规范市场参与者与秩序的控制型（刚性）手段或激励型（柔性）手段。政府规制理论旨在说明权力来源合法性与权力实施的正当性，并对市场进行激励与帮助，摆脱困境保障公共利益。反过来，行政主体发挥对市场主体的指引作用可以提升监管效能，促进政府公信力。智媒时代的新闻信息生产与传播突破了时域的限制，作为一个庞大的"思想市场"，当网络秩序遭到不良信息内容的冲击导致民众社会认知出现混乱、社会行为受到影响时，规制理论能够为解决失控问题提供研究视角与线索方案，实施对新闻信息的有效监管并引导信息市场有序发展。

第一节　智媒时代新闻信息的市场规制

一、对市场结构有效性的规制

（一）垂直领域大V寡头垄断的政府规制建议

随着平台经济的发展，超大型平台不断涌现，许多细分领域逐步形成"一家独大"的市场格局。垄断不仅仅是一个经济问题，其影响还会外溢到经济系统之外。新布兰代斯学派极力主张反垄断法的价值不止于经济效率，还应关注垄断在舆论控制等方面的影响。该学派认为，人们对于互联网巨头反感的一个重要原因在于，这些互联网巨头错误地引导了舆论。当前我国社交媒体平台中的大V在新闻信息生产及发布过程中已出现初步垄断的迹象，为防止发展到更严重的地步，我们需要有一种"防患于未然"的前瞻视角，来对其进行系统性规制。

　　首先，明确垄断的认定标准及处罚细则。目前，我国的《互联网信息服务管理办法》《国务院反垄断委员会关于平台经济领域的反垄断指南》《反垄断法》以及有关上述法案最新发布的相关修订草案征求意见稿，均未提及对智能媒体新闻信息垄断问题的规制，这给智能媒体平台新闻信息的市场反垄断带来了法律适用困难。考虑到垄断在新闻信息、舆论控制等方面的现实影响，应当将"明确平台型媒体新闻信息市场垄断行为的认定依据"纳入现有法律法规中。由于互联网各平台上的大 V 享有在法律许可的范围内自由表达的权利，在认定大 V 即信息生产者具有市场支配地位时，还需从网络外部效应、规模经济、规模矩阵等方面进行多维度考虑，而不是简单依据粉丝数量来对其行为及影响进行定义。此外，按照现行法，国务院反垄断执法机构可对达成实施垄断协议的没收违法所得并处以上一年度销售额 1‰ 至 10% 以下的罚款，对于上一年度没有销售额的经营者或者尚未实施所达成垄断协议的，可处以 50 万元以下罚款。该处罚细则只对其进行经济制裁而未作出后续的规范性整改规定。因此，对垄断行为认定标准确认后，应进一步细化处罚方式和整改建议，比如对存在垄断行为的责任方用户账号进行冻结、分解处理等。

　　其次，取消权"V"标识的人为话语权差异设置。当前社交媒体平台为积攒用户流量，大多采用"名人经济"模式，邀请现实社会中的众多名人入驻平台，继而实行加"V"认证等操作。但加"V"行为无形之中在草根用户和"大 V"用户间筑起了一堵墙，清楚标识两者的不同，将现实社会场中角色的差异转移到了网络社交场。网络社交媒体平台的诞生并未缩小草根与精英间的话语权鸿沟，反而成为现实社会中精英话语权延伸的工具。① Twitter 也曾因记者、公众人物、名人等用户在账号认证过程中会得到有别于普通用户的蓝色标志而招

---

① 潘智琦、靖鸣：《微博"大 V"话语权边界及其有效行使》，《新闻爱好者》2017 年第 4 期。

致批评。即使后来 Twitter 发消息解释称："核查本来是为了验证身份和声音，结果却变成了公开支持，或者表明它很重要。我们知道自己的系统带来一些困惑，有必要化解。"最终 Twitter 也于 2018 年 2 月 26 日停止公开提交验证。因此，在解决垂直领域大 V 的寡头垄断行为问题前，应当对这种人为设置的话语权差异的权"V"进行取缔，禁止社交媒体平台利用等级制度对用户身份进行诱导式分层并利用算法实行差异化流量配给行为。

再次，建立平台算法公示和数据透明化制度。算法是形成垄断的重要因素。《互联网信息服务管理办法》第十四条规定："从事新闻、出版以及电子公告等服务项目的互联网信息服务提供者，应当记录提供的信息内容及其发布时间、互联网地址或者域名；互联网接入服务提供者应当记录上网用户的上网时间、用户账号、互联网地址或者域名、主叫电话号码等信息。互联网信息服务提供者和互联网接入服务提供者的记录备份应当保存 60 日，并在国家有关机关依法查询时，予以提供。"但就实际的市场行为来看，各平台所实行的算法操作行为大多不透明，为自身运作留有较大空间，从而给规制垄断行为造成了技术上的阻碍。横向参考欧盟在反垄断规制方面聚焦平台生态传导和数据集中效应，强调数据对市场竞争的影响；美国则以保护创新、促进市场自由竞争、保护消费者福利为目标，采用行为主义视角，采取合理原则，维持动态竞争以提高市场效率，促进互联网平台经济发展。一个注重数据监管另一个则注重创新保护，两者从不同的规制角度为我国反垄断提供了思路借鉴。因此，应呼吁各平台对自身算法运作机制进行公示，防止利用技术对用户进行非公平、歧视性设置。此外，增强信息的透明性，算法数据要做到留存并在存在问题时可供追查。

最后，建立双重审核标准与责任共担机制。社交媒体平台与"大 V"之间的互利共存关系使得双方在面对共同的经济利益时会存在合谋现象，而一旦失范行为造成较大规模的社会危害时又难免相互推诿、逃避责任。因此，就"大V"在平台进行信息传播过程中存在的不恰当的舆论引导或刻意散布未经证实的信息行为，社交媒体平台因审核疏漏而未及时处理或已发现但选择流量助推等行为，应在互联网信息服务管理办法中增添"建立起双重审核标准与责任共担机制"。其中，双重审核标准机制是指，用户需对通过社交媒体平台发布的信息进行自我分类，并就其中的社会新闻或资讯类进行真实度自评，可分为：已证实信息、尚未核实信息。同时，社交媒体平台再对其进行二次审核，对于尚未核实的信息，如若没有违反已有法律法规的内容要求可以予以发布通过。这样一方面是对用户公开表达权利的保障，另一方面也明确了双方需承担自身言论自由和作为把关人的责任与义务。责任共担机制则是指，未按照上述要求进行信息发布和及时审核而造成严重社会消极影响的用户和平台需共同承担后果。结合对当前政府发布的《互联网信息服务管理办法（修订草案征求意见稿）》公开征求意见的第二十五条所限制的行为，建议在其中加入"因未对所要求标注真伪情况的信息进行公开发布或刻意提供流量助推的"这一条款。据此，第四十四条对违反本办法第二十五条规定也应同步调整，修改为："由网信部门、电信主管部门、公安机关依据各自职责给予警告，责令限期改正，没收违法所得；拒不改正或者情节严重的，处十万元以上一百万元以下罚款，并可以责令暂停相关业务、停业整顿、关闭网站、由原发证机关吊销相关业务许可证或者吊销营业执照，对直接负责的主管人员和其他直接责任人员及相关用户账号所有者，处一万元以上十万元以下罚款。"

以上规制建议并非单靠政府一方从上至下制定强制性措施，而是需要现实行业中的各市场行为主体共同参与其中，结合实际情况，组建行业协会，就规制标准进行协商认定并积极履行。只有这样才能做到有效的行业自律，形成良性竞争的环境，促进整体创新发展。

（二）对完全竞争的自媒体的规制

第一，要完善网络法律治理体系，细化责任分类。我国对自媒体予以规制的现行实体法，主要表现在《中华人民共和国刑法》以及《治安管理处罚法》这两部实体法中。《网络安全法》的相关规定总体来看多为概括性内容，不够详细且缺乏实操性。另外，还有一些行政法规、部门规章以及其他规范性法律文件涉及对自媒体的规定。

《全国人大常委会关于维护互联网安全的决定》规定，对威胁互联网运行安全，威胁国家安全和社会稳定，扰乱社会主义市场经济秩序和社会管理秩序，侵犯个人、法人和其他组织的人身、财产等合法权利的行为，对尚未构成犯罪的，按照《治安管理处罚法》或由行政管理部门进行行政处罚，对构成犯罪的追究法律责任。其中，与自媒体相关的行为包括利用互联网造谣、诽谤或者发表、传播其他有害信息，煽动颠覆国家政权、推翻社会主义制度，或者煽动分裂国家、破坏国家统一；利用互联网煽动民族仇恨、民族歧视，破坏民族团结；利用互联网销售伪劣产品或者对商品、服务作虚假宣传；利用互联网损害他人商业信誉和商品声誉；利用互联网侵犯他人知识产权；利用互联网侮辱他人或者捏造事实诽谤他人。然而，涉及自媒体信息发布的《治安管理处罚法》第二十五条所涉及的行政处罚仅为五日以上十日以下拘留，五百元以下罚款。

《互联网用户账号名称管理规定》提到，互联网信息服务使用者以虚假信息骗取账号名称注册，或其账号头像、简介等注册信息存在违法和不良信息的，互联网信息服务提供者应当采取通知限期改正、暂停使用、注销登记等措施。《全国人大常委会关于加强网络信息保护的决定》第五条规定："网络服务提供者应当加强对其用户发布的信息的管理，发现法律、法规禁止发布或者传输的信息的，应当立即停止传输该信息，采取消除等处置措施，保存有关记录，并向有关主管部门报告。"

账号的整改停用或注销、几日的拘留、几百元的罚款，上述条款所涉及的规制和惩处措施，在自媒体巨大的利润面前无疑显得十分微弱。显然，行政法规、部门规章与实体法的效力不可同日而语，对自媒体乱象无法起到很强的威慑作用。因此，建议根据自媒体现在的发展状况和对未来发展的预测，在实体法中增加专门针对自媒体虚假信息的法律条文。要明确对违法情况的界定，对信息的形式、信息的种类进行划分，让法律的适用情形更为明晰。例如，信息的形式可以分为完全虚构和部分篡改，信息的种类则可分为健康科学虚假类、侵犯个人权益类、危害社会稳定类、危害国家安全类等。

此外，对法律责任予以细致化规定。一方面，在对违法情况不同界定的基础上设置对应等级的处罚力度，不同程度的违法行为承担不同程度的法律责任；另一方面，按照传播者的类型设置法律责任。撰写创作虚假信息的传播者为源头传播者，转载传播此信息的为二次传播者，以此为标准将法律责任设置一个由高到低的责任范围。

第二，要加大行政处罚力度。在完全竞争的市场环境下，自媒体为了获取流量带来的收益，不惜创造、散播骇人听闻的虚假信息，带来了严重的后果，扰乱社会治安。而事后要消除"谣言"所带来的负面信息则需要付出巨大的代价。我国当前《治安管理处罚法》第二十五条规定的罚款仅仅为五百元以下，如此轻微的惩罚对比一点点冒险就可以收获的丰厚利润，自媒体职业者自然会将绝对的利益放在第一位。因此，若自媒体职业者散布虚假信息并扰乱了社会秩序，建议应加大行政处罚金额，可参考其年收入进行核算，如让利润达到100%时需要面对300%的处罚金额。有着生存压力的普通自媒体职业者自然会在发布、转载信息之前衡量两者之间的利益权重后作出正确的决策。

第三，要采取评分惩处机制督促平台严格把关自媒体信息，鼓励平台间合作管理。平台对自媒体注册和信息发布有着直接约束能力，但平台与自媒体有着共同的利益，在争取流量获得更多用户方面，两者目标是相同的，出于利益的考虑，平台对自媒体生产者的把关常常具有投机性。行政机关可以通过对平台进行教育和规定，督促平台承担起"把关人"的责任，建立信息把关机制的第二道防线。在具体的管理措施上，可以采用评分制度，对平台信息监管的各项指标进行不定期考察，对未达到要求者进行一定程度的处罚。指标可包括：是否有辟谣机制；是否有审核和申诉机制；人工审核通道的运作机制；侵权投诉机制的运营；实用性如何等等。

自媒体完全竞争下存在的问题如洗稿、转载虚假信息、散播谣言等往往存在跨平台的现象，且也有一个自媒体品牌在多个平台同时存在的情况。这就需要平台之间相互合作，共享部分信息，联合打击违规行为，对违规用户进行联合处罚、封禁，这样才不至于让违规者能够转头便"东山再起"。

第四，要设立自媒体监管部门，成立单独的自媒体规制机构，统一规制和监管自媒体行业。虽然目前有中央网络安全和信息化委员会负责管理网络安全和信息化的重大问题，且已经着手治理自媒体乱象。如2018年国家网信办针对自媒体账号存在的问题开展了集中清理整治专项行动，重点整治通过"洗稿"方式篡改剽窃原创作品的侵权行为；2019年4月，又联合国家版权局、工业和信息化部、公安部联合启动打击网络侵权盗版"剑网2019"专项行动。但自媒体问题之烦琐和庞杂，屡禁不止，不是几次专项活动就能斩草除根的。这样的情形，需要有更为细致的条块监管部门来实施日常管理，如国家广播电视总局对广播电视媒体的管理，国家新闻出版署对出版物、印刷业的管理等。对自媒体竞争突出、问题严重的平台进行深入的督查，与平台进行合作，改善平台和行业环境。对运营大量自媒体账号的MCN机构进行管理，防止机构利用大批自媒体账号操纵舆论，扰乱市场。对影响力大、问题突出、发布"打擦边球"信息等自媒体重点关注，做到第一时间发现、第一时间处理。

第五，推动和鼓励自媒体行业协会成立并制定自律公约。尝试推动和鼓励自媒体人建立自媒体社会组织，可效仿中国作家协会、记者协会或编辑协会的体系创设组织架构，明确行业的任务以及自媒体职业者的职业操守。自媒体时代，自媒体从业者分布在各个平台，数量庞大，且在整个社会中处于一个游离的状态，没有社会组织对其的有效整合，就难以有效规范其行为，也难以提高其媒介素养。通过自媒体协会将自媒体职业者凝聚起来，实现协会对会员的监督和会员之间的相互监督，提高自媒体人的职业素养，从而影响自媒体行业所有从业者，进而达到自觉进化自媒体和网络媒体相关内容的目标。

参考中国作家协会目前进行的工作，自媒体行业协会的任务应包括：组织自媒体职业者学习马克思列宁主义、毛泽东思想、邓小平理论、"三个代表"重要思想、科学发展观和习近平总书记系列重要讲话精神，学习党的方针政策，培育和践行社会主义核心价值观，增强文化自信、文化自觉和文化担当，不断提高自媒体职业者的思想道德修养、科学文化素养、文学艺术学养；坚持自媒体内容创作的正确方向，传承和弘扬中华优秀文化，弘扬中国精神、传播中国价值、凝聚中国力量，鼓励探索和创新，更好地丰富精神娱乐生活；发展和培养自媒体行业的新生力量，扶持有潜力的自媒体职业者，让行业结构从"金字塔"形朝着更健康的趋势发展，等等。

根据自媒体内容的形式可以将自媒体职业者大体分为：文字类、短视频类、直播类；根据自媒体内容的类型可分为：泛娱乐、泛资讯、科技、旅游、财经、军事等。自媒体行业协会可根据从业者属性的分类制定更具针对性、更细致的公约条例。此外，可以反思所在细分领域的问题，捕捉内部隐藏的乱象，在现有领域规定的基础上查漏补缺，自我约束。对于从事短视频内容创作的自媒体职业者的公约，可以在中国网络视听节目服务协会联合国内主要视频网站制定的《网络短视频平台管理规范》和《网络短视频内容审核标准细则》100 条的基础上进行拟草。

（三）对技术垄断的规制

在大数据、算法等技术已经被广泛运用的智能媒体时代，技术垄断的根本原因在于其对规模用户和数据的控制。技术如同"一只看不见的手"，在背后对新闻信息的生产和分发进行着操控，而这种技术垄断背后的深层逻辑则是互联网企业对用户数据的垄断，集中了规模庞大的用户以及数据后，就有了在行业中形成垄断的资本和力量。

社交媒体平台之所以能够形成技术垄断，一个重要的原因在于平台企业通常只会使用自身开发的算法，使算法在单一平台的供给上是垄断性的。而拥有算法的媒体平台一般都有较大的用户规模和网络效应，借助技术标准强化了垄断技术的市场控制力和影响力，技术规则的制度化造成了用户对算法的高度服从和主动迎合，很少会有人质疑算法，甚至意识不到算法可能存在的问题。为了防止某些领域投入过多或过少而造成资源配置不合理，通常要直接进行数量规制。通过数量规制增加算法的竞争度。在信息生产和传播领域中，算法如同基础设施和参数，规制内容的生产、分配和消费，有能力直接影响用户行为、信息偏好和生产决定。[1] 当一种算法总是限制某种内容而助力另一种内容时，单一的算法必然会导致信息的偏颇，增加更多的算法将促进信息的民主和多样性。从内容上来说，可以鼓励在垂直领域实行针对不同内容类型的算法机制，从指标上打破唯点击率的缺陷。陈昌凤认为，注意力导向的评价机制不仅无法使严肃新闻战胜耸动新闻，反而使利益驱动新闻编辑室，导致新闻生产的质量滑坡，催生著名的"黄色新闻潮"。[2] 故而，要对创新性强且社会效益明显的算法予以补贴，激励和引导算法开发者发挥文化传播和价值传播的作用。从主体上看，政府和公共部门要激励、组织和开发公益性的算法，打破现有商业算法的垄断局面，使公益性内容在生产和消费中得到有力的扶持。因为信息的引致性特点决定了算法是可以引导和培养用户信息生产和消费习惯的。塔利亚·拉维（Talia Lavie）等人的研究证实，在被不断推送一些信息之后，人们可能会对原本不确定是否感兴趣的信

---

[1] Napoli, P. M. "Automated media: An institutional theory perspective on algorithmic media production and consumption," *Communication Theory*, 2014, 24（3）: 340-360.
[2] 陈昌凤、师文：《个性化新闻推荐算法的技术解读与价值探讨》，《中国编辑》2018年第10期。

息逐渐感兴趣。① 公益性算法的推广也必然可以利用信息的引致性来引导用户生产和消费更多对社会有机体有益的信息。

平台的技术垄断源于算法的模糊性和不可解释性。对于大多数人来说，社交媒体平台的算法的规则和设计基于何种数据，出于何种目的，会有何种效果仍然不得而知，故而规制算法把关的技术垄断，还要增强算法的透明性。技术的权威常常来自其神秘性，从人工编辑到算法把关，尽管技术只是中介，但其复杂程度往往难以通过简单的解释予以说明。因为不了解，人们难以看到其不足之处，算法把关常常会被认为更加客观公正。只有让人们了解算法，才能打破算法把关的技术垄断，从而摆脱技术崇拜和盲从。

二、对外部性的规制

社交媒体信息具有很强的外部性，账号发布的新闻信息即使造成了严重的负外部性，作为账号主体首先仍然能够从吸引注意力中获得不菲的收益，这就是社交媒体环境下很多人宁可遗臭万年也要出名一回的原因。虚假、低俗、误导信息生产和消费过度，问题在于此类负能量信息造成的社会危害（社会成本）未能由生产者和消费者承担，成本由外部承担而收益（注意力资源）却归给个人，这种成本与收益不平衡是负能量信息供需两旺的主要原因。与之相反，正能量信息存在正外部性，对社会有益却未能使个人得到补偿，往往供给不足。激发社交媒体传播正能量信息需要通过规制矫正其外部性，并辅之以正能量信息传播激励机制，以市场力量推动社交媒体传播更多正能量。

对于外部性的规制，经济学理论提出过两种方式：一是"庇古"式规制；二是"科斯"式规制。"庇古"式规制强调对于负外部性的

---

① Lavie T., Sela M. and Oppenheim I., et al. "User attitudes towards news content personalization," *International Journal of Human-Computer Studies*, 2010, 68（8）: 483-495.

处罚,使外部性内部化,比如一个社交媒体账号如果发布了对社会有害的信息,就要对此信息造成的成本进行补偿,政府可以向这些账号实施征税、罚款等措施,使其付出相应成本,从而难以获得额外收益。相应的,对于正外部性的新闻信息,可以通过奖励或补贴的方式,补偿其损失的外部收益,使对社会有益的新闻信息逐渐增多。这种规制方式的难点在于,政府可能无法准确了解一个社交媒体账号在发布一则具有负外部性的新闻信息后,它所造成的社会损失究竟有多大?相应的,一个具有正外部性的新闻信息的社会效益也难以衡量,这样一来,征税或补贴就没有适当的标准。在这一问题上,本书认为,可以根据不同的信息类型,借用广告计费中的点击量、阅读完成率等加以衡量。如果一个具有负外部性的信息带来1万元的广告收益,我们可以认为其应承担的外部成本至少为1万元,这1万元可以作为不当收益先行没收。反之,对于社会效益的衡量也可以参照广告的衡量标准,逐步把社会效益量化,使之能够和经济效益相互转化,通过这一规制方式,激励人们生产和传播具有社会效益的内容。

"科斯"式规制认为明确产权是消除外部性的核心。一个社交媒体账号,它是否出现外部成本,其实可以通过确定其能够传播的对象来得到解决。比如,一则表达对他人不满甚至有可能带来网络暴力的信息,它是否具有传播的权利,或者说他有传播多大范围的权利是政府应该首先确定的。如果确定了它的传播权利,那么它要么就是违反法规,要么就不会有外部性。假如一则信息对社会有害,但在传播权利上是可以向家人传播的,那么在更大的公开范围内就是违规违法的。"科斯"式规制的困难在于我们很难对随时出现的各式新闻信息进行准确的产权界定,只有在信息发布后造成了影响时才了解其真实状况。但就产权的界定而言,对于政府规制有很强的借鉴价值,那就是不断完善相关的法规制度。社交媒体新闻信息涉及的领域比较广泛,尽管不断有新的管理规定出台,但不同领域、不同主体、不同类型的信息内容在传播中带来的影响差别是很大的,我们对于私人信息、限制信息、公开信息、公共信息等的区分和界定仍然不够清晰到位。随着算法技术的深入应用，传播权利的界定和技术的结合可以使之更为有效。目前对于不同主体可以发布的新闻信息类型已经有了较为明确的区分，未来技术需要更加细致，对所发布的内容要具有更好的针对性和鉴定力。一旦确定了信息传播的产权，将从源头上解决外部性问题。

三、对公共产品生产的规制

传统经济学认为，公共物品只能由政府来提供，私人是无法提供公共物品的。但是，由于新闻产品主要依赖广告收入，企业和个人提供新闻信息的积极性是很高的。这就引发了一个新的问题，企业和个人真的是想要提供公共物品吗？显然，他们看重的是广告收益。如果他们看重的还是商业利益的话，如何能保证他们提供的产品是公共物品呢？进一步说，传媒内容的公共性如何保证呢？事实上，广告主对传媒内容生产的影响是毫无疑问的。如果企业和个人的出发点是商业利益，那就会在内容生产和选择上体现出竞争性和排他性，尽管在传媒商品的分发和使用上仍然是公共物品，但内容失去了公共性，也就不再是公共物品了。从这个角度说，只有由能够代表公共利益的媒体生产的传媒内容才能称得上是公共物品，而政府恰好是代表公共利益的，由政府提供财政资金支持，而不是让新闻信息生产者寻求其他资金来源，将能够保证传媒生产者更好地维护公共利益。作为公共事业的传媒生产者，应当更多地生产具有外部收益的节目。

对于新闻信息公共性的规制，需要有系统的规制措施，不仅要有实现其公共性的经济规制，也要有约束其服务于公共利益的技术规制。从经济规制的方面来说，要让社交媒体运营者在提供公共产品中有收获感。对于企业自媒体来说，这种收获感可能是社会责任感，通过新闻信息的提供传播企业对社会负责的形象。而对于个人来说，更多的是荣誉感和道德感，通过发布新闻信息体现了自己对公共事务的关注，获得了社会和他人的认可。相较于经济收益而言，精神收获本身也具有激励性，但还不足以让账号主体主动积极地持续生产公共产品，需要有相应的经济激励和约束方式。对生产公共性新闻信息产品的社交媒体提供奖励或补贴，出台相应的扶持政策推动这些社交媒体账号做大做强。

此外，新闻信息作为一种公共产品，传播平台的技术规则如果缺乏公共性，同样会使其偏离公共性的目标。因为当前平台算法大多是由互联网公司开发设计，作为企业在算法规则的设计上往往会基于市场和利润的角度，很多指标看似来自对消费者和市场的判断，实则代表了公司和广告主企业的利益，不能代表公共利益，加之对于自然语言理解的限制，无法在把关中像人一样把握内容的价值导向，难以坚持社会效益优先的原则。平台对数据的控制使信息生产者处于弱势地位，生产者往往为了迎合所谓的点击量而使内容生产集中在某几个受欢迎的领域，造成了信息供给的单调。社交媒体平台借助技术手段收集和掌握用户的个人需求偏好、行为性格特征、用户属性等数据信息，持续完善对差异化、个性化需求的满足，利用信息产品独特的边际效益递增，有效提升信息生产、传播、反馈和沟通的效率，并以此产生更大的规模效益和范围效益，而这也意味着更大范围、更高程度的信息控制能力。然而，在这种"数据导向"下，只根据用户数据偏好、热点词汇生产的新闻信息必然会造成新闻信息的质量下降、公共性缺失。新闻信息的生产集中于所谓的"热点"领域，真正的公共信息需求反而被边缘化。比如，各种媒体平台上的类似"猜你喜欢""兴趣推荐"的功能往往只是因为用户偶然点击了某条信息后就开始推荐大量同类信息，而这并不是用户的真正需求。又或者在对所谓"热点"的追求中为了吸引用户的注意出现各种娱乐化新闻，比如在新浪微博的热搜榜中，与艺人、明星有关的各种花边新闻占据了很大的比重，而真正严肃客观的新闻则较少。因此，要在技术上解决算法的公共性问题,使算法把关真正承担起服务社会、造福社会的重任。

此外,由于没有形成适当的数据分享准则,互联网媒体平台对数据的竞争会愈加激烈,并且由于技术外部性的影响,那些具有先发优势的互联网媒体平台在聚集了大规模的用户和数据后,利用技术外部性的规模优势、互补需求和延伸叠加优势,构建起用户的转移壁垒,形成"赢家通吃"的现象。① 比如,2019年被曝出的百度为"百家号"引流事件,就反映了在数据垄断下搜索引擎的"隐形霸权"。在通过百度进行搜索的结果中,第一个页面基本有一半以上的信息指向百度自己家的产品,而这些"百家号"内容质量堪忧。百度凭借其掌握的庞大用户和数据,扮演了流量分配者的角色,控制了人们能够看到哪些内容,新闻内容的重要程度被搜索结果页面呈现的"位置"所取代。

对社交媒体平台新闻信息公共性的规制,其中一项重要的内容就是对算法的规制,将公共性作为算法的主要技术标准。由于当前没有明确的算法规则标准,各大互联网公司都是根据自己的理解和商业目标来设计开发算法,这些算法规则大多缺乏社会效益优先的逻辑。在此背景下,算法所追求的根本目标必然是商业利润最大化,并不会为任何的公共性目标服务。但由于算法所涉及的主要领域是信息商品,具有公共产品的特点,作为获取信息的技术中介,它不仅影响人们对社会现实的认知和构建,而且对整个社会的意识形态安全有重要作用。作为自媒体平台信息生产和消费的指挥棒,算法理应将公共价值的指标纳入算法规则中,承担起应有的社会责任。政府和社会要设立算法的评估和审核机构,将算法作为一种特殊的知识产权,对于只考虑商业利益不考虑社会效益的算法,不允许其进入市场,从源头上扭转算法商业利益至上的问题。

每一种算法的背后,都有自己的数据来源和规则,算法存在偏见

---

① 李平、李珩:《基于网络外部性的技术垄断分析》,《商业时代》2013年第27期。

几乎难以避免。一些学者认为，算法就是个黑箱，充满了不透明性，用户很难搞清楚数据的来源和算法程序的运作规则。① 算法拥有者和用户之间的信息不对称，导致算法在实践中存在不平等的问题。设计者可以轻易地改变信息分发的数量和范围，广告主可以通过算法过滤对企业不利的信息，而这些用户可能根本就不知道。更重要的是，算法所依赖的数据的真实性和可靠性如何？在算法所遵循的规则中，伦理道德占多大权重，知情权和隐私权如何平衡？这些问题如果不清不楚，算法主导下的信息质量也就无从说起。政府需要有明确的算法质量管理部门，对算法实施质量监管，增加算法的透明度。首先，要求算法拥有者向用户解释算法所依赖的数据来源，让用户清楚数据的质量、可信度和准确性；其次，要求算法拥有者向用户披露算法的模型原理和运行机理，说明算法可能存在的问题和风险；最后，要对用户进行算法常识培训，在全社会范围内加强用户的"算法素养"教育，使用户对算法的系统性影响有审慎的评价和认知。② 从世界范围来看，欧盟的《全面数据保护法》、美国计算机学会公众政策委员会公布的《算法治理指导细则》，都对算法应当增强透明性提出了明确的要求，值得我们借鉴。

四、对信息不对称的规制

信息不对称的改善需要信息生产方和消费方共同努力，政府在其中应当确保市场的规范运行，建立更加完善的制度，激励双方向"说真话"的方向努力。对于那些发布虚假不实新闻的行为要追责到底，提高虚假新闻信息的生产成本。目前，还有很多媒体在发布消息时不认真核实信息来源，甚至有意制造混乱或者不安，采用"或再次提价……""据传将如何如何"等标题。对于不明真相的公众来说，选

---

① Kubler K. " The black box society: the secret algorithms that control money and information," *Information Communication & Society*, 2016, 26 (4): 1-2.
② 张淑玲：《破解黑箱：智媒时代的算法权力规制与透明实现机制》，《中国出版》2018年第7期。

择信还是不信？对于公众来说，媒体的消息来源一定比公众广泛，如果媒体利用自己的信息优势肆意玩弄文字游戏，最终必然会失去公信力。对于受众来说，也要提升媒介素养，对于新闻要有一定的认识，猎奇性决定了很多报道的事件本身就带有极大的偶然性，不能错误地认为这就是常态化事件，甚至以此来判断自己周围的环境状态。政府在规范市场秩序时，要让那些报道事实真相、具有客观公正态度的媒体具有更好的发展环境；同时，让那些表达真实想法的受众勇于表达、能够表达、善于表达，这样媒体和受众之间的沟通才会越来越顺畅，传媒业的资源配置才会更有效率。

2007年1月17日，国务院第165次常务会议通过《中华人民共和国政府信息公开条例》，自2008年5月1日起施行。《中华人民共和国政府信息公开条例》对政府信息的公开范围、公开的方式和程序，以及对政府信息公开工作的监督和保障作出了具体明确的规定。2017年6月，以"公开为常态，不公开为意外"为原则，《中华人民共和国信息公开条例》进行了首次修订工作，进一步完善了我国政府公开制度。《中华人民共和国信息公开条例》的实施，对保障公民的知情权具有十分重要的意义；同时，也是对媒体传播权的保护，有利于媒体和受众之间的沟通，有利于实现信息对称，进而优化传媒业资源配置。长期以来，媒体在获取信息时对于哪些该报道、哪些不该报道并没有相应的法律依据，在新闻报道中被采访对象或报道对象以各种理由予以拒绝的现象司空见惯。《中华人民共和国政府信息公开条例》第十五条规定："行政机关应当将主动公开的政府信息，通过政府公报、政府网站、新闻发布会以及报刊、广播、电视等便于公众知晓的方式公开。"因此，该条例的实施为媒体真正履行其"社会守望者"的职责提供了法律保障。

随着社交媒体平台对信息技术的深度应用，计算机和信息技术在解决信息不对称中正摸索出自己的一套解决方案——算法推荐。通过阅读者过往阅读的信息来判断该用户喜欢什么类型的信息，并尝试向其推送同类信息，通过不断的推送与点击行为指标来勾勒用户的画像，从而提供精准的信息服务。遗憾的是，新闻信息和一般商品不同，有时连消费者自己也不知道到底需要什么样的信息，机器这种根据用户行为数据来推荐信息并分析其消费偏好的方法，便常常会出现错误，因为用户的选择被机器给限制了，这对于创造需求、引导需求的新闻业来说尤其可怕。信息茧房描绘的便是这种问题，原来是为了解决问题，没想到反而由解决问题产生了新的问题。究其实质是对新闻信息产品理解不够造成的，新闻信息是一种精神商品，这就犹如营养元素，任何一个人都不可能只需要某类或者某几类新闻信息，试图通过贴标签的方式给人推送偏好式新闻，就如同吃饭偏食一样，不能因为偶尔吃点垃圾食品就判断此人喜欢垃圾食品，也不能因为用户没有看过高营养的物品就认为其不会喜欢，这种做法只会带来信息的营养不良。最后，有些低劣的信息如同毒品一样，虽然有害，但仍然会充满诱惑，一旦点击就被机器判断为喜欢，这种推送机制不仅会让低劣的信息产品大行其道，还会严重伤害受众及社会健康。无论算法如何先进，它只是了解市场的技术工具，把工具当成本体，体现了拉什（Lash）所说的本体论与认识论的混淆，在这种混淆中，算法产生了异乎寻常的力量。[①]

对信息不对称的规制，要强化技术的透明性，消除生产者和消费者之间的技术屏障。互联网平台企业通常以"商业机密"为由拒绝公开相关算法技术的源代码，技术产权的私人化与技术标准的不透明，使得算法具有很强的可操纵性。技术上造成信息生产和流通的不平等往往难以被人察觉，通过技术为平台本身及相关利益方增加流量，屏蔽竞争对手的正面信息，限制或封锁不利于平台及合作伙伴的信息生产和传播，造成消费者对市场及社会环境的错误判断。因此，每一则新闻信息，其生产和传播是否受到技术的影响，要有明确的规定。

此外，技术对社交媒体新闻信息的生产也带来一些新问题，对于

[①] Lash, S. "Power after hegemony: Cultural studies in mutation?" *Theory, Culture & Society*, 2007, 24 (3): 55-78.

这类问题要有严格的规制措施,防止造成新的信息不对称,并由此引发新闻信息的信任危机。人工智能技术为用户提供了可能引发信息生产和消费混乱的技术,带来文化内容深度造假的问题,如通过智能计算形成伪原创内容,通过人脸互换技术生成视频内容、模仿他人声音的音频内容等等。这些技术问题在没有标示的情况下混入正常的新闻信息中,是很难被用户察觉的。是否使用此类技术,此类技术可以使用在哪些方面、使用到何种程度,要尽快出台相应的规则和制度,在用户接触此类信息时,必须给予明确的告知或者鲜明的标识,不能故意混淆或有意利用技术来蒙蔽用户。技术带来的信息不对称方面的新挑战,可能会对社交媒体新闻信息带来前所未有的难题,在这一点上,要保持高度的警惕。

第二节 对供给主体的激励规制

一、对政府主体的激励规制

目前,政府机构在是否开设社交媒体账号方面可以通过硬性指标予以约束,但运营好社交媒体,需要优质的内容和专业运营者的维护。实现这一目标,就必须对社交媒体的运营者进行激励,通过建立健全社交媒体运营者的激励机制,规范相关从业人员的岗前培训,强化媒介素养教育,从制度上提升新闻信息供给的质量。

2016年1月28日,《人民日报》发文指出政务微博的三大短板:僵尸账号、官腔账号和应付账号,有些网站和微博要么不回复,要么神回复。[1] 从本书选取的一些政务微博来看,也不乏一些内容更新及

---

[1] 于洋:《政务微博待补三大短板》(2016年1月28日),人民网,http://politics.people.com.cn/n1/2016/0128/c1001-28090656.html,最后浏览日期:2023年4月19日。

时，与用户互动频繁、粉丝量较大的账号，比如河南省郑州市气象局的官方微博，从 2017 年 27 万粉丝到 2020 年 47 万粉丝，三年增长粉丝 20 万，发布微博上万条，内容定期更新，大量使用社交语言，频繁与用户互动。之所以出现这样的情况，说到底还是人的问题。调动人的积极性必须设计合理的激励与约束机制。政府的社交媒体要根据自身情况，首先设计考核指标，其次对考核指标进行操作量化，使之与运营者的薪酬挂钩。比如在新闻信息发布之前的选题筛选、策划、发布形式，发布中的编辑与审校问题，发布后的阅读量、评论数、点赞数、回复互动次数、社会影响的正负程度等，将这些具体的指标作出细致解释，激励手段包括奖金、对内容成果的认可、表扬以及个人地位提升、安排担任挑战性的任务、给予学习和成长的机会等。① 有效的激励机制能使运营者逐渐形成新闻信息传播的受众意识，提升产品质量，推动政府新闻信息的广泛传播。

针对政务新媒体在新闻信息生产和传播过程中存在的问题，政府应该从以下方面加以改进。

第一，秉持"内容为本"的传播理念，不断提升内容传播质量。政府部门要意识到，在信息纷繁复杂的互联网时代下，内容的质量才是信息平台竞争力的根本保证和改善传播效果的根本途径。政府部门需强化政务内容的解释力和吸引力，在对重点政策、政务信息的传播过程中，应尽量避免对相关政策文件内容的生搬硬套，而应善于运用 H5、短视频、长条漫画等人民群众喜闻乐见的各种形式进行重新"编码"，尽可能降低其信息解析难度，同时亦体现出"硬性新闻，柔性传播"的策略。

第二，强化融媒体传播矩阵中各渠道的协同建设。这要求相关从业人员认清微信、微博、政务 App、抖音等各大社交媒体平台的传播特征，秉承"一条信息，多次加工，精准传播"的理念进行信息生

---

① 赵宇翔：《社会化媒体中用户生成内容的动因与激励设计研究》，南京大学博士学位论文，2011 年，第 109 页。

产。比如，基于微博其信息发布字数限制和其作为公共舆论、意见广泛交换场所的特征，政务微博更多强调"短平快"信息的发布，应更多进行观点式内容的传播，以期进行相关舆论引导。而在微信公众号中，政府应强化政策解读性等相对复杂内容的传播，而抖音泛娱乐化的特征则更适合软性内容的传播等等。

第三，强化新闻供给侧改革，完善媒体运营管理机制。一是出台针对政务新媒体的管理规章制度，明晰政务新媒体日常运营的内容选择、发布流程、发布频率、目标效果等等。二是强化高素质人才建设，对现有从业人员来说，应定期邀请专业媒体、互联网企业、学界等领域的专家进行相关的专业知识、技能培训，在这个过程中着重提升相关从业人员的内容传播技巧以及受众意识；同时，强化与高校的合作，积极引进高校优质人才。三是积极引入相关的激励机制，政府部门应该设计相关内容考核指标，并将其与员工薪酬挂钩，从而进一步刺激主体人员的生产积极性。

二、对企业主体的激励规制

企业在新闻信息供给中主要目的是传播自身的品牌和产品，相较于非商业新闻，企业社交媒体传播的新闻信息更为功利，这也导致其供给的新闻信息在专业性和客观性方面存在先天不足的问题。一些大的品牌和企业充分地运用社交媒体的互动优势，把社交媒体沟通的功能作为与用户和粉丝交流的主渠道，呈现了很好的传播效果。但专业人员在发布信息和交流的过程中，必须意识到企业社交媒体不是私人领地，因为面向大众传播的新闻信息已不仅仅是企业产品，而成为公共产品。企业追求商业利益本无可厚非，但企业在向大众传播信息时，必须考虑其所带来的社会影响，这些新闻信息会对社会形成外部性。企业以商业利益为导向，新闻信息传播所带来的收益由企业享有，而造成的成本（负面影响和后果）却由社会承担。这种忽视新闻信息的公共物品属性所带来的直接后果，就形成了负的外部性。以前文"杜蕾斯"的官方微博为例，企业为了吸引公众注意力，营销品牌和产品，向社会公众输出低俗价值观的新闻信息。这些信息内容与中华传统美德和社会主义核心价值观背道而驰，给社会带来不良影响的同时，企业却受到更多关注，从而实现了营销的目的。

对于这种行为，一方面，应当通过经济手段的调控，改善和优化新闻信息供给生态，构建企业新闻信息传播的激励与约束机制，纠正其在新闻信息产品供给中的外部性。对企业自媒体要有直接的监管部门，由其负责对企业新闻信息的社交效益价值进行评估。评估可以综合网民评价、同行评价、监管者评价等方式，逐渐把企业新闻信息供给的社会效益指标具体化，社会效益要能够为企业带来实实在在的利益，比如政策的扶持、荣誉的获取等，实现社会效益与经济效益的兑换。另外，也可以推动社交媒体平台成立社会效益奖励基金，在企业信息供给中产生良好社会效益的企业予以经济奖励，对不注意社会效益、产生负面影响的企业由政府监管部门予以处罚。这种激励与约束机制类似于环境污染的监管，企业应该为社会支付信息污染成本。

另一方面，应当将企业的社交媒体运营人员纳入媒体从业人员的管理中。提高企业自媒体的新闻信息品质，首要因素在于提高运营者的媒介素养，无论是监管部门还是企业自身，都要高度重视企业的社交媒体运营人员的专业能力和道德素养。政府管理部门激励企业所在行业构建社交媒体运营自律细则，通过行业和企业的自律来加强社交媒体新闻信息的监管，避免社交媒体信息发布的混乱和无序，行业协会要定期就各企业的社交媒体存在的问题给予通报，提醒企业立即更改。此外，政府监管部门和行业协会要对企业的社交媒体运营人员提出具体的岗位任职要求，对于新进人员要进行系统的培训，提升社交媒体运营人员生产新闻信息的专业性，避免虚假信息、低俗信息、三观不正、标题党等问题。

三、对媒体生产的激励规制

媒体运用社交媒体实现移动互联网转型是大势所趋，但社交媒体不仅仅是一个工具，它同时会对原有新闻准则和管理制度产生潜在影响，当前传统媒体的社交媒体运营急需规范的管理体制和激励机制。从现实情况来看，多数媒体对传统媒体渠道传递的新闻信息把关较强，而对社交媒体信息发布把关较弱，尤其是地市级媒体的社交媒体账号，有的甚至只有一两个人负责运营，在发布信息时缺乏规范化操作流程，社交媒体的考核指标也不够细致，导致频频出现不核实消息来源、随意转发、篡改标题、侵犯隐私等问题，有的甚至连错别字这样的低级错误也大量存在。在这方面，西方媒体对社交媒体管理的做法值得我们学习。《美联社雇员社交媒体指南》规定，禁止员工在社交媒体上转发未经证实的传闻，对于网上信息源的核查，要像线下信息核查一样严格。《英国卫报》《华盛顿邮报》等都有鼓励公众评论和与公众互动的规范性指南。[1] 此外，对于社交媒体环境下出现的新的考核指标，诸如阅读量、转发与分享、点赞与评论、回复次数等，也应加入新闻工作者的考核中，引导媒体从业人员做好社交媒体的新闻信息供给。

媒体作为社会信息传播的重要载体，向受众传达真实准确、价值丰富、及时完整的新闻消息，引导良好社会舆论形成是其所承担的重要使命。要想解决当下新闻信息供给中存在的问题，媒体应从以下两个方面加以改进。

第一，重拾"内容为王"的本心，创新高质量内容的融媒体传播。和自媒体相比，专业新闻媒体在话语资源、传播技术与手段、专业传播人才方面都具有得天独厚的优势，更有能力推动深度内容的融

---

[1] Opgenhaffen M, D'Haenens L. "Managing social media use: Whither social media guidelines in news organizations?" *International Journal on Media Management*, 2015, 17 (4): 201-216.

媒体传播创新。在这方面，我国新闻媒体应主动向西方专业媒体机构学习。当前，众多国外媒体已经在深度报道内容的融媒体传播中进行了各种有益实践，其中包括对精练报道核心内容进行碎片式传播，结合数据可视化、动画等形式降低理解成本，同时积极引入自媒体视角强化对复杂内容的解释力等等。在鱼龙混杂的新媒体信息环境下，专业新闻媒体应当严于律己，做高质量内容传播和引领内容创新的"排头兵"，而不是随波逐流，盲目追随流量而同样沦为低俗、平庸信息内容的载体。

第二，完善媒体内部的规范管理体制，推动高素质传播人才建设。其一，完善社交媒体的新闻信息生产和发布机制，优化和完善动态考核机制。媒体要构建社交媒体账户运营自律细则，对媒体从业人员的社交媒体账号做出明确管理，禁止个人账号随意发布未经核实的消息。在构建信息发布机制的过程中，主管人员应该明晰相关主体的责任边界，建立完善的事实信息核查流程和发布准则，时刻将新闻传播的专业性摆在首位。其二，将内容传播的影响力与员工的工作绩效挂钩，同时积极引入社交媒体指标相关的激励机制，如结合实际传播效果以及团队内部评价为参考，对优质新闻内容予以适当经济奖励。其三，强化社交媒体的运营人才队伍，邀请行业、高校等领域专家对运营队伍进行定期培训，进一步提升从业人员的专业知识和媒介素养，以打造一支传播能力更强、传播内容更先进、传播手段更丰富的新闻生产团队。

四、对个人主体的激励规制

对于个人而言，通过社交媒体发布新闻信息究竟是个人空间的私人表达还是公共空间的大众传播，不仅取决于内容，更多取决于其所发布的社交媒体平台。因此，对于个人新闻信息供给的监管，重心应该是社交媒体平台。平台作为个人社交媒体信息传播的把关者，应当建立个人信息传播激励与约束机制，对具有正能量的优质新闻信息予以传播资源倾斜乃至经济奖励，比如通过定期评选优质新闻供给者并予以奖励，内容越好，点击量越高，推荐就会越多。这一举措能唤起个人主体供给新闻时的工匠精神。① 相反地，对于标题党、暴力、低俗、过度娱乐化的信息内容应当予以过滤和处罚。目前，大部分社交媒体平台都在不断完善平台管理制度，但在商业利益的驱使下，对有些具有煽动性、刺激性、违反道德、缺乏导向意识的信息仍然监管不力。这就要求政府监管部门也应当提升监管水平，能够使用经济手段来管理有违道德却又不违反法律法规的平台运营商，以迫使其向下级用户传导此种监管机制。其核心仍然是明确社会效益的具体指标，通过指标的衡量，将负社会效益新闻信息产品所获取的超额经济效益，通过经济处罚的手段矫正过来，彻底改变经济利润为正的可能，从而减少劣质新闻信息产品的供给。与此同时，对于那些为获取正社会效益而付出高成本的新闻信息产品予以补偿，增加高质量新闻信息产品的供给。

在个人层面上，公众应强化自身媒介素养，成为高素质的新闻信息传播者。一方面，公众应该明晰自身在不同社交媒体平台的传播空间边界，做到有的放矢，并在信息生产和传播过程中更多考虑他人利益以及社会利益，强化自身舆论引导意识。与此同时，公众应主动了解自媒体管理相关法律规定和媒介常识，以更好知晓自己的传播行为是否违法违规，以此更好实现道德自律和法律他律。另一方面，主动摒弃"流量为王"的思维，自媒体创作者应深刻意识到，只有强化自身内容竞争力，打造高质量的内容生态，才是账号得以健康运营的核心动力，任何靠剽窃他人著作成果，靠散布煽情、虚假、低俗信息所攫取的流量都只是昙花一现，而一旦账号自身信誉受损，损失都将难以挽回。

---

① 朱榕贵：《以"工匠精神"做优新闻"供给侧"》，《传媒评论》2016 年第 6 期。

第三节 对未成年人群体的规制建议

智媒时代，重视并保障未成年人形成良好的网络使用素养，规范未成年人对智能媒体的使用及其在新闻信息生产和传播中的行为是一个新问题。这不仅是因为智能媒体为未成年人提供了参与新闻信息生产和传播的条件，更重要的是，未成年人的心智尚未发育成熟，其世界观、人生观和价值观正处在形成和发展的重要时期，无论是接受还是表达错误的内容，都有更深远的影响，需要整个社会各方面的重视、支持和配合。智媒时代对未成年人新闻信息的规制要尽快形成全面系统的体系，以法律规范为核心，以平台机构为依托，形成学校、家庭、社会机构等多方协作的模式，及时有效、因地制宜地提高未成年人媒介素养，规范未成年人的智能媒体使用。

一、法律方面

（一）规范未成年人内容生产行为，保护与监管立法并行

从已有的法律政策体系来看，我国的互联网监管主要集中于互联网行业，出台的法律法规大多针对互联网产业、内容、渠道等方面，或者仅针对未成年人这一主体本身。针对未成年人互联网运用相关的法律法规较少，已出台的政策法规观念陈旧、较为笼统，存在规制滞后，立法不够细化，执法过程"九龙治水"导致边界不清、权责不明等问题。

但综观近两年的立法进展，我国在未成年人互联网安全方面的立法工作有了一些推进。例如，2019年2月14日，国家广播电视总局局务会议审议通过《未成年人节目管理规定》，将未成年人节目管理

工作纳入法治化轨道；2019 年 8 月，国家互联网信息办公室发布《儿童个人信息网络保护规定》，该规定是我国第一部专门针对儿童网络保护的立法。这些规定使未成年人互联网安全方面的立法工作得到进一步细化和明确。① 2021 年 6 月 1 日实施的新修订的《中华人民共和国未成年人保护法》对增强网络媒介素养、加强监督检查、制止网络霸凌方面给予了重点关注。此外，有关网络内容生存部分，生产有益内容被突出强调。该规定显示了国家鼓励和支持有利于未成年人健康成长的网络内容的创作与传播，鼓励和支持专门以未成年人为服务对象、适合未成年人身心健康特点的网络技术、产品、服务的研发、生产和使用。但立法内容并未将未成年人自身作为内容生产者可能造成的问题考虑在内。在未来，未成年人网络运用的立法还需要进一步完善，应尽快构建我国未成年人网络保护的基本法律框架，加快未成年人网络保护的专门立法，构建未成年人网络保护协同规制模式，让未成年人网络保护真正有章可循。

（二）完善内容审查与分级制度，打击未成年人网络色情内容生产

韩国、美国、德国、日本等多国对在未成年人的互联网使用环境中安装过滤软件提出要求，利用技术手段建立有效、成熟可控的内容过滤体系。以德国为例，在州际协议层面，制定的《青少年媒体保护州际协议》规定，包括色情、暴力等有害信息的网络内容的供应商，必须限制相关内容的传播时间，通常为 22 点或 23 点到次日早上 6 点；必须通过实名验证等技术手段，限制内容传播范围；必须使用被官方认可的青少年保护软件。② 2003 年，德国通过了第一部《青少年媒介保护国家条约》，此后该条约几经修改，其最新版本于 2011 年 1 月 1 日生效。根据该条约，互联网内容提供商有义务对其内容进行年

---

① 季为民、沈杰主编：《青少年蓝皮书：中国未成年人互联网运用报告（2020）》，社会科学文献出版社，2020 年，第 73—747 页。
② JMStV＿Stand＿14＿RStV＿Lesefassung-Endversion，http：//www.kjm-online.de/files/pdf1/JMStV＿Stand＿14＿RStV＿Lesefas-sung-Endversion＿1＿7＿20103.pdf，accessed May 28，2023.

龄分级,并贴上标签。美国则既探索制定了《儿童在线保护法》《儿童在线隐私保护法》《儿童互联网络保护法》等专门性立法,也在《通信规范法》《梅根·梅尔网络欺凌预防法》《网络免税法》等网络相关立法中强化对未成年人的保护力度。其中,《儿童互联网络保护法》确认了过滤方法的正当性,规定要求全国公共图书馆联网计算机安装色情过滤系统,否则图书馆将无法获得政府提供的技术补助资金。关于儿童色情、网络诱拐和性交易问题,自 20 世纪 90 年代开始,美国相继出台《儿童保护、康复及处罚促进法》《儿童色情防治法》《立即终结对儿童性剥削的起诉救济和其他措施法》等,不断完善相关制度,将传播、接受或分发、制造、贩卖、持有儿童色情制品的行为规定为犯罪。2018 年,美国国会通过《打击网络性交易法案》(简称 FOSTA)削弱在线平台信息内容豁免权,旨在打击性贩卖过程中减弱对在线平台的豁免保护。

内容分级制度在诸多国家都有成熟的应用,也取得了较好的效果。我国应借鉴这些经验,进一步完善内容审查,建立并完善内容分级制度,构建起未成年人安全上网的环境,严厉打击引诱未成年人从事色情内容生产的违法行为。

(三)实现未成年人隐私保护与自我表达的平衡

《中华人民共和国民法总则》第 111 条规定:对个人信息的获取需依法进行,应确保信息安全,并禁止非法收集、使用、加工、传输他人个人信息,以及非法买卖、提供或公开他人个人信息。[1] 我国国家互联网信息办公室于 2019 年 8 月 22 日公布《儿童个人信息网络保护规定》,其中第四条规定:"任何组织和个人不得制作、发布、传播侵害儿童个人信息安全的信息。"[2] 可见,我国在网络隐私权保护和

---

[1] 傅宏宇:《论网络环境下未成年人的个人信息保护》,《首都师范大学学报》2019 年第 4 期。
[2] 《国家卫生健康委员会 2018 年 9 月 25 日例行新闻发布会文字实录》(2018 年 9 月 25 日),中华人民共和国国家卫生健康委员会官网,http://www.nhc.gov.cn/wjw/xwdt/201809/26a20e0a78e245ab849cb14d34d6ec4a.shtml,最后浏览日期:2023 年 4 月 19 日。

未成年人权益保护方面的立法也正逐步完善。

然而，在网络日新月异、各种技术层出不穷的当下，隐私权的内涵和性质已然发生巨大的变化。隐私权不再局限于保护个人隐私信息不被外界得知的传统形式，而是针对不同的隐私信息进行区分，以有效化解互联网技术发展带来的新的矛盾冲突。为了保护用户尤其是青少年网民的隐私，政府对于网络隐私保护政策的制定应更全面且更专业。其中，未成年人社交媒体的接触率较高，微信、腾讯QQ、微博等各类即时通信工具的隐私政策包含的条款尤其要被重点关注。①

以《微博儿童个人信息保护政策》为例，在儿童账号（即未满14周岁）发送微博、使用微博提供的位置定位服务时，微博会收集儿童的位置信息、设备信息。在使用微博提供的搜索服务时，微博会收集儿童的查询关键字信息、搜索历史记录、设备信息，为了提供高效的搜索服务，这些信息有部分会暂时存储在该儿童的本地存储设备之中。但如果拒绝提供上述信息，将无法创建或继续使用儿童账号。此外，微博方称儿童的关键词信息无法单独识别儿童的个人身份，其不属于儿童的个人信息，因此，他们有权以其他的目的对其进行使用。只有当儿童的搜索关键词信息与儿童的其他信息互有联系并可以识别儿童个人身份时，则在结合使用期间，才会将儿童的搜索关键词信息作为儿童个人信息，与儿童的搜索历史记录一同按照本政策进行处理与保护。

尽管《儿童个人信息网络保护规定》的第九、十条规定，网络运营者收集、使用、转移、披露儿童个人信息的，应当以显著、清晰的方式告知儿童监护人，并应当征得儿童监护人的同意。网络运营者征得同意时，应当同时提供拒绝选项，并明确告知：收集、存储、使用、转移、披露儿童个人信息的目的、方式和范围；儿童个人信息存储的地点、期限和到期后的处理方式；儿童个人信息的安全保障措

---

① 季为民、沈杰主编：《青少年蓝皮书：中国未成年人互联网运用报告（2020）》，社会科学文献出版社，2020年，第94页。

施；拒绝的后果等相关内容。但对于这种"需要某些权限才能让程序正常运行"的"强制授权"现象，应该在法律规定中予以明确禁止。对未成年人的内容生产进行管理是必要的，但切不可将其作为谋私利的借口。英国出台的网络新规规定，禁止对孩童的位置开启追踪功能，违规企业将被处以相当于年营业额 4% 的罚款。

总而言之，针对互联网中隐私保护与自我表达的悖论问题，国家应进一步完善相应法律法规，保护互联网后台数据，以防止因未成年用户自我表达不当而发生隐私泄露事件。

二、家庭方面

家庭对于未成年人的教育责任应始终处于主导地位，在保护未成年人互联网使用安全方面，其监护人承担首要责任。未成年人首次触网使用的电子终端多为父母的手机等电子产品。要让孩子获得网络素养教育，就需要家长自身具备一定的上网技能和知识。父母应重视履行未成年人监护人的职责，做好示范作用，以家庭教育为主导，教育、引导、监督未成年人正确使用网络。家长除了应对未成年人用网时间进行控制，还要对上网浏览内容、其在社交媒体平台上的内容生产进行把关。此外，在具体的实践过程中，家长还应加强与孩子的情感沟通，培养和谐亲密的亲子关系，营造良好的家庭氛围，并注重对未成年人健康、健全的心态与人格的培养，减少代际用网矛盾。

（一）帮助孩子树立正确价值观和职业观

家长是孩子网络素养教育最及时、最直接的来源。孩子的价值观在很大程度上受父母价值观的影响。上文所提及的未成年妈妈、儿童网红主播在社交媒体平台上"攀比炫耀"的行为，直观地揭示了家庭教育缺失对未成年人造成的伤害。或许这些孩子认为引起轰动、粉丝数量增加、视频观看量增多是一件"光荣"和"值得炫耀"的事。因此，她们会通过发布一些博取大众眼球的"卖点信息"，获得满足感和荣耀感。要从根上改变、杜绝这种现象，就要教会孩子明辨是非，知道何为真正的"光荣"，进行正确的价值判断，理性对待"网红"这一职业，通过努力奋斗来获得真正的成就感。

（二）重视未成年人成长阶段差异，实施针对性教育引导

当前，我国未成年人按照中小学的入学年龄，可大致划分为三个具体年龄阶段。不同年龄段的未成年人，其社交媒体使用情况、学习压力程度、生活社交范围不同。因此，监护人在对未成年人进行教育引导时，应结合不同阶段所面临的具体问题和实际情况提高监管的针对性。

对处于小学阶段（7—12岁）的未成年人，应将训练的重点放在家长教未成年人如何正确使用常用的网络软件上，使其掌握基本的网络使用技巧。学校应注意培养该年龄阶段的未成年人形成对互联网的初步认识。对于13—15岁的未成年人，这一年龄阶段他们多处于青春期，叛逆心理严重，开始拥有自己独立的思考和追求。这一时期，家长应尊重未成年人正常的网络娱乐、学习需求，尽可能加强与未成年人的沟通交流，及时了解未成年人的内心想法和情感状态，及时发现未成年人在使用互联网过程中遇到的问题，以免出现沉迷网络、网络欺凌现象。学校要加强对未成年人辨别善恶美丑能力的教育，引导未成年人形成良好的互联网使用自控能力。对于16—18岁的未成年人，通常已处于高中阶段，课业压力重，且已经形成相对成熟的人生观和价值观。这一时期，未成年人易出现逃避现实压力、沉迷网络的现象，家长应及时与未成年人沟通，促成压力的排解，学校应多组织未成年人喜闻乐见的媒介素养教育相关活动。①

（三）创建可监管的公开账号，共同学习社交媒体内容发布规则

在这个人人都有麦克风的时代，未成年人也同样渴望拥有表达的机会。其中，网络社交占很大比重，孩子们通过网络交流，并在现实中谈论网络话题。换言之，如果封闭了孩子的网络账号，那么她和同

---

① 季为民、沈杰主编：《青少年蓝皮书：中国未成年人互联网运用报告（2020）》，社会科学文献出版社，2020年，第133页。

辈之间可能就会少了很多话题。为了防止孩子因此受到孤立，家长可以帮助未成年人申请一个公开账号，使其能够在父母的监管范围之内，防止过多透露未成年人的隐私信息。

针对现如今成年人可能都无法正确使用网络、无法甄别网络上信息真伪的现象，某些家长认为网络对未成年人来说是洪水猛兽一般的存在，但将未成年人隔离在网络时代是不现实的也是不可能的，特别是社交媒体平台。因此，父母要和孩子一起养成良好的手机使用习惯，自觉健康上网。父母需要让孩子懂得在自媒体时代，每个人都可以成为内容的发布者，但发布的内容首先要遵纪守法，言行与身份相符，然后还要注意是否尊重主流价值规范，是否会给他人带来伤害。特别是当一个账号的好友人数或关注人数达到一个公众账号的数量的时候，更需要有责任意识。

三、学校方面

学校是未成年人社会化过程中的重要力量。教育部门应高度重视未成年人的网络素养教育，学校应强化教育职责，加强未成年人网络素养培训，提升未成年人的网络认知能力与使用能力。学校作为家校联动的主动方，应积极加强与家长的沟通，实时了解未成年人包含网络使用方面在内的学习生活情况。同时，学校教师队伍的媒介素养也应当有所提高，加强自身建设。

（一）转变保护主义观念，明确网络媒介素养教育准则

当前，未成年人的成长环境已发生巨大变化。与传统媒体时代相对保守稳定的生活学习环境相比，互联网在未成年人成长中发挥的作用越来越大，一些学校也尝试开设了青少年媒介素养教育相关课程。但从总体上看，教育内容、方式、理念仍处于很初级的阶段，不能与青少年当前的媒介使用情况、未成年人互联网社会交往中的自我表达相契合，不能起到有效的引导作用。同时，大部分媒介素养教育相关

课程在大学阶段开设，未成年人的媒介素养教育没有得到充分的重视。未成年人使用新媒体的频率进一步增大，出现了网络成瘾、网络依赖等严重影响未成年人身心健康发展的问题。究其原因，一方面，在家庭、学校的教育理念中，针对未成年人的学校教育，应该以文化课为主，以考试成绩作为衡量未成年人素质的主要参考，认为媒介素养教育无足轻重；另一方面，针对未成年人对网络的使用，仍崇尚保护主义，家长、学校采取各种手段尽可能地将未成年人与网络隔离开来，通过强制手段使未成年人远离网络，企图减小互联网对未成年人的负面影响。

但是，当前网络与新媒体贯穿在未成年人成长的方方面面。多媒体广泛应用于课堂教学中，网课盛行，微信、QQ等即时通信工具也便利了家长与老师之间的交流，媒介素养关乎未成年人的成长。使用"一刀切"的做法将未成年人与网络隔离，是不现实的，也是不理智的。这种做法忽略了网络社交在促进未成年人社会化过程中发挥的巨大作用，也忽略了互联网的丰富资源在扩大未成年人视野、促进思维创新方面的作用。保护主义观念只会增加未成年人对于互联网的好奇心理，并不能从根本上解决问题。学校有必要调整教育理念和教育体系，让学校教育跟上时代的发展和外界环境的变化对未成年人成长的影响，开设媒介素养教育相关课程，引导未成年人在进行网络社会交往和自我表达时，把握好"度"。美国对于中小学生的媒介素养教育，普遍采用将媒介素养教育整合进课程教育的教学模式。1999年，美国50个州中已有48个州颁布了与媒介素养有关的课程指导准则。比如，得克萨斯州在1999年明确提出，将"观念和展示"与"听说读写"一同列为语言能力的教学目标；美国中部地区教育实验室在2001年也将"观念和制造媒介"列入21世纪学生的基本技能之一。根据媒介素养教育学者罗伯特库比（Robert Kubey）和弗兰克贝克（Frank Baker）从1999年起对美国K-12〔K-12，指的是在美国的公立教育中，从幼儿园的高年级（5—6岁）到高中毕业前的12年级（17—18岁）〕教育领域开设媒介素养教育课程状况的调查统计，媒介素养教育课程多融合在语言艺术与传播艺术课程、社会性质的研究课程、健康教育课程以及美术与表演艺术课程当中,其中英语课程标准中都包含有媒介素养教育的内容。[1] 因此,我国针对未成年人网络社会交往和自我表达的媒介素养教育,应首先将落脚点放在对学校媒介素养教育标准及教学模式的制定上,从而转变将未成年人视为被动的保护对象而忽视对其进行自我学习教育和能力培养的局面。

(二)培养未成年人的网络学习和参与协作等社会化能力

从社会化成长角度来说,网络素养培养其实也是未成年人社会化成长的一种能力培养,即培养未成年人在阅读、学习、娱乐、互动中学会相互协作和参与网络共建。互联网是一个交互开放的信息平台,每个人都参与其中,分享生产传播着各种信息。未成年人的网络素养应该包括信息的生产传播和分享互动等网络共建能力,如百科信息的撰写、回答知乎问题等。这样,具备网络素养就意味着能够在互联网上通过分发传播信息与其他人理性互动交流,分享意见、贡献智慧,甚至参与网络社区社群的共建。在这一过程中,未成年人学会以批判性思维分析、辨别、判断互联网信息的真伪和价值,掌握独立思考、理性决断的能力,学习通过团队协作解决复杂问题。[2] 美国媒介素养中心认为,媒介素养教育的目的是培养学生的两种能力,即解构信息和建构信息的能力。具体来说,就是要培养学生学会分析媒体信息,能够读懂媒体文本,明确媒体的操作实践、流程、机构以及影响的具体构建,并对其进行深入分析,让学生成为具有批判意识的人,而非单纯地对媒介信息进行抗拒。

而针对未成年人的网络素养教育也应分为两大板块:一是面对中小学生自身的网络素养教育;二是面对未成年人父母的网络素养教育。因此,学校方面应在日常教学中积极开展如知识竞赛、宣传讲座

---

[1] 李晓培:《美国中小学生的媒介素养教育》,《新闻爱好者》2013年第6期。
[2] 季为民、沈杰主编:《青少年蓝皮书:中国未成年人互联网运用报告(2020)》,社会科学文献出版社,2020年,第150页。

等网络素养教育活动,提高未成年人健康上网的意识和能力,并定期邀请家长参与校园活动,或向学生家长进行媒介素养重要性的强调,家校联合实现共同提升。

(三)开展针对教师群体的媒介素养教育,增加资质考核内容

教师是学校媒介素养教育的主导和主体,开展针对教师媒介素养教育是提升学生媒介素养教育的关键。从世界发达国家的经验来看,教师的媒介素养教育既要制度上的顶层设计,又要有具体负责实施的部门或机构,要充分整合大学、媒体、培训机构等资源,使这些资源在教师群体的媒介素养教育中发挥作用。以美国为例,宾夕法尼亚州就明确规定"从事媒介素养教育的教师必须获得通过认证院校的本科毕业证书,并通过两小时的关于传播学方面的实践考试。"因此,在制度层面提出教师媒介素养教育的要求,能够从源头上推动教师群体进行媒介素养教育的主动性和积极性。

在大学中设立媒介素养教育的学位项目,供从事媒介素养教育的教师进修学习,是美国开展针对教师的媒介素养教育的另一种形式。① 大学除了正规的学历教育和学位项目,还可以和知名的媒体合作开设一些短期培训课程,帮助非媒介素养教育专业的教师提升媒介素养。此外,民间力量自发组织的研讨会和工作坊也为从事媒介素养教育的教师提供了培训机会,其中比较知名的是美国的媒介素养中心,该中心由伊丽莎白托曼(Elisabeth Toman)创立。至今已有 30 余年,在创立之初就坚信"教育启力"的理论,力求将媒介素养理论的成果转化为可供教师、青年领导人、家长和儿童监护人使用的教育咨询的工具。

而我国当前还很少有类似于美国对教师媒介素养进行教育的专职机构,教师群体的媒介素养仅依靠教师自身经验。因此,我国应当从他国多年实践中吸取经验,并结合本国的实际情况逐步推进。其一,

---

① 李晓培:《美国中小学生的媒介素养教育》,《新闻爱好者》,2013 年第 6 期

应当在中小学教师（含幼儿园）资质考试中加大对媒介素养相关内容的考察。其二，对于获得资质并走上讲台的教师，所在院校应当定期安排学校宣传部门或邀请校外政府宣传人员对老师进行讲座培训，除了了解教学新媒体设备的使用，还要知晓当前关于未成年人媒介素养教育的最新政策要求。其三，规范教师团队在工作期间的社交媒介使用，禁止强制要求学生配合或擅自拍摄除正常教学需求之外的影视音内容。

四、平台方面

随着社交媒体与移动互联网应用软件中的未成年用户人数日益增长，青少年群体日益成为互联网的重要受众和消费群体。这就要求互联网企业能够落实法律及制度规范，加强平台监管，自觉承担起保护未成年人身心健康的共同责任。

（一）对未成年人社交媒体平台使用权限实行年龄分段

尽管不少社交媒体平台提供了未成年人身份实名认证，但在进行未成年人实际身份认证过程中又有各种各样规避的途径，和"青少年模式"措施一样形同虚设。国外社交网站有诸如 13 岁或 14 岁以下不可以申请自己账号的规定，但并不代表 18 岁以下不能拥有账号。网站通常会要求 18 岁以下孩子开通账号时有监护人（不只包括家长，还包括学校、老师、保姆、护士等一系列对孩子具有监护责任的人）的授权，比如要求填写家长的邮件地址，用家长的邮箱帮助孩子激活账号。这其实一方面是在提醒家长作为监护人的责任，另一方面则是网站在规避对未成年人社交媒体使用监管的法律风险，而并没有承担实质性的责任。对此，平台企业本身要加强自我规制，提供一些实质上有助于家长履行监护职责的手段，增加可操作性。

其一，对 12 周岁以下未成年人禁止申请注册社交平台账号。治理未成年人社交媒体内容生产，需要对未成年人进行恰当的分类，一方面不伤害未成年人信息获取和传播的自由，另一方面又要使之承担起与权利相同的义务和责任。根据《中华人民共和国民法典》第十七条、第十八条规定：不满十八周岁的自然人为未成年人。但未成年人年龄差异较大，并不能一视同仁。从我国未成年人刑事责任年龄的规定来看，12至14周岁未成年人只有在实施严重暴力犯罪时才将承担刑事责任；12周岁以下是不负刑事责任的。如果12周岁以下的未成年人在内容生产过程中造成严重后果的话，账号主体显然无法承担相应的责任。因此，对12周岁以下的未成年人来说，可以参照国外社交媒体平台做法，禁止其申请注册社交平台账号，以防止出现不可预料的后果。

其二，12周岁至16周岁未成年人禁止上传和发布内容。对于12周岁至16周岁的未成年人来说，尽管法律规定了八类重大刑事案件要承担相应后果，但普通的犯罪事件依然难以完全追责，比如打架、猥亵等事件。因此，对于12周岁至16周岁的未成年人来说，建议允许注册社交平台账号，但要限制其功能使用，禁止上传和发布内容。未成年人在申请注册平台账号时，平台有责任审查该用户是否取得监护人的同意，不得以"申请注册即默认同意"的方式逃避平台的审查责任。

其三，平台须有技术手段保证16周岁至18周岁以下未成年人上传发布内容得到监护人的认可和同意。对于16周岁以上但不满18周岁的未成年人来说，在法律上已经具备刑事责任承担能力，但此年龄段的未成年人大多数还是中学生，缺乏稳定的收入，在民事责任上仍然是受限的，一旦发生侵犯他人权利或利益，其监护人不可避免要承担责任。故此，这类未成年人可以注册社交平台账号并上传发布相关内容，但在上传发布前，需要得到监护人的认可和同意，平台有责任从技术上保证未成年人生产和发布的短视频获得了监护人的认可和同意。

（二）建立共同答题和家庭账号关联机制

家庭的媒介素养教育不仅是父母对孩子的规则传授，还是双方共同学习进步的机会。从当前社交媒体平台内容生产现状来看，部分家长的知识储备和教育意识同样有待提高。因此，建立答题机制和账号关联机制能够为家长形成从注册和使用规范学习、使用时长监管、发布内容把关到正确价值观引导的全方位可操作的监督参与。具体流程如下：对于获得平台准入许可的12周岁至18周岁未成年人，在注册账号时需与一名家长账号同时完成平台规范测试题，只有双方同时达到合格分数后，未成年用户才能成功申请账号。此后，新生成的账号会自动与家长账号建立关联。对于16周岁以上但不满18周岁的未成年人来说，在其账号需要发布内容之前，系统会先将内容发送至绑定的家长账号进行审核。

（三）增强身份识别、信息内容分级过滤机制与儿童绿色手机的深度研发

当前部分手机软件已实行的未成年人实名制认证，对于控制青少年手机软件使用时间、加强手机使用规范引导取得了一定的成效。例如，快手在家长允许孩子观看的基础上，上线更为严格的防沉迷提示：青少年每日累计使用40分钟将弹出提示框提醒，被强制下线，只有监护人输入密码才能再度开启。且为保障孩子们充足休息，青少年晚上10点至早上6点无法使用快手，只有监护人输入密码才能开启。但为了进一步解决当前存在的未成年人使用父母账号或通过卸载软件躲避"青少年模式"的问题，需要从政策和技术上进一步加强身份识别机制。

推进信息内容分级技术和过滤机制的研发，成立未成年人内容专项审核团队。网络信息管理相关部门应当推动网络信息内容分级标准的制定、建立单独的未成年人审核标准及应急机制；技术部门通过技术研发，建构未成年人敏感词识别系统与审核模型，实现对违规文字、图片、视频的自动识别和拦截，保障信息分级技术落到实处，在完善身份识别和实名认证的基础上实现信息分级，构建绿色健康的网络信息环境。

积极投入未成年人社交应用绿色特别版本的深度研发，顺应当前

未成年人独立使用社交媒体平台规模增长的趋势。例如，国外互联网企业 YouTube 依靠较为成熟的内容分级制度专门研发了未成年人版本。Facebook 则设立了青少年专区，就未成年用户如何使用网络工具表达自己、建立新社群并培养更深厚的人际关系进行图文并茂的详细介绍。其中，有关内容发布问题，Facebook 为青少年用户提出了"说话前先思考 5 秒钟""勇敢对让你感到不适的内容进行发声""在与他人互动时做有素质的人"等原则。此外，还为青少年用户提供了既有线上又有线下的专属公益活动内容介绍。针对 Facebook 的未成年用户父母还设立了家长专区，为家长准备了一些实用的链接、技巧和方法，帮助父母充分优化自身的使用体验，从另一方面为子女提供使用指导。其中还特别强调了子女网络安全教育技巧。针对青少年用户可能会遭遇网络欺凌行为，Facebook 则设置欺凌行为防制中心，分别细化了给青少年、家长和教育工作者的不同应对方案。而我国当前主要面临的是有些互联网产品并未将未成年人视为主要目标用户，且未能建立起系统的账号体系，很难主动做到内容分级和研发青少年专属版本。因此，这就需要相关行业协会积极主动地承担相应的社会责任。与学校展开友好交流与合作，积极引导未成年人正确合理地使用互联网产品和社交媒体，为青少年健康使用独立网络终端提供硬件和技术支持。

第四节 对智媒传播的伦理规制

智能媒体时代新闻信息生产和传播中的伦理问题是实践中出现的新问题，也是当前和今后新闻传播领域必须面对的一个规制难题。"如何定位并引导技术'主体性'的发展、科学处理智能传播领域的'人机关系'，将在很大程度上决定未来的新闻生产形态。"[①] 一直以

---

① 李静姝、刘峰：《智能传播时代新闻策划的理念更迭与路径创新》，《中国编辑》2020 年第 10 期。

来，对于新闻信息传播的管理，都是立足于以人为主的规制模式，这种规制模式有利于通过责任到人的管理，严格把控各个环节，但智媒时代出现的"万物皆媒""人机合一"等现象，使这种监管方式在实际操作中可能会存在责任不明、主体不清的弊端，而对于技术主体、机器主体出现的各式问题，如果对生产者、使用者、所有者一视同仁地实施无差别监管，又会违背公平公正的规制精神。因此，智媒时代新闻信息传播中的伦理规制也需要有专门的考虑和制度安排。

一、对智媒时代传播主体的认定与规制

无论机器人的生产还是算法的传播，技术中立论在实践中都遭遇很大挑战，内容生产与传播中的技术预设必然存在。而且，我们不能假设人工智能的工作不会犯错误，更不能因为其只是无生命主体而对其造成的后果不予理会。2016年8月，联合国教育、科学及文化组织与世界科学知识与技术伦理委员会联合发布了《机器人伦理初步报告草案》，认为机器人需要尊重人类社会的伦理规范，而且有必要将特定的伦理准则嵌入机器人系统。也有科学家探讨是否需要为智能机器人安装"死亡开关"等应对措施。在实践中，可以对"非人主体"在各个环节中的责任进行界定划分，比如如果是技术或机器在设计中出现的问题导致其在新闻信息生产和传播中出现了偏见、歧视甚至伤害人类等行为，那么主要责任应当由设计者承担。这种制度安排从根本上认可"非人主体"有传播主体具备的权利和义务，但它又与人类不同，它的价值观和行为需要有相应的人类赋予，就机器或技术本身而言，它不是自然产生或消失的，就像未成年人作出危害社会的举动一样，监护人负有不可推卸的监护责任，机器人的错误要有其可以追溯的源头。我们既不能忽视，也不能过于拔高智能传播体的超强传播能力，而是要将智能传播体回归机器的本质和职能，坚持以人为本和工具理性，根据不同的传播情境和具体传播案例进行有针对性的伦理

引导。在对已经出现或潜在的传播伦理失范现象作出应对时，要考虑人与社会的作用，发挥人的创造力和主观能动性。对智能传播伦理的规制，需要通过标准化、法治化等手段综合治理，既做好智能传播伦理标准的研究，让相关伦理设计标准、技术标准、安全标准跟上和适应智能传播技术和传播实践的发展，也要在法律法规等制度建设方面补齐短板，对人工智能应用中可能出现的各类伦理问题有法理解释，以法治化手段对智能传播进行约束，规避伦理风险。就当前智能传播伦理而言，传播主体的规范与治理大致分为四个层次。

一是智能传播的技术开发层面，对人工智能传播体的设计开发者予以规范。通过约束技术工程师、程序员等智能传播平台的开发者和生产者，使他们在程序设计和标准制定等源头上将人类社会的伦理规范引入智能传播平台和体系中去。算法和机器人在设计环节的技术预设在应用环节会有明显的放大效应，应用于智能传播的算法和机器人如果涉及公共利益，则需要有相应的公共标准，并且要经过严格的测试和观察。这就如同研发出一种新型药物一样，在投入市场之前必须小心试验，避免其面市后出现无可挽回的不良后果。在实际使用中，如果问题不在使用者身上，那么法律追责时需要确保设计开发者承担主要责任。

二是智能传播的组织运营层面，通过规范智能传播体的运营商，不断改变、调适和规范智能传播的规则和流程，防范和纠正传播伦理失范现象。百度、腾讯、谷歌、微软、IBM、索尼等人工智能相关企业都已明确提出人工智能研发与应用的核心原则，与智能传播领域的伦理准则都密切相关。国外的企业也都有自己关于人工智能运营的制度规则，如微软公司提出"公平、包容、透明、负责、可靠与安全、隐私与保密" 6 个基本道德准则；谷歌公司提出人工智能 7 大原则：造福社会、避免偏见、对人负责、确保安全、保护隐私、避免潜在危害、遵守严格的科学标准。这些准则或标准，对智能传播平台赖以支撑的人工智能系统，从设计、应用到安全防护等方面都提出严格要求，可以对智能传播伦理失范现象起到很好的防范和规制作用。

三是智能传播在内容生产的层面，主要涉及专业的媒体人、自媒体人以及各类资讯内容生产者。要加强专业媒体、自媒体的行业自律和职业道德建设，从提供优质、客观、真实的信息内容开始，避免智能技术在生产环节的错误使用，创新性地应对智能传播的伦理失范问题。专业媒体和自媒体无论在何种技术背景下，都要强化专业素养和职业操守，主动化解智能技术在传播实践中的伦理失范现象，防止技术滥用。当前，一些自媒体人在智能技术的使用中，为了吸引用户关注，采用深度造假技术呈现子虚乌有的信息，有的在真实信息的基础上适当加入一些主观臆造内容，令人真假难辨，整体上具有极大的迷惑性，这都需要高度警惕，压实内容生产者的责任，把好智能传播的内容关。

四是从智能传播的用户使用层面，主要指在利用智媒技术接收信息、反馈信息和再生产传播的过程中，要把使用智能传播平台与体系的广大用户纳入伦理主体范畴，规制其在使用中的伦理问题。由于智能传播体系是一个开放的系统，用户虽然是以接收信息为主，但其在反馈信息时，也会形成再生产和再传播。用户的评论转发等活动，本身也会影响信息的生产传播。在大数据技术的帮助下，用户的浏览痕迹、阅读习惯、驻留时间等也会被智能传播体记录和存储下来，并有可能作为二次开发的素材。智能传播对用户数据的依赖和开发决定了，用户的不规范行为会导致智能传播出现意想不到的问题。尤其是在伦理规范方面，要突破"传者—受众"单向度和封闭式的传播伦理观念，倡导一种"开放的传播伦理"，改变以前认为只有传者才是伦理主体的片面认识，对广大使用智能媒体的用户进行伦理规范，提升用户的媒介素养。

二、对知识产权保护和运用的创新

认可"非人主体"在新闻信息传播中的主体性，意味着机器和算法在知识生产中具有创造性，机器人创作的内容隶属产权问题，理所应当受到保护。同样地，机器或算法在运用人类主体或非人主体的知识产权时该遵守何种规则，人机合一带来的知识产权如何确认及运用规则等都需要有相应的规制措施。就人工智能可以创造出"作品"这一现象而言，需要重新审视关于知识产权归属与保护的方方面面。人工智能所具有的精确计算、组合排列、构思文字、技术发明等的能力，对知识产权制度和知识产权主体地位都造成了不小的冲击，人工智能是否能被认定为创作者，实际尚未能达成一致意见。[①]

因此，对于人工知识产权实施法律保护也是需要重点研究的问题。人工智能写作的新闻在现实中情况比较复杂，有的人工智能是依靠人的帮助，甚至拼凑了人类生产的内容生产出来的，其生成物本身没有多大的创造性，这种作品可能还谈不上知识产权。但是，我们要相信技术是不断发展进步的，即使在现阶段，也有人工智能可以单独生产出具有创意的作品。因此，对于人工智能知识产权的认定，要注意看其是否满足独创性的界定标准，要从人工智能的生成技术方面入手考查，这可能既有技术专利又有在技术专利基础上的著作权。一旦出现人工智能申请技术专利和著作权时，这种权利是否可以赋予非人主体，便是当前面临的最大挑战。如果人工智能可以拥有创作的著作权，在非自然人的情况下，那么这些著作权的归属仍然是一个问题，一旦其他人工智能侵犯了人工智能的著作权，由谁来提出知识产权的保护、权益所得又归谁所有便成为新的问题。此外，人工智能在创作中所遵守的基本原则是由人类设计者所确立的，但由于人工智能有自主进化的能力，面对现实不断变化，人工智能的创作逻辑会发生怎样的变化仍然不可预定。如果人工智能在自主学习自主进化的过程中出现违背人类道德和社会秩序，甚至创作伤害人类的作品时，依据人工智能的知识产权认定，人类社会该向谁去追责？是销毁机器和作品还

---

① 王玫黎、胡晓：《人工智能的知识产权适格主体研究：一种国际法进路》，《电子知识产权》2019年第10期。

是判定人工智能向社会作出赔偿？

由此可见，人工智能既不能积极地履行权利也不能消极地履行义务，还不具备民事主体的资格。人工智能虽然有一定的思维，但是并不具有和人类一样的道德性、同理性，并不能完全等同于自然人，也并没有独立的人格，更不同于法人以自己的出资额为限来承担法律责任。① 对人工智能知识产权主体的认定必须包含有自然人，否则知识产权的保护仍然无从提起。但这个自然人应该是设计者，还是购买者或使用者仍然需要作出细致的规定。首先，按照谁创作了作品谁就拥有作品的原则，可以赋予人工智能知识产权主体的地位，认可人工智能在知识创造中的作用；其次，由于人工智能所拥有的知识产权不能单独实现权益维护，需要有相应的自然人代理实现对知识产权的保护，这类似于儿童需要家长履行监护人责任。从这个层面上来说，为了保证人工智能的应用权利，需要进一步健全相关的知识产权体系，充分肯定人工智能的主体价值，建立相关保护制度，从而有效保护人工智能相关知识产权。

三、全球化视野看待智能媒体的伦理规制

智能媒体的伦理问题不是某一个国家或地区的问题，而是全球性问题，应当从人类命运共同体的高度来应对和治理智能传播伦理失范问题。新媒体时代，在互联网上的信息传播已经做到了无国界。② 进入"万物皆媒"的智能传播时代，信息传播不仅打破了地域的限制，而且打破了传播载体的固有模式，让"传者"呈现多元化的趋势。美国知名传播伦理学学者克利福德·克里斯琴斯提出的"全球媒介伦理"观点可以为我们寻求规制智能传播伦理失范问题提供借鉴。他认

---

① 孟媛:《知识产权领域下人工智能生成物版权归属问题分析》，《法制博览》2022年第8期。
② 文远竹:《智能传播的伦理问题：失范现象、伦理主体及其规制》，《中国编辑》2021年第9期。

为："未来媒介伦理的重要性取决于我们的全球化思维，而非地区性思维。我们需要互相学习。"他主张全球媒介伦理中的"原生规范"是"真实、人类尊严和非暴力"，另外还有融合与超越。① 这些规范具有跨越地区和国界的普遍性和内在性，在智能传播时代仍然具有很好的指导价值。

从全球范围看，各个国家对人工智能的看法和态度仍然存在较大差异。这些差异在现实的规制中可能会带来许多无形的障碍，比如在对人工智能是否具有主体性的认识上，很多国家都有自己的认识，并根据自己的看法在法律上给以不同的要求。2017年，在沙特阿拉伯举行的"未来投资计划会议"上，一位名叫"索菲亚"的女性机器人正式被授予沙特阿拉伯国籍，并拥有护照。这一举动无疑使索菲亚成为法律意义上真正的人。而在同一年里，美国通过了第一个针对人工智能的《人工智能未来法案》，虽然明确指出如果有技术可以像人类一样用大脑去思考、学习、完成工作就应认定为人工智能，但是该法案并没有赋予人工智能独立的民事主体的身份。因此，在法律层面上，人工智能现阶段还只是人类所发明的一种工具，它还不能完全跳脱生产者的控制。这些不同的规定也就带来对人工智能在不同国度应用中标准不一、应用程度也各不相同的问题，一旦出现伦理问题，全球化的媒介在智能传播伦理的应对上就会形成较大分歧。

在人工智能主体性上，目前世界上有着三种不同的观点和立法现状。第一种是以日本为代表的"反不正当竞争法保护模式"。日本的这种立法模式主要是指类比商标法，给人工智能一个注册制度，使先登记注册的生产者可以优先使用。还有就是通过反不正当竞争法来保护人工智能作品的版权利益，获得版权的对象面向的是开发和利用人工智能来创作的人或者企业。其他企业将被禁止擅自利用该项人工智能，违反这一规定将面临惩罚，这可以使人工智能开发者收回一定的

---

① 甘丽华、[美]克利福德·克里斯琴斯：《全球媒介伦理及技术化时代的挑战——克利福德·克里斯琴斯学术访谈》，《新闻记者》2015年第7期。

投资收入。第二种是以欧盟为代表的电子人保护制度，将人工智能赋予虚拟人格，索菲亚的诞生就是世界上第一个拥有独立人格的电子人，欧盟比较认可以电子人的身份来保护知识产权。第三种是以澳大利亚为代表的将人工智能作品划分到邻接权保护。因为邻接权对作品的独创性并无明确要求是自然人，通过邻接权来保护人工智能生成内容既不影响著作权法意义上的"作品"的独创性，又避免了赋予人工智能作者资格，并且更不会超越现有的著作权法的范围。澳大利亚这种以邻接权保护人工智能的方法，可以在一定程度上控制人工智能著作权保护范围过宽而引起的著作权保护泛滥问题，更重要的是赋予人工智能邻接权就可以避免法律主体认定的难题。这三种法律模式都各自的优缺点，但最为核心的问题是，目前没有哪个国家明确规定人工智能的生成物的主体到底应该归属于谁，我国也没有相关的立法。

人工智能依赖数据和算法，在人工智能深度学习算法的研发上，特别是在核心算法的研发上，少数几家巨型企业拥有绝对的技术优势。由于算法研发过程的不透明性和算法运行过程的不可解释性等特点，垄断算法的企业可以通过技术工具对其他国家实施算法控制，如何确保算法正义和信息的真正自由仍然是智媒传播伦理难题。在人工智能技术发展的技术标准和伦理准则的制定上，那些在人工智能技术发展和应用方面处于领先地位的发达国家拥有绝对的优势，而那些在人工智能技术发展和应用方面处于落后地位的广大发展中国家，大多只能被动地接受由少数发达国家主导制定的技术标准和伦理准则。欧美发达国家在谋求数字社会的新秩序中，已经逐步确立了自己的模式和准则，比如美国强调跨境数据的自由流动，不断对其他国家提出新的要求。欧盟则高度重视数据保护，争取自己的数字主权，构建起一套较为健全的个人信息制度体系。

智媒时代不是某些国家或地区的智媒时代，而是全人类的智媒时代，在智能传播时代初期就要从人类命运共同体的高度来思考其伦理失范等深层次和潜在的问题。智媒的全球性决定了没有哪些国家在面临这些问题时可以独善其身，当地球成为一个部落或村庄时，智能媒体的新闻信息的传播通常很快就可以跨越国家和地区边界，成为全球传播领域的共性问题，成为人类社会面临的共同挑战。因此，智媒时代新闻信息的伦理规制需要全球范围内的国际组织、政府、人工智能企业和传媒机构携手应对，共同解决信息传播中的伦理问题，使智能媒体的新闻传播伦理失范问题得到系统、有效的治理。

结　语

在智媒环境下，新闻信息供给结构发生了重大变化。新闻信息供给多元化在带来信息快速流动的同时，也产生了许多新问题，特别是智能技术强调用户和市场的作用，制造新闻信息繁荣的同时也带来了不良信息泛滥的问题，这些问题的解决仅仅从受众需求的满足和发现角度入手，很难得到改观。伴随着层出不穷的新技术，新闻信息的供给模式正不断发生新的蜕变。因此，扎实推进新闻供给侧结构性改革也是新闻业发展的内在要求，新闻供给侧结构性改革需要深刻把握当前新闻信息供给的变化，特别是人工智能带来的多元主体供给生态，不同类型新闻信息供给主体动机各异，如何使其在传播信息中实现自身利益与社会利益、公众利益的统一还是个难题。如果传媒业任由市场做主，言论的自由和获取信息的自由都会受到影响。首先，社交媒体发布言论的机会并不是均等的，特别是当言论发布会带来相关收益时，媒体作为一种资源会自发地要求给予"租金"，那些更有传播力的媒体会陷入商业利益的追求中，导致在言论不违反相关法律法规的前提下，能够提供的租金越高，言论发布的可能性和影响力就越大。其次，媒体自己发布新闻信息时，也会关注经济效益而放弃社会效益，越是吸引眼球的内容越是容易被发布出来，至于那些缺乏炒作元素、没有噱头的新闻信息，就会被搁置一边或者放在不显眼的位置。新闻信息生产和发布的自由会大大影响新闻信息获取的自由，当一个受众每天看到某些企业或群体的正面新闻时，会强化其对该企业和群体的正面认识，忽视其可能存在的问题；同样地，新闻大量地报道"扶大妈跌倒被讹诈""身边的诈骗"等负面消息，也将不断降低人们向他人伸出援手的热情，使陌生人之间变得越来越冷漠。约翰·弥尔顿（John Milton）在《论出版自由》中说道："虽然各种学说流派可以随便在大地上传播，然而真理却已经亲自上阵；我们如果怀疑她的力量而实行许可制和查禁制，那就是伤害了她。让她和虚伪交手吧。谁又看见过真理在放胆地交手时吃过败仗呢？她的驳斥就是最好的和最可靠的压制。"① 从这段话中可以看出，弥尔顿提出的是内容生产和传播的自由，而且在他看来，真理战胜虚伪是无须任何力量来干涉观点市场的。这一假设有一个重要的前提，那就是民众有能力辨别真理和虚伪。但是，在当前的媒体环境下，对于真理和虚伪，受众可能在较长的一段时间内都无从得知，无论是商业主义、算法操纵、技术造假，都会在新闻信息的供给中，站在自己的利益角度生产和传播新闻和信息，发布自己认为该发布的内容，真理和虚伪也就很容易混淆在一起，这本身就是对新闻自由的伤害。因此，一个纯粹的市场机制的新闻传媒业是不现实的，政府规制是对新闻供给市场失灵的纠偏。

  政府的规制并不仅仅是通过发布一些法规和制度，因为法规常常只是设定红线和底线，它对惩恶是有效的，对于扬善却并不如人意。政府管理部门固然可以通过法律的方式禁止发布有害信息，但对于那些为道德所不容却又未能上升到法律层面的不良信息的管理，还有社会需要且大力提倡的正能量新闻信息，则非要激励与约束并举才能实现。对于不同类型的供给主体来说，需要根据其供给动机分别设计与智媒环境相适应的激励与约束机制，通过制度的完善实现新闻信息供给结构的优化，推动智媒时代新闻信息的健康发展。从这个角度来说，智媒时代新闻信息供给失灵的规制是一个系统的工程，需要立法机关、政府、行业组织、市场主体成为规制的共同主体，综合多个主

---

① ［英］密尔顿：《论出版自由》，吴之椿译，商务印书馆，1989年，第44—46页。

体、多种手段的优势,形成一种合作共治的新范式。不仅要对不良行为进行约束,也要有相应的激励机制,真正鼓励和弘扬对社会有益的新闻信息,解决行政管制过紧、用户自律过松的问题;注重惩治错误而忽视鼓励公序良俗的问题,真正激发智媒生产者的活力和创造力,为智媒时代新闻信息正能量传播提供持久的内在动力,为经济和社会发展营造良好的意识形态环境。

参考文献

1. Ali W., Hassoun M. Artificial intelligence and automated journalism: Contemporary challenges and new opportunities [J]. International Journal of Media, Journalism and Mass Communications, 2019, 5 (1): 40-49.
2. Awan I. Islamophobia and Twitter: A typology of online hate against Muslims on social media [J]. Policy & Internet, 2014, 6 (2): 133-150.
3. Baptista J. P., Gradim A. "Brave New World" of fake news: How it works [J]. Javnost-The Public, 2021, 28 (4): 426-443.
4. Binns R. Algorithmic accountability and public reason [J]. Philosophy & Technology, 2017, 31 (4): 1-14.
5. Broussard M. Artificial intelligence for investigative reporting: Using an expert system to enhance journalists' ability to discover original public affairs stories [J]. Digital Journalism, 2015, 3 (6): 814-831.
6. Broussard M., Diakopoulos N., Guzman A. L., et al. Artificial intelligence and journalism [J]. Journalism & Mass Communication Quarterly, 2019, 96 (3): 673-695.
7. Bruns A., Highfield T., Burgess J. E. The Arab Spring and social media audiences: English and Arabic Twitter users and their networks [J]. American Behavioral Scientist, 2013, 57 (7): 871-898.
8. Calvo-Rubio L. M., Ufarte-Ruiz M. J. Artificial intelligence and journalism: Systematic review of scientific production in Web of Science and Scopus (2008-2019) [J]. Communication & Society, 2021: 159-176.
9. Canter L. The interactive spectrum: The use of social media in UK

regional newspapers [J]. Convergence: The International Journal of Research into New Media Technologies, 2013, 19 (4): 472-495.
10. Chafe W. L. Meaning in language [J]. American Anthropologist, 2010, 67 (5): 23-36.
11. de-Lima-Santos M.-F., Ceron W., Artificial intelligence in news media: Current perceptions and future outlook [J]. Journalism and Media 2022, 3 (1): 13-26.
12. del Fresno Garcia M., Daly A. J., Sánchez-Cabezudo S. S. Identifying the new influences in the Internet era: Social media and social network analysis [J]. Revista Espa ola De Investigaciones Sociologicas, 2016, 153 (1): 23-42.
13. Fırat F. Robot journalism [J]. The International Encyclopedia of Journalism Studies, 2019: 1-5.
14. Granderath L., Grobb J., Heimann M., et al. When Robots Write the News: A Guideline Based Interview Study on Opportunities and Risks of Using Artificial Intelligence in Political Reporting in Germany and the US [J]. 2021: 102 – 131. https: //nbn-resolving. org/urn: nbn: de: 0168 – ssoar – 75421 – 7.
15. Grzadzinski R., Carr T., Colombi C., et al. Measuring changes in social communication behaviors: Preliminary development of the brief observation of social communication change (BOSCC) [J]. Journal of Autism & Developmental Disorders, 2016, 46 (7): 2464-2479.
16. Guzman A. L., Lewis S. C. Artificial intelligence and communication: A Human-Machine Communication research agenda [J]. New Media & Society, 2020, 22 (1): 70-86.
17. Hancock J. T., Mor N., Karen L. AI-Mediated Communication: Definition, research agenda, and ethical considerations [J]. Journal of Computer-Mediated Communication, 2020, 25 (1): 89-100.
18. Just N., Latzer M. Governance by algorithms: Reality construction by algorithmic selection on the Internet Media [J]. Culture & Society 2017, 39 (2): 238-258.
19. Kim D., Kim S. Newspaper journalists' attitudes towards robot journalism [J]. Telematics and Informatics, 2018, 35 (2): 340-357.
20. Kim S. K., Min J. P., Rho J. J. Effect of the government's use of social media on the reliability of the government: Focus on Twitter

[J]. Public Management Review, 2015, 17 (3): 328-355.

21. Kotenidis E., Veglis A. Algorithmic journalism — current applications and future perspectives [J]. Journalism and Media, 2021, 2 (2): 244-257.

22. Kothari A., Cruikshank S. A. Artificial intelligence and journalism: An agenda for journalism research in Africa [J]. African Journalism Studies, 2022, 43 (1): 17-33.

23. Kubler K. The Black Box Society: the secret algorithms that control money and information [J]. Information Communication & Society, 2016, 26 (4): 1-2.

24. Linke A., Zerfass A. Social media governance: Regulatory frameworks for successful online communications [J]. Journal of Communication Management, 2013, 17 (3): 270-286.

25. Marwick A. E., Boyd D. Networked privacy: How teenagers negotiate context in social media [J]. New Media & Society, 2014, 16 (7): 1051-1067.

26. Mohamed E. A. S. The challenges of integrating artificial intelligence applications and algorithms in the production of journalistic content [J]. Turkish Journal of Computer and Mathematics Education (TURCOMAT), 2021, 12 (14): 4307-4314.

27. Napoli P. M. Automated media: An institutional theory perspective on algorithmic media production and consumption [J]. Communication Theory, 2014, 24 (3): 340-360.

28. Nielsen R. K., Cornia A., Kalogeropoulos A. Challenges and opportunities for news media and journalism in an increasingly digital, mobile and social media environment [J]. Social Science Electronic Publishing, 2016 (4): 1-36.

29. Opgenhaffen M., D'Haenens L. Managing social media use: Whither social media guidelines in news organizations? [J]. International Journal on Media Management, 2015, 17 (4): 201-216.

30. Pennington R., Birthisel J. When new media make news: Framing technology and sexual assault in the Steubenville rape case [J]. New Media & Society, 2016, 18 (11): 2435-2451.

31. Sasaki Y., Kawai D., Kitamura S. Unfriend or ignore tweets?: A time series analysis on Japanese Twitter users suffering from

information overload [J]. Computers in Human Behavior, 2016, 64 (4): 914-922.

32. Schwartz S. A., Mahnke M. S. Facebook use as a communicative relation: Exploring the relation between Facebook users and the algorithmic news feed [J]. Information Communication and Society, 2021, 24 (7): 1041-1056.

33. Túñez-López J. M., Fieiras-Ceide C., Vaz-Álvarez M. Impact of artificial intelligence on journalism: Transformations in the company, products, contents and professional profile [J]. Communication & Society, 2021, 34 (1): 177-193.

34. Webb H., Jirotka M., Stahl B. C., et al. Digital wildfires: Hyper-connectivity, havoc and a global ethos to govern social media [J]. Acm Sigcas Computers & Society, 2016, 45 (3): 193-201.

35. Zimmer F., Scheibe K., Stock M., et al. Fake news in social media: Bad algorithms or biased users? [J]. Journal of Information Science Theory and Practice, 2019, 7 (2): 40-53.

36. Whittaker J. P. Tech Giants, Artificial Intelligence and the Future of Journalism [M]. Taylor & Francis, 2019.

37. Biswal S. K., Gouda K. Artificial intelligence in journalism: A boon or bane? [M] //Optimization in machine learning and applications. Springer, Singapore, 2020: 155-167.

38. Karolak M. Social media and the Arab Spring in Bahrain: From mobilization to confrontation [M] // The Arab Spring, Civil Society, and Innovative Activism. Palgrave Macmillan US, 2017.

39. Stojanovic N. The Future of journalism in the robotic age [M] // Redefining journalism in an age of technological advancements, changing demographics, and social issues. IGI Global, 2022: 71-91.

40. 白红义, 张恬, 陈斌. 2019 年虚假新闻研究报告 [J]. 新闻记者, 2020 (01): 22-33.

41. 蔡梦虹. 美国社交媒体监管措施及对我国的启示 [J]. 传媒, 2016, (19): 52-54.

42. 常江. 新闻生产社交化与新闻理论的重建 [J]. 湖北大学学报（哲学社会科学版）, 2017, 44 (06): 140-146.

43. 常燕民. 社交媒介的外部性与治理路径 [J]. 新闻爱好者, 2016 (01): 33-37.

44. 陈昌凤，李宏刚.媒介融合：从政策到生产与消费的关系转型［J］.新闻爱好者，2014（10）：18-20.
45. 陈昌凤，师文.个性化新闻推荐算法的技术解读与价值探讨［J］.中国编辑，2018（10）：9-14.
46. 陈昌凤，张心蔚.信息个人化、信息偏向与技术性纠偏——新技术时代我们如何获取信息［J］.新闻与写作，2017（08）：42-45.
47. 陈海峰.智能传播时代自媒体治理的四大困局及出路［J］.中华文化与传播研究，2020（01）：309-318.
48. 陈力丹，何健，马骏.社交新闻聚合网站的新闻价值运作路径——以嗡嗡喂为例［J］.当代传播，2016（6）：19-22.
49. 崔波.社交媒体正在改变新闻传播方式？——美国的混合式新闻传播微议［J］.国际新闻界，2011，33（10）：40-44.
50. 单翔，苏瑞娜.企业家精神的纠偏效应：出版传媒业市场失灵新解［J］.中国出版，2017（17）：25-29.
51. 韩新华.平台时代网络内容治理的元规制模式［J］.中国出版，2022（05）：51-54.
52. 皇甫博媛."算法游戏"：平台家长主义的话语建构与运作机制［J］.国际新闻界，2021，43（11）：111-129.
53. 黄升民，刘姗.重新定义智能媒体［J］.现代传播（中国传媒大学学报），2022，（01）：126-135.
54. 黄月琴.社交媒体时代新闻生产实践的失范与纠偏［J］.湖北大学学报（哲学社会科学版），2014（02）：87-91.
55. 贾乐蓉，阿娜斯塔西娅·舒霍列茨卡娅.从"社交媒体上的政治"到"有关社交媒体的政治"——2012年以来俄罗斯关于社交媒体的政策调整及效果评估［J］.国际新闻界，2018，40（05）：112-128.
56. 匡文波，陈小龙.新闻推荐算法：问题及优化策略［J］.新闻与写作，2018（04）：66-70.
57. 匡文波.人工智能时代假新闻的"共谋"及其规避路径［J］.上海师范大学学报（哲学社会科学版），2019，48（4）：104-112.
58. 匡文波.智能算法推荐技术的逻辑理路、伦理问题及规制方略［J］.深圳大学学报（人文社会科学版），2021，38（1）：144-15.
59. 雷霞.搜索引擎智能推荐的权力控制与人的能动性［J］.现代传播（中国传媒大学学报），2021，43（05）：145-151.
60. 李平，李珩.基于网络外部性的技术垄断分析［J］.商业时代，2013（27）：50-52.

61. 李唯嘉.如何实现"信任性真实":社交媒体时代的新闻生产实践——基于对 25 位媒体从业者的访谈 [J].国际新闻界,2020 (04):99-117.
62. 李岩.社交媒体时代下新闻产需变化刍议 [J].新媒体研究,2017 (07):17.
63. 林爱珺,刘运红.智能新闻信息分发中的算法偏见与伦理规制 [J].新闻大学,2020 (01):29-39+125-126.
64. 林秋铭,范以锦.2017—2018:众媒时代到智媒时代的大跨越 [J].中国报业,2018,(01):20-22.
65. 令狐克睿,薛娇.智媒时代的新闻生产:融合、重构与创新 [J].中国编辑,2021,(03):71-75.
66. 刘辉.市场失灵理论及其发展 [J].当代经济研究,1999 (08):5.
67. 罗坤瑾.狂欢与规训:社交媒体时代虚假新闻传播及治理研究 [J].现代传播(中国传媒大学学报),2019,41 (02):68-72.
68. 罗自文,熊庚彤,马娅萌.智能媒体的概念、特征、发展阶段与未来走向:一种媒介分析的视角 [J].新闻与传播研究,2021,28 (S1):59-75+127.
69. 马锋.新闻即"公共物品"——一种经济视域的分析路径 [J].国际新闻界,2006 (08):45-48.
70. 孟媛.知识产权领域下人工智能生成物版权归属问题分析 [J].法制博览,2022,(08):36-38.
71. 潘祥辉.互联网时代证券报道的传播失灵与媒体责任浅析 [J].传媒评论,2015 (08):12-13.
72. 潘祥辉.论传播失灵、政府失灵及市场失灵的三角关系——一种信息经济学的考察视角 [J].现代传播(中国传媒大学学报),2012,34 (02):51-56.
73. 潘智琦,靖鸣.微博"大 V"话语权边界及其有效行使 [J].新闻爱好者,2017 (04):7-10.
74. 彭兰.未来传媒生态:消失的边界与重构的版图 [J].现代传播(中国传媒大学学报),2017,39 (01):8-14+29.
75. 彭兰.增强与克制:智媒时代的新生产力 [J].湖南师范大学社会科学学报,2019,48 (04):132-142.
76. 彭兰.智媒化:未来媒体浪潮——新媒体发展趋势报告(2016) [J].国际新闻界,2016,38 (11):6-24.
77. 师文,陈昌凤.驯化、人机传播与算法善用:2019 年智能媒体研究

[J].新闻界,2020(01):19-24+45.

78. 石义彬,贺程,冯强.中国大陆社交媒体的内容生产及其规制研究[J].中国媒体发展研究报告,2012(00):324-329.
79. 宋建武,黄淼.信息精准推送中主流价值观的算法实现[J].新闻与写作,2018(09):5-10.
80. 宋建武,徐艺心.论信息的公共性[J].新闻与写作,2017(07):5-9.
81. 唐忠敏.作为一种新叙事方式的人工智能[J].现代传播(中国传媒大学学报),2021,43(2):78-81.
82. 田秋生.新闻产品生产和分配的市场失灵[J].当代传播,2011(02):14-16.
83. 田甜.新媒体时代极速传播的失范与规制——以近期几起新闻反转事件为例[J].新闻窗,2015(04):58-59.
84. 王文娟,马方."深度伪造"违法信息算法传播入罪的困境与破解[J].新闻界,2021(01):64-74.
85. 王晓红,包圆圆,吕强.移动短视频的发展现状及趋势观察[J].中国编辑,2015(03):7-12.
86. 韦路,左蒙.中国智能媒体的使用现状及其反思[J].当代传播,2021(03):73-78.
87. 魏玉山,徐升国.第十六次全国国民阅读调查主要发现[J].出版发行研究,2019,35(6):33-36.
88. 吴璟薇,郝洁.智能新闻生产:媒介网络、双重的人及关系主体的重建[J].国际新闻界,2021,43(02):78-97.
89. 徐琦.辅助性治理工具:智媒算法透明度意涵阐释与合理定位[J].新闻记者,2020,(08):57-66.
90. 严三九,刘峰.试论新媒体时代的传媒伦理失范现象、原因和对策[J].新闻记者,2014(03):25-29.
91. 杨保军."脱媒主体":结构新闻传播图景的新主体[J].国际新闻界,2015,37(07):72-84.
92. 杨保军.再论"人工智能新闻生产体"的主体性[J].新闻界,2021(08):21-27+37.
93. 杨清.莫让政务媒体沦为摆设[J].人民论坛,2020(19):50-51.
94. 殷乐,李艺.互联网治理中的隐私议题:基于社交媒体的个人生活分享与隐私保护[J].新闻与传播研究,2016,23(S1):69-77+127.
95. 殷乐.新闻和娱乐之间:概念群的出现及变迁[J].新闻与传播研究,

2017，24（06）：105-116.

96. 尹凯民，梁懿.算法新闻的伦理争议及审视［J］.现代传播（中国传媒大学学报），2021，43（09）：64-68.
97. 尤海波，郑晓亚.中国互联网内容规制研究——基于信息外部性的视角［J］.云南大学学报（法学版），2012，25（01）：143-148.
98. 曾庆香，陆佳怡.新媒体语境下的新闻生产：主体网络与主体间性［J］.新闻记者，2018（4）：75-85.
99. 曾祥敏，戴锦镕.新媒体语境下新闻反转、舆论生成机制和治理路径探究——基于2014—2020年典型反转新闻事件的定性比较分析（QCA）研究［J］.社会科学，2020（07）：168-184.
100. 张淑玲.破解黑箱：智媒时代的算法权力规制与透明实现机制［J］.中国出版，2018（07）：49-53.
101. 张晓鹏.探析网络舆论反转的发展特点及其影响——以榆林产妇跳楼案为例［J］.新闻爱好者，2020（12）：72-74.
102. 张志安，吴涛.互联网与中国新闻业的重构——以结构、生产、公共性为维度的研究［J］.现代传播（中国传媒大学学报），2016，38（01）：44-50.
103. 张治中.网络思想市场的失灵与法律规制［J］.当代传播，2017（02）：70-73.
104. 章震，周嘉琳.新闻算法研究：议题综述与本土化展望［J］.新闻与写作，2017（11）：18-23.
105. 钟瑛.新媒体传播的社会问题及其规避［J］.郑州大学学报（哲学社会科学版），2012，45（06）：14-16.
106. 周葆华，钟媛."春天的花开秋天的风"：社交媒体、集体悼念与延展性情感空间——以李文亮微博评论（2020—2021）为例的计算传播分析［J］.国际新闻界，2021，43（03）：79-106.
107. 朱榕贵.以"工匠精神"做优新闻"供给侧"［J］.传媒评论，2016（6）：73.
108. ［美］埃德温·贝克.媒体、市场与民主［M］.冯建三，译.上海：上海人民出版社，2008.
109. ［美］尼尔·波斯曼.技术垄断：文化向技术投降［M］.何道宽，译.北京：北京大学出版社，2007.
110. ［美］格雷厄姆，达顿.另一个地球：互联网＋社会［M］.胡泳，等译.北京：电子工业出版社，2015.
111. 季为民，沈杰主，主编.青少年蓝皮书：中国未成年人互联网运用报告（2020）[M].北京：社会科学文献出版社，2020.

112. 刘庆振，等.计算传播学——智能媒体时代的传播学研究新范式[M].北京：人民日报出版社，2019.

113. [美]玛丽-劳尔·瑞安.跨媒介叙事[M].张新军，林文娟，等译.成都：四川大学出版社，2017.

114. 彭增军.新闻业的救赎：数字时代新闻生产的16个关键问题[M].北京：中国人民大学出版社，2018.

115. 漆亚林，编.智能媒体发展报告（2019—2020）[M].北京：中国社会科学出版社，2021.

116. 唐绪军，黄楚新，吴信训.新媒体蓝皮书：中国新媒体发展报告（2020）[M].北京：社会科学文献出版社，2020.

117. [美]伊莱·帕里泽.过滤泡：互联网对我们的隐秘操纵[M].方师师，译.北京：中国人民大学出版社，2020.

118. 王静."观点市场"市场失灵探析[C]//新闻学论集.北京：光明日报出版社，2011：176-187.

119. 贺栩溪.人工智能算法侵权法律问题研究[D].湖南师范大学，2021.

120. 李巧雯.算法推荐新闻对受众价值观的影响及其引导机制研究[D].山东财经大学，2021.

121. 李昭熠.智能传播法律规制研究[D].华东政法大学，2021.

122. 孟毓哲.权利的"让渡"与责任的推诿——算法新闻伦理问题研究[D].南京师范大学，2021.

123. 杨灿.人工智能赋能新闻生产现状及发展研究[D].重庆交通大学，2021.

124. 张钰莹.多方博弈中的社交媒体平台治理[D].上海社会科学院，2019.

125. 观研天下.2020年中国自媒体行业分析报告——市场竞争现状与发展前景评估[R].2019.

126. 中国互联网络信息中心.2016年中国互联网新闻市场研究报告[R]，2017.

附　录

问卷一：传统媒体社交媒体运营问卷调查

近年来，随着网络的发展、智能手机的普及等科学技术的进步，传统媒体开设社交媒体账号非常普遍，我们希望通过此问卷了解当前媒体企业在社交媒体运营中的一些情况。您最终填写的数据不会用作除研究外的其他用途，可放心按照实际情况完成本问卷。非常感谢您的参与和支持！

1. 您所在的媒体机构类型是？（单选）

    A. 报社

    B. 电视台

    C. 出版社

    D. 广播电台

    E. 其他（自填）

2. 您所在机构在社交平台开设自媒体频道的主要原因是？（单选）

    A. 顺应媒介融合趋势

    B. 创新商业竞争模式

    C. 扩大传播阵地

D. 提升传播效率

E. 其他（自填）

3. 您所在自媒体频道发布的新闻信息内容主要源自？（单选）

   A. 媒体记者直接采访所获

   B. 社交媒体上的社会资讯

   C. 邀约的民间通讯人员稿件

   D. 政府决策或科研领域信息

   E. 其他（自填）

4. 您所在自媒体频道内容生产的主要方式是？（单选）

   A. 转载传统媒体的自有内容

   B. 为自媒体频道策划新内容

   C. 转发社交平台的新闻内容

   D. 传统媒体特色栏目配合自媒体新内容

   E. 其他（自填）

5. 您所在自媒体频道主要倾向于哪方面内容？（单选）

   A. 社会新闻

   B. 生活娱乐

   C. 体育财经

   D. 科教文艺

   E. 其他（自填）

6. 您所在自媒体频道的平均发布频次是？（单选）

   A. 每天 1—5 次

   B. 每天 5—10 次

   C. 每天 10 次以上

D. 其他（自填）

7. 实行该发布频次的主要目的是？（单选）

   A. 保持账号活跃度

   B. 及时占领传播阵地

   C. 抢夺新闻信息话语权

   D. 完成预设传播数据指标

   E. 其他（自填）

8. 您所在机构对自媒体频道信息的审核机制包含以下哪些方面？（多选）

   A. 新闻选题提前申报原则

   B. 常规内容发布排期规划

   C. "文责自负"原则

   D. "谁主管、谁负责"原则

   E. 突发新闻事件报道应对机制

   F. 其他（自填）

9. 您所在机构在自媒体运营过程中是否有健全的考核机制？

   A. 是

   B. 否

10. 考核机制中主要包含哪些指标？（多选）

    A. 发布数：日常内容发布频次/总发布条数/内容互动频次

    B. 粉丝数：粉丝总数/新增数/取关数/取关率/留存率

    C. 曝光数：浏览量/点赞数/回复数/转发数

    D. 其他（自填）

11. 对优秀运营者的奖励机制主要为何种形式？（单选）

　　A. 绩效或项目奖金

　　B. 评优或晋升奖励

　　C. 学习或培训机会

　　D. 其他（自填）

12. 自媒体账号在报道时出现问题时将如何处理？（多选）

　　A. 核实问题原因并及时处理有误内容

　　B. 第一时间向受众公开发布处理声明

　　C. 自查并追责组织内部新闻审核流程

　　D. 加强培训运营人员危机公关意识及能力

　　E. 其他（自填）

问卷二：企业自媒体供给动机的调查

　　您好！我们现在进行一项关于社交媒体供给动机的市场调查，您的意见对我们的工作非常重要，希望占用您宝贵的三分钟来帮助完成我们的调查。您只需要选择您认为合适的选项以及回答相关的问题。您所提供的情况，我们将严格保密，谢谢您的参与和支持！

1. 请问贵企业的自媒体账号属于以下哪种类型？

　　公众号□

　　订阅号□

2. 请问贵企业在哪些平台开设了自媒体账号？

　　微信□

　　微博□

抖音□

今日头条□

快手□

微视□

其他□

3. 请问贵企业自媒体账号粉丝数量有多少？

1万以下□

1万—10万□

10万—100万□

100万—1 000万□

1 000万以上□

4. 请问贵企业自媒体账号的阅读量如何？

0—500□

500—1 000□

1 000—2 000□

2 000—5 000□

5 000—10 000□

10 000+□

5. 请问贵企业自媒体账号内容的来源主要是什么？

原创内容□

转载其他账号内容□

转载官媒内容□

其他□

6. 请问贵企业自媒体账号的发布频次如何？

多条/天□

1条/天□

1条/2—3天□

1条/3—5天□

1条/周□

无固定频率□

7. 请问贵企业自媒体账号的审核方式是什么？

内部审核□

平台审核□

第三方辅助审核□

其他□

8. 请问贵企业自媒体账号内容的生产方式是什么？

内部专业部门进行生产□

委托第三方进行生产□

其他□

9. 请问贵企业采用什么方式对运营者进行激励与约束？

现金奖励□

实物奖励□

晋升奖励□

其他□

10. 请问贵企业开设自媒体账号目的的重要性如何？

请打分（总分5分）

（1）传递企业声音　　　　　★★★★★

（2）传播企业的品牌和产品　★★★★★

	请打分（总分 5 分）
（3）吸引、培育用户	★★★★★
（4）引流带货	★★★★★

11. 请问贵企业开设自媒体账号目标的实现程度如何？

	请打分（总分 5 分）
（1）传递企业声音	★★★★★
（2）传播企业的品牌和产品	★★★★★
（3）吸引、培育用户	★★★★★
（4）引流带货	★★★★★

感谢您的支持与配合！

问卷三：关于社交媒体供给动机的调查问卷

您好！我们现在进行一项关于社交媒体供给动机的市场调查，您的意见对我们的工作非常重要，希望占用您宝贵的三分钟来帮助完成我们的调查。您只需要勾选您认为合适的选项以及回答相关的问题。您所提供的情况，我们将严格保密，谢谢您的合作。

Q1：您的年龄？
A. 16—25 岁
B. 26—35 岁
C. 36—45 岁
D. 46 岁以上

Q2：您的性别？

A. 男

B. 女

Q3：您从事自媒体行业的时间？

A. 少于 1 年

B. 1 年—5 年

C. 5 年—10 年

D. 10 年以上

Q4：您目前运营的社交媒体平台类型？

A. 微信   B. 微博

C. 抖音   D. 快手

E. 微视   F. 头条号

G. 其他

Q5：您的社交媒体账户所在的领域？

A. 创业/教育/文化

B. 科技/国际/军事

C. 时尚/美搭/化妆

D. 娱乐/影视/动漫

E. 生活/旅游/摄影

F. 其他

Q6：您的粉丝数量？

A. 1 万以下

B. 1 万—10 万

C. 10 万—100 万

D. 100 万—1 000 万

E. 1 000 万以上

Q7：您生产新闻信息的主要动机？

A. 娱乐他人，分享有趣的内容

B. 表达自我

C. 传播知识

D. 随便玩玩

E. 寻求经济回报

F. 其他

Q8：您发布内容的来源和生产方式是什么？

A. 原创内容

B. 转载网友观点

C. 引用其他媒体

D. 其他

Q9：您发布内容的频次？

A. 每天 10 条以上

B. 每天 1 条以上 10 条以下

C. 平均每天不到一条

D. 平均每周不到一条

E. 平均每月不到一条

F. 其他

Q10：您发布新闻时考虑的因素有哪些？

请打分（总分 5 分）

1. 原创性　★★★★★
2. 阅读量　★★★★★

	请打分（总分 5 分）
3. 是否传播正能量	★★★★★
4. 真实性	★★★★★
5. 通过平台审核	★★★★★

Q11：您对新闻内容的审核方式？

A. 自检自查

B. 平台审核

C. 第三方辅助审核

D. 其他

Q12：您的账户是否盈利，是否有这方面的打算？

A. 已经盈利

B. 暂未盈利，不打算盈利

C. 暂未盈利，计划实现盈利

D. 其他

感谢您的参与和支持！

问卷四：算法对自媒体账号运营的影响

尊敬的先生/女士：

您好！非常感谢您在百忙之中参与此次问卷调查。本问卷主要为了了解算法对自媒体运营者的影响，将用于本人课题研究。本问卷为匿名填写，调查结果仅供学术研究之用，请您按照自己的实际情况放心填写。感谢您的参与和支持！衷心祝愿您生活愉快！

第一部分：用户基本信息

1. 您的性别：[单选题] *

   A. 男

   B. 女

2. 您所处的年龄段是：[单选题] *

   A. 17 岁及以下

   B. 18—25 岁

   C. 26—35 岁

   D. 36—45 岁

   E. 46 岁及以上

3. 您目前的职业是 [单选题] *

   A. 全职自媒体人

   B. 学生

   C. 企业职员

   D. 行政机关、事业单位从业人员

   E. 专业技术人士（教师/医生等）

   F. 其他（请注明）

第二部分：个人自媒体基本信息

4. 您的自媒体类型 [单选题] *

   A. 知识科普类

   B. 明星娱乐类

   C. 实时资讯类

   D. 美妆时尚类

   E. 社会文化类

   F. 生活旅游类

5. 您的自媒体主要发布的内容类型 [单选题] *

   A. 视频

B. 图文

C. 视频＋图文

D. 音频

E. 其他

6. 您的自媒体目前的粉丝数量约？［单选题］ *

　　A. 100 以内

　　B. 100—1 000

　　C. 1 000—10 000

　　D. 10 000—100 000

　　E. 10 万以上

7. 您的自媒体内容的主要产出方式？［单选题］ *

　　A. 原创

　　B. 来源网络

　　C. 二次创作

　　D. 其他＿＿＿＿＿

第三部分　个人自媒体信息生产与算法

8. 你认为自媒体信息生产中最耗费脑力的活动［单选题］ *

　　A. 拟定标题

　　B. 发现选题

　　C. 撰写文字

　　D. 拍摄、配音、剪辑

　　E. 其他＿＿＿＿＿

9. 在个人自媒体发布信息时，你首要考虑的因素是什么？［单选题］ *

　　A. 是否能获得高阅读量

　　B. 是否传播了正能量

　　C. 是否原创

　　D. 是否真实

E. 是否能够通过平台审核

10. 您认为优质的标题标准是什么？[单选题] *

    A. 制造悬念冲突

    B. 表达中心思想

    C. 赢得更多算法推荐

    D. 概括文章内容

    E. 其他_____

11. 您认为对内容的评价标准是什么？[单选题] *

    A. 高阅读量

    B. 真实性

    C. 价值观正确

    D. 原创性

    E. 其他_____

12. 算法推荐是否对您的创作和运营产生影响？[单选题] *

    A. 有很大影响，我按获得更多推荐的方式创作运营

    B. 有一定影响，在创作运营中会考虑推荐

    C. 不影响，我按我自己的方式创作运营

13. 您认为当前的算法推荐是否合理？[单选题] *

    A. 极不合理

    B. 不太合理

    C. 谈不上合理或不合理

    D. 合理

    E. 非常合理

14. 您认为哪类文章更容易获得平台推荐？[单选题] *

    A. 优质原创文章

    B. 大V文章

    C. 标题党文章

    D. 高互动量文章（阅读、点赞、转发等）

E. 传播正能量的文章

F. 结合热点的文章

G. 其他_____

15. 您认为算法最看重的方面是什么？［单选题］ *

A. 文章内容的健康度

B. 文章内容的可读性

C. 文章内容的原创度

D. 文章内容的传播度（阅读、点赞、转发等）

E. 文章内容的垂直度

F. 其他_____

图书在版编目(CIP)数据

智媒时代新闻信息的供给失灵与政府规制/刘志杰著.—上海：复旦大学出版社，2023.12
(智能媒体传播系列丛书)
ISBN 978-7-309-16937-9

Ⅰ.①智… Ⅱ.①刘… Ⅲ.①新闻-信息-研究 Ⅳ.①G210

中国国家版本馆 CIP 数据核字(2023)第 135289 号

智媒时代新闻信息的供给失灵与政府规制
Zhimei Shidai Xinwen Xinxi De Gongji Shiling Yu Zhengfu Guizhi
刘志杰 著
责任编辑/朱 枫

复旦大学出版社有限公司出版发行
上海市国权路 579 号　邮编：200433
网址：fupnet@fudanpress.com　http：//www.fudanpress.com
门市零售：86-21-65102580　团体订购：86-21-65104505
出版部电话：86-21-65642845
上海四维数字图文有限公司

开本 787 毫米×960 毫米　1/16　印张 19.5　字数 262 千字
2023 年 12 月第 1 版
2023 年 12 月第 1 版第 1 次印刷

ISBN 978-7-309-16937-9/G·2513
定价：69.00 元

如有印装质量问题，请向复旦大学出版社有限公司出版部调换。
版权所有　侵权必究